全国应用型院校学前教育专业新形态规划教材
总主编 李姗泽 孙亚娟

幼儿园课程

主　编　李　旭　刘晓红
副主编　罗月念　葛晓穗　炎　艳
编　委　蔡　敏　段丽红　丁怡闻　段妤雨
　　　　郭太秀　李　洁　李　翠　梁文昕
　　　　蒙青青　赵芳妮　张小廷　张　旭
　　　　张序婷　杨诗琪　叶　蕊

西南大学出版社
SWUP 国家一级出版社　全国百佳图书出版单位

本书配有丰富教学资源

图书在版编目(CIP)数据

幼儿园课程 / 李旭, 刘晓红主编. -- 重庆 : 西南大学出版社, 2023.4
ISBN 978-7-5697-1335-0

Ⅰ. ①幼… Ⅱ. ①李… ②刘… Ⅲ. ①幼儿园—课程—高等学校—教材 Ⅳ. ①G612

中国版本图书馆CIP数据核字(2022)第113970号

全国应用型院校学前教育专业
新形态规划教材

幼儿园课程

YOU'ERYUAN KECHENG

李　旭　刘晓红◎主编
罗月念　葛晓穗　炎　艳◎副主编

责任编辑：郑先俐
责任校对：雷　兮
书籍设计：汤　立
排　　版：贝　岚
出版发行：西南大学出版社（原西南师范大学出版社）
　　　　地　　址：重庆市北碚区天生路2号
　　　　网　　址：http: //www. xdcbs. com
　　　　邮　　编：400715　市场营销部电话：023- 68868624
经　　销：全国新华书店
印　　刷：重庆亘鑫印务有限公司
幅面尺寸：185 mm×260 mm
印　　张：16.5
字　　数：333千字
版　　次：2023年4月　第1版
印　　次：2024年1月　第2次印刷
书　　号：ISBN 978-7-5697-1335-0
定　　价：59.00元

总序

学前教育是每个儿童接受集体教育的开始，是每个人终身学习的开端，是国民教育体系的重要组成部分。进入新时代，人民群众对优质教育的需求不断提升。实现幼有所育，成为满足人民群众日益增长的优质教育需求的重要举措。党中央、国务院高度重视学前教育事业，党的十八大提出“办好学前教育”，党的十九大要求“在幼有所育上不断取得新进展”，党的二十大提出“强化学前教育普惠发展”。2018 年，中共中央、国务院发布了《关于学前教育深化改革规范发展的若干意见》，强调把发展学前教育摆在更加重要的位置，明确要大力加强幼儿园教师队伍建设，办好一批幼儿师范专科学校和若干所幼儿师范学院，支持师范院校设立并办好学前教育专业，扩大有质量教师供给。2021 年，教育部等九部门印发《“十四五”学前教育发展提升行动计划》，提出要全面提升保教质量，提高教师专业素质和实践能力。由此可见，教师队伍是提高保教质量的关键，是保证学前教育质量的基石。

推动普通本科高校向应用型转变，是党中央、国务院的重大决策部署，是教育领域人才供给侧结构性改革的重要内容。创新应用型技术技能型人才培养模式，建立以提高实践能力为引领的人才培养流程，是实现应用型高素质人才培养的关键。2011年10月，教育部颁布《教师教育课程标准（试行）》，并发文要求各地按照《教师教育课程标准（试行）》的学习领域、建议模块和学分要求，制定有针对性的幼儿园、小学和中学教师教育课程方案。幼儿园教师职前教育课程要帮助未来教师充分认识幼儿阶段的特性和价值，理解“保教结合”的重要性，学会按幼儿的成长特点进行科学的保育和教育；理解幼儿的认知特点和学习方式，学会把教育寓于幼儿的生活和游戏中，创设适宜的教育环境，保护与发展幼儿探究、创造的兴趣，让幼儿在愉快的幼儿园生活中健康成长。

为了适应我国学前教育大发展的改革趋势和高素质应用型人才培养的要求，我们坚持培养实践性、应用型人才的理念，立足于学生学习与发展的需要，增加了学科相关前沿研究以及社会热点问题的讨论，将理论知识与实践案例相融合，同时加强了实训内容；实现理论体系向教材体系转化、教材体系向教学体系转化、教学体系向学生的知识体系和价值体系转化，使教材更加体现科学性、前沿性，以进一步增强教材的应用性和实效性。在开展充分调研的基础上，我们组织了一批业务能力强、理论知识和实践经验丰富的专家、一线教师开展教材编写和建设工作。丛书包括《学前教育学》《学前儿童心理学》《中外学前教育史》《学前教育研究方法》《学前儿童游戏》《学前教育评价》《学前教育管理学》《学前儿童卫生学》《学前儿童体育与健康教育》《学前儿童语言教育》《学前儿童社会教育》《学前儿童科学教育》《学前儿童艺术教育》《幼儿园环境创设》《幼儿园玩教具设计与制作》《幼儿行为观察与评价》《幼儿园课程》《学前儿童文学》《学前教育政策法规与师德修养》等。

本套教材紧密结合《教师教育课程标准（试行）》《3-6岁儿童学习与发展指南》《学前教育专业师范生教师职业能力标准（试行）》等国家政策文件精神，立足于应用型院校学前教育专业高素质人才的培养，涵盖学前教育专业的核心课程、基础课程、学科课程和拓展课程。本套教材除了满足内容充实、完整，结构清晰、合理，语言得体、流畅等基本要求外，还力求克服国内已有教材的不足，努力打造自己的优势和特色。

第一，课程思政与育人为本相结合。本套教材的编写注重主流价值观引领，挖掘和拓展课程的育人价值，充分体现了不同课程的特色与优势，形成了特色鲜明、优势突出、交叉互补的教材内容体系，实现了课程思政与立德树人的结合。

第二，理论与实践相结合。本套教材强调深入落实《教师教育课程标准（试行）》"实践取向"的精神，以学生发展为根本，以学习产出为导向，注重实践性教学内容，关注解决教育实践问题。在板块设计上，除了正文的理论阐述，还辅以案例破冰、拓展阅读、人物介绍、经典研究介绍、思考与实训、专题探讨等实践板块，引导学生将理论运用于实践。

第三，基础性与时代性相结合。本套教材吸纳教育学、心理学、学科教学的最新研究成果，坚持呈现各学科领域的基本知识、基本原理，为学生搭建一个全面而扎实的知识体系；及时跟进社会及行业的最新发展动态，将最新、最权威、最具代表性的成果引入教材，实现了基础性与时代性的结合。

第四，学术性与应用性相结合。本套教材既注重学术性，也注重应用性，为支持“立体化”教学，教材编写团队立足于学前教育专业应用型人才培养的需求，注重资源的应用性和实用性，形成了以知识图谱、教学计划、多媒体课件、案例库、习题库、教学视频、教学动画、微课等构成的课程教学资源体系，打造了“纸质教材+数字化教材+在线课程”协同互补的新形态教材体系；形成了教材、文本和网络技术相互交叉、相互融合、相互支撑的立体化、网络化、互动化教学方式，能有效提升教学质量，以期成为学前教育专业学生喜读、乐读的学习素材。

本套教材的编写人员较多，教材的编写与出版是一项艰巨的工程，能顺利付梓得益于所有参编人员的辛勤工作，也得益于西南大学出版社编辑的积极协调与沟通。在此向所有参与此次编写与出版工作的作者及编辑人员表达我们的敬意。由于编者的学术视野及学术能力的限制，本套教材难免存在不足之处，我们将在使用中进一步总结反思，不断修订完善，欢迎广大学界同人和读者朋友不吝赐教，多提宝贵意见。

李姗泽　孙亚娟

前言

“幼儿园课程”是学前教育专业非常重要的一门专业基础课程，是研究幼儿园教育理念与实践之间转换的一门课程。本教材以幼儿园课程的基本原理为主线，系统介绍了幼儿园课程的相关理念、理论基础、经典模式、基本要素、现状与反思等内容。教材共八章，第一章从对课程的概念及理论的梳理出发，简要阐述了幼儿园课程的概念、特质和基本要素；第二章介绍了心理学、哲学和社会学的典型理论流派对幼儿园课程的启示；第三章梳理了国内外经典幼儿园课程模式的产生背景与理论基础，课程的内容与实施、评价及启示；第四至七章分别阐述了幼儿园课程基本要素（目标、内容、实施、评价）的含义、原则、组织实务等；第八章梳理了我国幼儿园课程的建设与开发现状，并进行反思。本书可以作为高等院校学前教育专业学生的教材，也可作为幼儿园教师及其他广大幼教工作者的参考用书。

与其他同类型教材相比，本书的特色主要体现在以下几个方面：第一，多样化的编写团队。本教材的编写团队不仅有高校教师，还有一线幼教工作者，以及学前教育专业在读研究生。一方面，多样化的编写团队，既保障了教材的理论水平，又能够较好地反映幼儿园课程的实践问题，促进理论与实践的有机结合；另一方面，多样化的编写团队，使编者对不同层次的学前教育专业学生的学习需求有更好的了解，有利于提高教材对不同层次学生的适应性。第二，理论与实践相结合的编写思路。本教材坚持理论与实践相结合，每一章开头都以幼儿园课程实践中的问题进行“案例破冰”，引出该章节的主要内容。每一章均设置有“学习研究”“专题探讨”等板块，结合该章节的理论内容，探讨现实中有关幼儿园课程的热点问题。第三，课程思政有机融入教材内容的编写立场。编写者以爱党、爱国、爱社会主义、爱人民、爱集体为主线，深入挖掘幼儿园课程知识体系中蕴含的政治认同、家国情怀、文化素养、法治意识和道德修养等思政元素，通过拓展阅读、典型案例、课后思考等方式，促进课程思政与教材内容的有机融合。第四，趣味性与可读性的编写旨归。本教材设置了“人物介绍”“拓展阅读”“经典案例”等板块，力求图文并茂、生动活泼地传递相关知识，增强教材的趣味性和可读性。

本教材由贵州师范大学李旭教授任第一主编，负责整体思路、框架设计，并指导全书的编写；贵州师范学院刘晓红副教授任第二主编，负责组织相关人员进行具体编写；贵州师范大学教师罗月念、葛晓穗、炎艳担任副主编；贵州经贸职业技术学院教师蔡敏、陕西省城固师范学校教师赵芳妮、贵阳市实验幼儿园教师段丽红参与编写；贵州师范大学学前教育硕士研究生张序婷、李洁、张小廷、梁文昕、张旭、李翠、杨诗琪、段妤雨、叶蕊、郭太秀、丁怡闻、蒙青青等负责资料搜集、整理及书稿校对等工作。

本教材共八章，具体章节编写人员情况如下：第一章（炎艳、叶蕊、段妤雨）；第二章（罗月念、李翠、杨诗琪）；第三章（赵芳妮、郭太秀）；第四章（刘晓红、张旭）；第五章（葛晓穗、丁怡闻、蒙青青）；第六章（蔡敏、张小廷、张序婷）；第七章（李旭、李洁）；第八章（段丽红、梁文昕）。

本教材在编写过程中参阅、借鉴和引用了国内外许多同行的观点与成果，在此一并表示衷心感谢！尽管在编写过程中我们尽力将幼儿园课程领域的理论与实践问题相结合，但由于各方面的局限，书中难免存在许多有待改进的地方，敬请广大读者予以批评指正，以便再版时修正。

编者

2022年11月

目录

第一章

幼儿园课程概述

学习目标

- 理解课程的基本概念与类型；
- 掌握幼儿园课程的内涵、特质及要素；
- 了解幼儿园课程开发模式与设计取向。

学习重难点

- 重点：掌握幼儿园课程的内涵、特质及要素。
- 难点：对幼儿园课程内涵的把握。

案例破冰

小文的见习困惑

小文是一位刚进入大学的学前教育专业大一新生，怀着新奇和激动的心情开始了她的大学学习时光。在“学前教育学”的书本上她看到：

1988年，75名诺贝尔奖获得者聚集一堂，有记者问获奖者：“您在哪所大学、哪个实验室学到了您认为最重要的东西？”一位白发苍苍的学者沉思片刻回答道：“在幼儿园。”记者追问：“在幼儿园，您学到了什么重要的东西呢？”学者答道：“把自己的东西分一半给小伙伴，不是自己的东西不拿，东西要放整齐，吃饭前要洗手，做错事情要表示歉意……”

小文很激动，连诺贝尔奖得主都认为幼儿园这么重要，自己一定要好好学习并在见习中好好表现。

时间过得很快，转眼间就到了小文要进入幼儿园见习的阶段。小文带着在学校里学习的各门课程的知识，信心满满地进入她期待已久的幼儿园。可在第一周刚结束，她就开始垂头丧气了。原来她发现现实中的幼儿园生活与她想象的大相径庭：她所见习的是小班，小班的小朋友一天下来基本上都在吃饭、喝水、上厕所，基本上没多少时间上小文所说的“课”。小班的老师偶尔会带着小朋友去户外散散步、跳一跳，在教室里唱唱歌。这样的情况让小文感觉到学了那么多的理论知识没有可以用的地方，甚至感觉到幼儿园连课本都没有，哪来的课程。

在实际的学习中，相信有很多同学像小文一样困惑过。那么，你认为幼儿园课程应该是什么样的呢？和小学的课程相比，幼儿园课程应该有哪些不同的特点呢？本章内容会帮助我们解答上述问题。

第一节　课程的概念与类型

一、课程的概念

“课程”这一概念是教育领域争论最多且最为核心、重要的概念之一。究其原因：第一，大部分有关教育的问题研究都绕不开课程，课程是教育的核心，是教育思想、理论转化为教育实践的中介与桥梁；第二，回顾历史，围绕着课程展开的研究数不胜数，众多学者在各个时代从不同视角阐释课程，他们的观点存在着较大的差异。因此，要想研究清楚课程的概念，就必须对“课程”一词追根溯源。

（一）课程的词源

在我国，“课程”一词最早可追溯到唐代“维护课程，必君子监之，乃依法制”。此句出自唐朝经学家孔颖达为《诗经·小雅·巧言》所作的注解中。孔颖达用“课程”代指伟大的事业，与现今的“课程”含义相差甚远，其含义更加宽泛。随着历史的发展，在宋代著名的思想家、教育家朱熹的《朱子全书·论学》中多次出现“课程”一词。虽然朱熹没有明确界定“课程”是什么，但其含义还是十分清晰地指代功课及其进程，与当代“课程”的含义已十分接近。

在西方，“课程”(curriculum)最早见于英国教育家斯宾塞《什么知识最有价值?》一文中。“课程”一词派生于拉丁语“currere”。当将此词当作名词讲时，意为“跑道”，课程被看作为不同学生设计的轨道，即引申为传统的课程体系；而当将此词当作动词讲时，意为“奔跑”，课程被看作学习的进程。①

无论东西方文明有何巨大的差异，从目前可追溯的历史可见，在“课程”出现之初，东西方对其基本含义的认识大体是一致的。而随着时代的发展以及对教育研究的深入，越来越多的学者开始批评甚至批判这种最初的观点。

---

① 施良方．课程理论——课程的基础、原理与问题[M]．北京：教育科学出版社，1996：3.

人物介绍

孔颖达(574—648年),字冲远(一作仲达、冲澹),冀州衡水(今河北省衡水市)人。唐初经学家、秦王府十八学士之一,孔子后裔。隋朝大业初年,选为"明经"进士,授河内郡博士,候补太学助教。唐朝建立后,成为秦王府学士。他奉命编纂的《五经正义》,融合了诸多经学家的见解,是集魏晋南北朝以来经学大成的著作。①

朱熹(1130—1200年),字元晦,又字仲晦,号晦庵,晚称晦翁,世称朱文公。祖籍江南东路徽州府婺源县(今江西省婺源),出生于南剑州尤溪(今属福建省尤溪县)。宋朝著名的理学家、思想家、哲学家、教育家、诗人,闽学派的代表人物,儒学集大成者,世尊称为朱子。朱熹是唯一非孔子亲传弟子而享祀孔庙者,位列大成殿十二哲者中。②

赫伯特·斯宾塞(Herbert Spencer,1820—1903),英国社会学家、哲学家。曾任《经济学家》杂志副主编。1853年辞去公职,专事著述。倡导综合哲学、普遍进化论和社会有机体论。认为人类社会与国家是一生物有机体。是理论社会学的创始人之一 。主张不可知论,宣称"理性只能认识相对的东西",事物的本质是无法认识的,任何想要突破人类主观经验界限的企图都是"形而上学"。在美学上,既拥护康德的纯粹美学说与席勒的游戏说,又提倡有用即美。在教育上,主张重视自然科学并大量建立实科中学。主要著作有《综合哲学》《社会静态学》《社会学研究》等。③

(二)不同维度的课程界定

学者们所处的时代及环境的不同,造成他们在哲学观及教育观上的差异,进而影响了对课程本质的理解。据不完全统计,迄今为止在人类历史上出现过至少119种有代表性的课程定义。

---

① 张鸿.孔颖达[M].昆明:云南教育出版社,2009:1.

② 方彦寿.朱熹——理学之集大成者[M].福州:福建人民出版社,2016:2.

③ 夏征农,陈至立.辞海:第六版彩图本[M].上海:上海辞书出版社,2009:2131.

在对课程的本质内涵的统计研究领域，最为著名的是奥利瓦、康纳利和兰茨。奥利瓦在他的研究中对众多的课程解释进行了分析与归纳之后，提出了13种课程观。而康纳利和兰茨的研究总结了9种代表性的课程定义，为我们提供了理解课程的多个视角。对以上的课程概念做进一步分析，可将其分为以下四个维度。①

1. 学科维度中课程即科目

从学科维度界定，课程是根据学习者的发展特征及认知水平并依照学科知识体系等编排的教与学的内容，也就是教学科目或教学科目的总和。我国古代的“六艺”及中世纪欧洲的“七艺”就是典型代表，特别是西方现代学校的课程体系就是在此基础上逐渐建立起来的。学科课程的优点是系统性、逻辑性和简约性。这就使得人们可以将在各个基本学科领域探索的繁杂的成果系统化地按知识逻辑顺序组织成教材，并有组织、有效率地向学生传授。这一形式有利于人类文化遗产传承。可以说，学科课程是人类文明发展中各种历史条件和教育选择的结果。它历史最悠久、影响最大，代表着传统的教育观。《辞海》中对课程的定义为：广义指为实现各级各类学校的培养目标而确定的教育内容的范围、结构和进程安排。狭义指教学计划中设置的一门学科。 即“教学科目”。②

拓展阅读

以“六艺”为基本内容的教育是一种文武兼备、和谐发展、知能兼求的教育。“六艺”包括礼、乐、射、御、书、数六项。其中射是射箭的训练，御是驾驭战车的训练。射与御是当时武士所必备的条件。在德行与其他技能基本相同的情况下，则以射箭技术的高低作为选拔人才的依据。礼的教育担负着灌输道德观念和培养行为习惯的任务。乐在西周是综合性的艺术教育，诗、歌、舞等文学、艺术教育都包括在乐中。施乐教以陶冶学生情感，兼传授特定的历史文化知识。就道德教育而论，礼与乐互为表里，起着形于外和成于内的作用。书是习字练习，数主要是数学知识的传授和计算练习。书与数是基础文化知识教育，一般多在小学实施。西周的“六艺”教育，是文武兼备的教育，它包含德、智、体、美诸方面的教育因素，可以使人得到和谐的发展。③

① 朱家雄. 幼儿园课程(第二版)[M]. 上海：华东师范大学出版社，2011：2-3.

② 夏征农，陈至立. 辞海：第六版彩图本[M]. 上海：上海辞书出版社，2009：1248.

③ 毛礼锐. 中国教育史简编[M]. 北京：教育科学出版社，1984：24.

“七艺”全称为“七种自由艺术”，它是对欧洲中世纪早期古希腊、古罗马学校中所设立的一般文化课程的称呼。它包括文法、修辞、逻辑学、算术、几何、天文、音乐。其中，文法、修辞、逻辑学三科谓之“三艺”，属文科课程。其余四科谓之“四艺”，主要是理科课程。“三艺”不仅有助于学生掌握在公众面前进行雄辩的技术，也是提高儿童智力的有效手段。“四艺”中尤其注重算术、几何。数学不仅具有实用价值，而且是启迪智力的有效科学。天文是当时代表自然科学的唯一学科。①

然而，随着教育领域研究的不断发展，学者们逐渐意识到学科课程的不足：(1)课程分科过细过杂，为了各个学科知识体系结构的完整而割裂了学科之间的联系，使学科课程的知识内容脱离日常生活及学生的经验，同时为学生学习和应用增加了难度。(2)这种课程定义的实质是强调学校向学生传授系统的学科知识体系，只关注教学的科目，学科知识的体系、结构、逻辑以及学科知识学习中学生的认知发展，从而忽视了学生的兴趣、需要等相关的情感、个性的培养，进一步影响了受教育者“完整人格”的发展。近代课程改革运动的主要对象就是这种课程观。

2.计划维度中课程即计划或者目标

从计划维度界定，课程被视为教学过程中教学的预先设计、要达到的目标或教育活动的预期结果。奥利瓦认为，课程即“学习者在学校指导下所获得全部经验的计划和方案”②。这一界定把教学的范围、序列和进程甚至把教学方法和教学设计，即把所有有计划的教学活动都组合在了一起。与其他界定不同的是，它反映的是一种综合的倾向。美国课程专家塔巴认为：“所有的课程，不管是什么样的特殊设计，都是由一定的元素组成的，课程通常包括对目的和特定目标的阐述；对内容的选择和组织；它或者是暗含着或者是显示一定的学和教的类型，不管是因为目标的需要还是内容组织的需要；最后还包括对结果的评价方案。”③约翰逊认为，课程关心的是结果，与学习过程保持着预期的关系，是通过所发生的事情及学习者的所为而达成的预期的学习结果。④

这类界定强调目的性和计划性，将课程看作提前精密设计的培养人的计划及预期结果，本质上是一种静态的课程观。把课程目标、计划与课程实施过程分离开来，片面强调前者，一定程度上脱离了教育情境。在教学实践中，这种界定与现实的教育情境

① 钟启泉．现代课程论[M].上海：上海教育出版社，1998：6-7.
② 朱家雄．幼儿园课程(第二版)[M].上海：华东师范大学出版社，2011：5.
③ 朱家雄．幼儿园课程(第二版)[M].上海：华东师范大学出版社，2011：5.
④ 朱家雄．幼儿园课程(第二版)[M].上海：华东师范大学出版社，2011：4-5.

存在着一定的脱节。计划观将重点只放在了外在可见的教学活动上，而忽视了学生的心理体验，从而一定程度上偏离了教学活动的真正意义——促进学生身心同时发展。将课程的重点放在预期的目标或结果上，容易忽略课程实施是动态交互的过程，往往出现实际达成的目标或结果与预期设计之间存在着一定的差异、只注重预设的目标而忽略生成性目标及非预期的学习结果等问题。

3.经验维度中课程即经验

从经验维度界定，“课程是儿童在教师指导下所获得的一切经验”①。这种观点在批判赫尔巴特传统教育的基础上注重学生在学校获得的学习经验，以学生为中心。经验说起源于美国教育家杜威，他认为，教育是在经验中，由于经验和为着经验的一种发展。经验课程更加关注学习者的需要、兴趣，将课程的重心转移到了学生身上。正如泰勒所说：“唯有学习经验才是学生实际认识到和意识到的课程。”②理论上，经验说强调了学习者的主体性，成为课程领域的“哥白尼式的革命”，但在学校教育的大环境下，由于这一课程界定过于宽泛，其主观性、模糊性使得这种课程“理论上很吸引人，实践上却很难实行”。③

4.形式维度中课程即活动

从形式维度界定，学者钟启泉认为，课程可以被看作“在学校的教师指导下出现的学习者学习活动的总体”。这种界定产生于进步主义教育对“课程即学科科目或教材”一说的反思与批判，是在学习经验的基础上发展起来的。该观点是在看到“课程即学习经验”一说的模糊性、主观性和难以把握的现状后，进一步将界定转向了学习经验的“母体”——学习活动。

“做中学”是学习者获得经验的重要方式，活动中学习者的行为直接决定了学习者的学习结果。经验依赖活动，活动产生经验。然而，虽然在活动中施动者为学习者自身，但在过程中容易视活动本身为目的，造成本末倒置的情况，忽视学习者经验的获得。

以上四种不同维度对“课程”的界定各有其合理性及局限性，从历史的发展来看，每一种界定都是当时特定历史时期、社会环境，以及当时现有的理论基础下的产物。正是当时对“课程”这一重要课题及需要解决的相关问题的认识不同，造成了学者们的关注点不同。但不可否认的是：正是在这种不断界定与批判的过程中，人们对“课程”的认识才有了不断的进步与完善。

---

① 朱家雄.幼儿园课程(第二版)[M].上海：华东师范大学出版社，2011：5.

② 施良方.课程理论——课程的基础、原理与问题[M].北京：教育科学出版社，1996：6.

③ 靳玉乐.现代课程论[M].重庆：西南师范大学出版社，1995：61.

二、课程的主要类型

课程类型是指课程的组织方式或设计课程的种类。由于不同的时期、不同的划分标准,因此对课程类型的分类较多。在研究中,较为典型的有以下几种分类。

(一)按课程的内容属性划分

1.学科课程

学科课程指的是根据培养目标和科学发展水平,从各门学科中选择适合一定年龄阶段儿童发展水平的知识并按照学科知识的逻辑体系组织成的教学科目。学科课程注重学科知识的逻辑结构及系统性,注重教师的讲授以及儿童在学习中对知识的掌握,如数学、语文、历史等。学科课程是历史最久、使用最广泛的课程类型。从最早时期的"六艺""七艺"中学科课程的最初形态,到文艺复兴时期夸美纽斯的"泛智课程"以及"赫尔巴特主义"将课程进一步确立,再到斯宾塞"功利主义课程论"中的更深层发展,直至20世纪的美国教育哲学流派"要素主义"和"永恒主义"将学科课程精致化。学科课程以其逻辑性、系统性在学习者获得文化知识、提高教学效率及传承人类文化遗产上发挥过不可替代的重要作用。

2.经验课程

经验课程也称活动课程或儿童中心课程,是从儿童的兴趣和需要出发,以儿童主体性活动的经验为中心组织的课程。这种课程强调学习者当下直接经验的价值,强调教材的心理组织,注重学习者的人格发展,使学习者成为真正的学习主体。早在18世纪的欧洲,在启蒙运动高举"理性"旗帜、呼唤人的尊严与自由的影响下,法国教育家卢梭、瑞士教育家裴斯泰洛齐及德国教育家福禄贝尔等认同人性本善,教育应当适应儿童的自然天性,并主张"教育适应自然"的原则。这被后世称为浪漫自然主义经验课程论。19世纪末20世纪初,杜威在其确立的经验自然主义哲学的基础上进一步发展出"经验自然主义课程"。这种经验课程论的确立,标志着经验课程的发展进入成熟时期。20世纪70年代,在现代课程"科技理性"膨胀、"非人性化"背景下,学者们从人本主义心理学、当代人本主义哲学中寻找解决教育问题的途径,形成了当代人本主义经验课程论。当代人本主义经验课程论体现了时代精神的发展趋势,是经验课程的最新理论形态。

学科课程注重学习者对学科知识的掌握,在教学实施过程中方便教师掌握,运用广泛,但容易脱离学习者的实际生活。经验课程从儿童需要和兴趣出发,与儿童生活贴近,但在教学实施过程中实施者容易被各种偶发性冲突打断,忽视知识的系统性学习。可见,学科课程和经验课程各有优缺点,不能用非此即彼的二元论态度看待两者之间的关系。我们不仅要看到两者之间的不同,也要看到两者之间存在着内在的统一性。正如教育家杜威所说,儿童的心理的经验与学科中所包含的逻辑的经验是一个过程的起点和终点。①经验课程并不排斥逻辑经验,所排斥的是逻辑经验脱离儿童的心理经验,从而阻碍儿童的发展;学科课程也不排斥儿童的心理经验,所排斥的是盲目沉醉于儿童当前的经验发展水平,从而抑制儿童经验的进一步发展。

(二)按课程的内容相关性划分

1.分科课程

分科课程是一种单学科的课程组织模式,它强调不同学科门类之间的相对独立性,强调一门学科逻辑体系的完整性。分科课程旨在促进学生获得逻辑严密和条理清晰的学科知识,但是容易产生科目过多、分科过细的问题,如经济学领域在30年左右的时间里就派生出100多门分支学科。

2.综合课程

综合课程是指这样一种课程组织取向:有意识地运用两种或两种以上学科的知识观和方法论去考察和探究一个中心主题或问题。②它是一种多学科的课程组织模式,强调学科之间的关联性、统一性和内在联系。在综合课程中,多种学科的课程要素与源于真实世界的主题、问题或情境联系在一起。依据中心主题或问题来源的不同,综合课程分为学科本位综合课程、社会本位综合课程以及儿童本位综合课程。

历史上第一次提出课程综合的是赫尔巴特。赫尔巴特的"相关综合课程"和"经验综合课程"是早期综合课程的基本形态。它们从人的发展出发,认为被教育的对象人无论人格还是人本身都是完整的、未分化的,所以教材及教学也必须是未分化的、综合的。1902年,杜威出版了《儿童与课程》,他在书中通过把儿童与课程真正统一起来消解了传统的二元论,推动着综合课程进入了统一"相关综合课程"与"经验综合课程"的新的历史时期。20世纪90年代以来,世界各国大力倡导课程的综合化,通常做法是围绕主题将几门相似学科的知识结合成一个学科领域。

从学科本身的发展来看,分科课程与综合课程各有其存在的价值,不能随意地彼此取代,因为学科的发展呈现分化和综合并驾齐驱的趋势。同时,两者之间也存在内在的联系。

---

① 张华.课程与教学论[M].上海:上海教育出版社,2000:256.

② 张华.课程与教学论[M].上海:上海教育出版社,2000:266.

(三)按课程的呈现方式划分

1. 显性课程

显性课程又称公开课程，指在学校有目的、有组织、计划传授的学科或者学校课程表内列入的所有有组织的活动。这种课程在学校中以直接、明显的方式呈现出来，学生主要通过课堂教学获得系统的、预期性的学术性知识。

2. 隐性课程

隐性课程也称潜在课程、自发课程，是学校中以间接的、内隐的方式呈现的课程，是学生在学习环境中所学习到的非预期或非计划性的知识、价值观念、规范和态度。它是非正式、非官方的课程，具有潜在性。隐性课程的思想早在西方的柏拉图时期就有记载，中国的孔子教育思想中也有大量的论述。时至20世纪，隐性课程的萌芽在杜威提出的“附带学习”中有所体现。1968年，美国教育家杰克逊出版了《课堂生活》一书，“隐性课程”的概念在其中被正式提出，之后隐性课程的研究蓬勃发展起来。隐性课程主要有三种常规存在形式和发挥作用的渠道：一是物质-空间类，主要包括校园建筑、活动场地、绿化美化、活动室设置、声色光、湿度、温度等；二是组织-制度类，主要包括学校管理制度、生活制度、评价制度、奖惩制度等；三是文化-心理类，主要包括正规课程中所隐含的文化价值观、师生关系、教师的期望与态度、心理行为等。①

显性课程与隐性课程是两种不同的课程类型，二者在性质、特点、功能等方面各不相同。二者最明显的区别是：显性课程主要是有计划的、预期性的教育影响，而隐性课程则主要是非计划的、非预期性的教育影响。然而，两者并非对立的，它们之间也存在着内在联系：一方面，显性课程的实施总是伴随着隐性课程；另一方面，隐性课程也在不断转化为显性课程。显性课程与隐性课程共同构成学校课程的全貌——实际课程。

(四)按课程的决策层次划分

美国学者古德莱德认为，对课程的不同定义有时是针对课程在不同层次上所起的作用而言的。他以课程决策层次为标准将课程分为以下五种类型。②

1. 理想的课程

理想的课程又被称为“观念层次的课程”，是指由一些研究机构、学术团体和课程专家提出的应该开设的课程。理想的课程的设计建立在教育学与心理学等理论基础之上，多表现为观念及理念的形式。但由于课程的对象是设计者头脑中抽象的儿童的

---

① 王春燕. 幼儿园课程概论[M]. 北京：高等教育出版社，2007：10.

② 靳玉乐. 现代课程论[M]. 重庆：西南师范大学出版社，1995：74-75.

代表，导致课程与现实中的儿童的兴趣及需要存在着较大的偏差。因此，理想的课程是一种观念形态的课程。

2. 正式的课程

正式的课程又被称为“社会层次的课程”，是指由教育行政部门所规定的课程，即列入学校课程表中的课程，包括课程计划、课程标准与教材等相关内容。

3. 领悟的课程

领悟的课程又被称为“学校层次的课程”，是指任课教师所领会的课程。由于不同教师对正式的课程有不同的理解，因此教师对课程“实际上是什么”或“应该是什么”的领悟与正式的课程的内容与组织之间会有一定的距离。

4. 运作的课程

运作的课程又被称为“教学层次的课程”，是指教师设计并在课堂上实际实施的课程。这种课程是教师所领悟的课程的实践运作。

5. 经验的课程

经验的课程又被称为“体验层次的课程”，是指学生在学习过程中实际体验到的课程。由于每个学习者对事物的理解不同，所以对于同样的教学内容，不同的学习者也会有不同的体验。

这五种类型的课程也可以看作同一课程在实施过程中的五个层面或环节。这五个层面的课程既可能层层流失或扭曲课程真义，也可能层层生发意义进而创造性地实践课程。因此，课程的真谛在于人这一主体的能动性在课程决策每一层面上的发挥程度。①

① 王春燕. 幼儿园课程概论(第2版)[M]. 北京：高等教育出版社，2014：10.

第二节 幼儿园课程的内涵、特质及要素

一、幼儿园课程的内涵

(一)幼儿园课程的发展历程

课程是一定教育思想下的产物,有什么样的教育思想,就会产生相应模式的课程。我们要研究幼儿园课程,就必须从学前教育发展的历史长河中寻找答案。

1.国外幼儿园课程的发展历程

西方学前教育的孕育期是从古希腊时期开始的。此阶段的观点带有明显的阶级性,抛开阶级性,我们可以看到柏拉图、亚里士多德以及昆体良等向世人强调了学前教育的重要性,重视游戏活动对儿童发展的影响,主张划分年龄阶段。

14世纪开始的"文艺复兴运动"带来了科学的繁荣,在此后的几个世纪中,教育学成为一门独立的学科,此时产生了一大批影响极大的教育家及教育专著,学前教育理论更为系统地呈现在这一时期的教育论著之中。此时期被称为学前教育的萌芽时期。16世纪,捷克著名教育家夸美纽斯总结了从古希腊到文艺复兴时期的教育经验,较为系统地探讨了学前教育的基本问题,并在《母育学校》中提出了一套教学计划,简单描述了儿童应当学习的各种科目。18世纪初,法国教育家卢梭尊重儿童发展的自然规律,提倡自然教育,以儿童为本位,开创了儿童中心主义教育思潮之先河;重视感官训练,提倡直观教学,让儿童在愉快的游戏活动中自然成长。1840年,德国教育家福禄贝尔创办了世界上第一所幼儿园,建立了比较完整的幼儿园教育体系。由此学前教育成为一门独立的学科,进入了初创时期。在福禄贝尔的幼儿园中,课程被用以帮助儿童理解人、神和自然之间的关系,同时出现了"恩物"。

人物介绍

夸美纽斯(Johann Amos Comenius, 1592—1670)是17世纪捷克教育家,自幼父母双亡,在新教派兄弟会资助下接受中高等教育后任兄弟会牧师,兼任兄弟会学校校长。在欧洲“三十年战争”(1618—1648)期间被迫流亡国外,仍孜孜不倦从事教育研究;曾应邀到英国、匈牙利和瑞典等国从事教育改革,客逝于荷兰。其教育名著有《大教学论》(1632)、《母育学校》(1633)和《世界图解》(1654)。[1]

让·雅克·卢梭(Jean Jaeques Roussean, 1712—1778)是18世纪法国启蒙思想家、哲学家和教育思想家,出生于瑞士一位钟表匠家庭,自学成才;1740年曾任家庭教师,激发了对教育的浓厚兴趣。1742年,结识启蒙学者狄德罗和伏尔泰,并撰写《百科全书》的政治经济学部分;1749年,因《论科学与艺术》一文获奖赢得声誉,后相继发表《论人类不平等的起源和基础》(1753)、《新爱洛绮丝》(1761)、《社会契约论》(1762)和《爱弥儿》(1762)。[2]

弗里德里希·威康·福禄贝尔(Friedrich Wilhelm Froebel, 1782—1852)是德国近代著名的教育家。幼儿园的创始人和近代学前教育理论的奠基人、1826年,他发表其教育代表作《人的教育》。1843年,他出版《母亲与儿歌》。1849年,他举办幼师训练所。福禄贝尔还创办一些刊物如《教育周刊》等,撰文积极宣传幼儿教育的重要性并介绍幼儿教育方法。1861年,福禄贝尔的生前好友将他1838—1840年的幼儿教育论文编成《幼儿园教育学》出版。他的教育活动和教育思想对19世纪后半叶乃至20世纪初期的世界幼儿教育产生过广泛而深远的影响。[3]

① 胡金平,周采.中外学前教育史[M].北京:高等教育出版社,2011:192.
② 胡金平,周采.中外学前教育史[M].北京:高等教育出版社,2011:228.
③ 胡金平,周采.中外学前教育史[M].北京:高等教育出版社,2011:244.

20世纪初，进入了理论派多样化时期，美国著名的教育家约翰·杜威反对传统教育中把学科作为教育的中心，他将教育的中心转移至儿童，建立了“儿童中心论”的儿童观。杜威主张“做中学”的教学方法，建立了“以问题为中心”的课程体系，反对以知识为中心的教材及相关学科课程。这种变革对教育理论的发展影响巨大，他因此被称为20世纪伟大的教育思想家。意大利教育家蒙台梭利从经验主义视角出发，认为人是通过感官收集信息而获取知识的，她在幼儿园课程中突出了大量的、系统的各种感官训练，形成了蒙台梭利教学法。瑞士心理学家皮亚杰创建的“发生认识论”对学前教育影响最大，并提出了儿童“自我中心论”和“泛灵论”等思想，提出了“发现式教学法”。苏联著名心理学家维果斯基从“文化—历史”理论出发，提出了著名的“最近发展区”理论。

20世纪中期之后，学前教育逐渐成为世界范围内的热门话题，幼儿园课程在邻近学科的发展之下更加科学化，如多元智能理论课程。交叉性的学前教育领域，如儿童教育生态学、儿童教育人类学、儿童教育社会学等逐步显现。

人物介绍

约翰·杜威(John Dewey, 1859—1952)是美国哲学家和教育家。在19世纪末至20世纪上半叶的欧美教育革新运动中，他创办了芝加哥大学实验学校，批判了脱离社会和儿童的旧教育。从其实用主义哲学、机能主义心理学和社会改良主义社会政治观点出发，他将教育视为经验的改组和改造，强调学校的社会改造功能，重视有机体与环境的相互作用，注重儿童的自我活动和自我教育。在杜威的庞大教育理论体系中，早期儿童教育是一个重要组成部分。①

玛利拉·蒙台梭利(Maria Montessori, 1870—1952) 是继福禄贝尔之后的意大利的一位著名的幼儿教育家。她毕生致力于探索“科学的教育学”，创办了“儿童之家”，创立了独特的幼儿教育方法，并通过撰写教育理论著作和开办国际训练班等方式，传播了自己的教育方法，促进了现代幼儿教育的改革和发

① 胡金平，周采．中外学前教育史[M].北京：高等教育出版社，2011：290.

展。她的教育方法对今天世界各国的学前教育仍然发挥着重要影响。主要著作有:《教育人类学》《蒙台梭利教学法》《蒙台梭利手册》《高级蒙台梭利方法》《童年的秘密》《新世界的教育》《有吸收力的心理》等。[①]

维果斯基(1896—1934年),苏联心理学家,“文化—历史”理论的创始人。他写有多篇论文阐述教学与发展的关系,提出了“最近发展区”“教学必须走在发展的前面”等观点。1931年撰写重要代表作《思维和言语》,详细论述了他对高级心理机能的社会起源与中介结构的理论观点,同时还对皮亚杰关于儿童自我中心言语的观点做了详细评述。[②]

2. 我国幼儿园课程的发展历程

1840年前被称为我国学前教育的孕育时期。中国文化历来重视对儿童的早期教育,在哲学、医学等各种著作中有着对学前教育思想的丰富论述,如颜之推、王守仁等思想家的著作中就有相关的论述。其内容十分丰富,主要涉及胎教、常规教育、道德教育、识字教育等各方面。如《颜氏家训》中:“人生小幼,精神专利,长成已后,思虑散逸,固须早教,勿失机也。”[③]此阶段的学前教育思想基本上以家庭为背景,还没有形成系统的学前教育理论。

1840年到1949年,我国学前教育进入萌芽与发展阶段。国内大批有着先进思想的改良人士将国外的学前教育思想引入中国,中国近代学前教育思想开始萌芽并发展起来。此阶段,我国学前教育的先驱们借鉴欧美国家经验,并结合本土情况形成了本土探索的理论体系。如陈鹤琴先生认为,幼儿园应该给儿童一种充分的经验,应该以儿童生活的自然环境和社会环境为中心组织幼儿园课程。张雪门先生在其《幼稚园的研究》一书中指出:课程是经验,是人类的经验。幼稚园课程是什么?这是给三足岁到六足岁的孩子所能够做而且欢喜做的经验的预备。[④]张宗麟先生认为:“幼稚园课程者,由广义的说之,乃幼稚生在幼稚园一切之活动也。”[⑤]由此可见,我国学前教育的先驱们受到美国实用主义者杜威的影响,把幼儿园课程看作幼儿的经验、活动等。

---

① 胡金平,周采.中外学前教育史[M].北京:高等教育出版社,2011:297-298.
② 岳亚平.学前教育原理[M].北京:高等教育出版社,2014:35.
③ 檀作文.颜氏家训[M].北京:中华书局,2007:110.
④ 岳亚平.学前教育原理[M].北京:高等教育出版社,2014:44.
⑤ 张沪.张宗麟幼儿教育论集[M].长沙:湖南教育出版社,1985:31.

20世纪50年代，我国开始学习苏联，在学前教育领域对课程采取中央集中管理模式：统一决策、统一规划、统一编制，广大研究人员与教师只需考虑如何实施。“课程”一词逐渐淡出了学前教育的研究领域，此阶段学前教育领域的研究也基本处于停滞阶段。

改革开放以来，经济的繁荣、国家管理模式的转变，带来了学前教育理论新的蓬勃发展时期。课程问题逐渐受到广大教育者和教育行政部门的重视，广大研究人员及教师有了不同程度地参与课程决策的权利和机会，课程研究逐步深入，学前教育理论应用性研究成果累累。

人物介绍

陈鹤琴(1892—1982)，浙江上虞人，我国著名幼儿教育家。1914年，陈鹤琴前往美国留学。1919年，回国后受聘担任南京高等师范学校教育科教授，并开始从事学术研究工作。1921年，他与教育家廖世承合作，出版了《智力测验法》。1925年，其专著《儿童心理之研究》和《家庭教育》由商务印书馆出版。1923年，陈鹤琴创办鼓楼幼稚园。新中国成立后，任南京大学师范学院院长、南京师范学院院长。陈鹤琴主要著作有《儿童心理之研究》《家庭教育》《幼稚园的课程》《中国幼稚教育之路》《我的半生》等，辑入《陈鹤琴全集》中。①

张雪门(1891—1973)，浙江鄞县人，我国著名学前教育专家。早在20世纪30年代，他就与我国另一位著名学前教育专家陈鹤琴先生有“南陈北张”之称。曾先后在《幼稚教育概论》《幼稚教育新论》《新幼稚教育》等著作中对幼儿园的课程问题进行了专门的探讨。1946年去台湾以后，他继续致力于幼儿园课程的研究，于1966年出版了《增订幼稚园行为课程》一书，初步形成了他的“行为课程”的理论体系。随后在20世纪70年代初，他又出版了《中国幼稚园课程研究》一书，对幼儿园的课程问题做了进一步探讨。②

① 胡金平，周采．中外学前教育史[M]．北京：高等教育出版社，2011：89-90.
② 胡金平，周采．中外学前教育史[M]．北京：高等教育出版社，2011：100.

张宗麟(1899—1976),绍兴袍渎人。早年毕业于浙江第四师范学校,后考入南京高等师范学校教育系。1925年毕业留校任教,担任幼教专家陈鹤琴的助手。1931年到福建厦门集美学校主编《初等教育》杂志。他秉承"生活教育"的信念,提倡下乡,为劳苦大众服务。1943年到达延安,先后担任延安大学教育系副主任、北方大学文教学院院长、华北大学教育研究室主任。张宗麟关于幼儿教育的论述,主要发表于20世纪二三十年代。1985年,《张宗麟幼儿教育论集》由湖南教育出版社出版。①

(二)我国幼儿园课程的内涵

1.幼儿园课程界定的三种倾向

我国改革开放以来,社会环境的变革带来了学前教育学科发展的繁荣。此时"幼儿园课程"这一概念如同"课程"概念一样,因其多元性出现了各种不同观点,其中影响较大的有以下三种。

(1)学科倾向的界定

20世纪80年代,我国幼儿园教育普遍以学科,如音乐、美术、语言等来组织课程内容。90年代以后,随着整合教育观的影响,学科课程发生了变化,学科间加强了联系。课程不再是单一学科,而与相近或相关的学科形成了融合,如音乐、美术融合成了相关的艺术领域学科。学科间的界限逐渐模糊,整体性得以加强,那种单一学科课程已基本消失。

(2)活动倾向的界定

活动倾向的界定认为:幼儿园课程是为幼儿安排的有组织、有计划的各种活动的总和。课程开始由注重学科转向注重儿童,注重儿童的学习活动,注重儿童在活动中的主动性,强调课程的动态过程。

(3)经验倾向的界定

幼儿园课程是为了促进幼儿身心和谐发展所提供的有益的经验,这是经验倾向的界定。这种界定在关心幼儿活动的同时更关心幼儿在活动中所得到的经验,对于幼儿发展来说有益的经验,尤其是直接经验。

每种倾向或类型的界定都侧重与揭示了幼儿园课程不同的本质内涵,具有合理性

① 胡金平,周采.中外学前教育史[M].北京:高等教育出版社,2011:107.

的同时也具有一定的局限性。①

2.活动论占据主导地位

目前，我国幼儿园课程界定中占主导地位的是活动论。全国教育科学“九五”规划教育部幼教重点课题“中国幼儿园课程政策研究”课题组所认定的幼儿园课程的定义是：幼儿园课程是实现幼儿园教育目的的手段，是帮助幼儿获得有益学习经验，促进身心全面和谐发展的各种活动的总和。这一界定得到了学界的一致认可。这一定义含义丰富，我们应从以下三个层次理解。

（1）幼儿园课程是“活动”

由于活动自身具有主体性及对象性，同时活动具有双重转换性，使得活动更能反映幼儿学习的本质与特点，因而也更适合于解释幼儿园课程。在学前教育发展的历史长河中，我们不止一次地看到中外学者提倡、重视活动对幼儿发展的意义，国外的有从古希腊时期的柏拉图到近代的福禄贝尔、杜威；国内的有陈鹤琴、张雪门等。他们看到了幼儿的认识活动具有具体、形象的特征，其学习具有明显的直接经验性，难以离开对客观事物的直接感知，难以离开与客观事物的相互作用——活动。

（2）幼儿园课程是“帮助幼儿获得有益的学习经验的活动”

在“活动”前加上了“帮助幼儿获得有益的学习经验”作为限定，是为了突出课程的目的性，避免以“活动”来定义幼儿园课程可能导致的危险，即过于注重活动的外在形式和过程而忽视活动的目的，甚至视活动本身为目的，单纯“为了活动而活动”。用“有益的学习经验”加以限定，可以进一步明确活动的指向性、目的性，使过程与结果、形式和实质更加密切地融为一体。

（3）幼儿园课程是“各种活动的总和”

幼儿园课程的组织形式是多样的：凡是作为实现幼儿园教育目的的手段而运用的能够帮助幼儿获得有益的学习经验的活动，无论是上课还是游戏、生活活动，都是幼儿园课程的有机组成部分。目前，国内外一些知名的幼儿园课程方案如蒙台梭利课程、瑞吉欧课程、生存课程、游戏课程等都体现了这一点。

二、幼儿园课程的特点

幼儿园课程的特点是由幼儿身心发展的规律、特点，以及幼儿教育的性质决定的。相对于其他年龄阶段的儿童，身处幼儿园的3~6岁的儿童在学习和发展方面有其自身

---

① 王春燕.幼儿园课程概论(第2版)[M].北京:高等教育出版社,2014:14.

的特点，因此幼儿园课程具有以下特质。

（一）幼儿园课程的基础性与启蒙性

幼儿园教育作为学校教育的开端，是教育最基本、最不可动摇的开始。《幼儿园教育指导纲要（试行）》中指出："幼儿园教育是基础教育的重要组成部分，是我国学校教育和终身教育的奠基阶段。城乡各类幼儿园都应从实际出发，因地制宜地实施素质教育，为幼儿一生的发展打好基础。"[①]这明确了幼儿园教育的定位，同时也确定了幼儿园课程的奠基作用，即基础性。3~6岁的阶段正是每个人的人生启蒙阶段，此时的幼儿处于感知觉和思维发展的最初阶段，幼儿难以理解各种复杂的事物，他们的学习来源于在现实生活中与具体的人、事、物之间的互动。幼儿园作为幼儿从家庭迈入社会的第一个场所，承担着开启他们心灵的窗户、帮助他们认知周围世界的责任，使他们在原有发展水平的基础上身心得到初步的、相适宜的提高。

（二）幼儿园课程的全面性与生活性

《3-6岁儿童学习与发展指南》中明确指出："儿童的发展是一个整体，要注重领域之间、目标之间的相互渗透与整合，促进幼儿身心全面协调发展，而不应片面追求某一方面或几方面的发展。"[②]幼儿园课程应以实现幼儿身体、认知、情感、社会性等方面全面、和谐发展为目标。幼儿园的教育对象是3~6岁的幼儿，此阶段的幼儿在生活上还不能完全脱离成人的照顾，因此，幼儿在园中需要学习良好的生活、卫生习惯，学习自己照顾自己。教会幼儿进餐、盥洗、午睡等是幼儿教师的重要工作，保教结合是学前教育的一个重要特质。幼儿园课程应从生活出发，再回到生活，如在下面这个"吃西瓜"案例中，教师从吃西瓜这一日常行为出发，开启了儿童探索生活、发现生活并运用于生活的主题课程。

经典案例

幼儿园中班主题活动"吃西瓜"

幼儿园中班在一次间餐活动吃西瓜的过程中，天天小朋友突然大哭了起来，说自己把西瓜籽吃进了肚子里，很害怕肚子里会长出西瓜把肚子撑爆！当班的老师闻声跑来，询问并安抚了天天的情绪后，组织孩子们来帮助天天想办

---

① 幸福新童年编写组.《幼儿园教育指导纲要（试行）》及相关法规汇编[M].北京：首都师范大学出版社，2017：1.

② 中华人民共和国教育部.3-6岁儿童学习与发展指南[M].北京：首都师范大学出版社，2012：2.

法。孩子们你一言我一语地想出了各种办法，在这一过程中大家对“西瓜籽是种子吗”产生了好奇。贝贝说：“西瓜籽种在土里不能生长。”琪琪说：“西瓜籽不能吃，不能吃的都是种子。”雯雯说：“到底西瓜籽是不是种子，种在土里不就知道了吗？”一粒小小的西瓜籽竟然引发了孩子们长达二十分钟的讨论，于是老师从这样一场普通的谈话出发，将“课程、生命、孩子”建立起联系，开始了为期几个月的“西瓜籽”主题活动。从讨论西瓜籽是不是种子，到种西瓜苗和想办法保护折断的西瓜苗，再到放假领养西瓜苗，老师都做到了最大限度的放手以及有效的支持，而孩子们也在每一个阶段都收获了不同的成长。

（三）幼儿园课程的整合性与整体性

幼儿是以“完整人”的形象出现的，幼儿的身心发展特点决定了幼儿园的课程应该是高度整合的课程。[①]虽然幼儿园课程有五大领域的划分，但在实施过程中，各个领域的内容要有机联系、相互渗透，从不同角度促进幼儿的全面发展。幼儿园课程的对象是所有适龄幼儿，因此，课程的决策应该把幼儿园所有幼儿看成一个整体，充分考虑幼儿园每一个幼儿的发展水平。

（四）幼儿园课程的活动性与直接经验性

幼儿早期处在认知能力和思维能力的萌芽期，他们的思维方式主要是具体形象思维，这就决定了幼儿只有通过自己感官的直接感受和在自己操作的活动中获取直接经验。在幼儿园中，幼儿必须借助具体的事物及情境在参与、探索及互动中学习，离开了与幼儿相互作用的各种活动及情境，幼儿园课程就没有了鲜活的生命力。《3-6岁儿童学习与发展指南》中指出：“幼儿的学习是以直接经验为基础，在游戏和日常生活中进行的。要珍视游戏和生活的独特价值，创设丰富的教育环境，合理安排一日生活，最大限度地支持和满足幼儿通过直接感知、实际操作和亲身体验获取经验的需要，严禁‘揠苗助长’式的超前教育和强化训练。”如在下面的案例“玩水”中，教师让孩子们在玩水的活动中自主探索与发现，孩子从中总结出了自己的经验。

① 袁爱玲. 幼儿园课程[M]. 北京：北京师范大学出版社，2015：16.

经典案例

幼儿园大班主题活动“玩水”

幼儿园的“玩水区”是孩子们非常喜欢的地方，大一班的孩子们对水有着巨大的好奇心，还会在玩的时候提出很多问题，如“水流到哪里去了”“为什么水会从水管里流出来”等。于是，孩子们在老师的带领下认真观察水枪、水桶、水管、漏斗等各种玩水材料的材质、形状、长短、大小等。不同的游戏材料为孩子们提供了更多玩的机会和条件，让他们在自主活动中可以探索发现和水有关的故事。在从最初的自由无目的地玩水到有选择地使用各种工具玩水的过程中，孩子们通过自己的尝试，用多种材料、多种方法开展装水、运水的游戏。一次运水游戏中，嘟嘟等几位小朋友形成了运水管道搭建小组，大家就“如何搭建管道才能将水运得更远”的问题经过几次尝试总结出：将管道接口连接好、注意两个管子的角度等。最后管道成功搭建。孩子们在游戏中体验成功的快乐，并在游戏结束后把快乐和经验分享给班上的其他小朋友。

（五）幼儿园课程的潜在性与生成性

鉴于幼儿模仿能力强的特点，早在20世纪二三十年代，陈鹤琴先生就指出：应该以儿童的两个环境——自然环境和社会环境为中心组织课程。幼儿园的建筑及校园环境、教师的教风和幼儿园的文化氛围都在潜移默化地影响着儿童各个方面的发展，这其实就是幼儿园的隐性课程。隐性课程在20世纪的国外课程研究领域普遍受到研究者的重视。隐性课程具有弥散性和普遍性，它的影响无处不在，同时还具有持久性，通过心理的无意识层面对人产生影响，如对情感态度、价值观的影响都是潜移默化的，这些影响一经确立就持久地影响人的心理与行为，难以改变。因此，幼儿园可以利用适宜的环境、丰富的材料，以及多样的活动来引导幼儿形成积极的态度和良好的行为习惯。而在这一过程中，各所幼儿园因地域、文化及语言的差异不可能统一模式，因此应根据各自幼儿园的实际情况，在实施过程中体现生成性。生成性还体现在教师的实际活动中。由于各班的幼儿不同，他们的前期生活经验也各不相同，从而导致幼儿在相同材料面前，兴趣点不同。尽管活动设计的目标一样，但在活动实施的过程中，由于幼儿的兴趣和需求不同，就形成了不同的兴趣点和材料之间互动的生成活动的循环模式。总之，和其他阶段的学校课程相比，突出的潜在性和生成性是幼儿园课程的重要特质。

三、幼儿园课程的要素

在静态上，幼儿园课程的构成要素可以分为：幼儿园课程目标、幼儿园课程内容、幼儿园课程实施及幼儿园课程评价。

（一）幼儿园课程目标

幼儿园课程目标是根据幼儿园教育目标，幼儿园课程在促进幼儿身心发展上所要达到的预计结果。学习者的需要、当代社会生活的需求、学科的发展是课程目标的三个主要来源。目前，幼儿园课程目标的体系概括起来主要有两种：一是以学习内容领域为结构框架的目标体系；二是以儿童发展领域为结构框架的目标体系。前者以中国、日本等东方国家为典型代表，后者以美国等西方国家为典型代表。课程目标的结构是对课程目标体系的横向分析。布鲁姆的教育目标体系包括三大领域：认知领域、情感领域和动作技能领域。幼儿园课程目标的层次是对幼儿园课程目标体系的纵向分析。以学习内容领域为结构框架的幼儿园课程目标体系和以儿童发展领域为结构框架的幼儿园课程目标体系，都可以自上而下分为四个层次：幼儿园课程总目标、年龄阶段（学年）目标、单元（时间单元或内容单元）目标、具体教育活动目标。在幼儿园课程目标的表述取向上，主要有行为目标取向、生成性目标取向和表现性目标取向。幼儿园课程目标可以从不同的角度进行表述，随着儿童主体地位的确立，从幼儿角度表述课程目标逐渐成为主流。不同层次、不同取向的幼儿园课程目标有不同的表述方法。一般来说，目标层次越低，表述得越具体，操作性越强；不同取向的课程目标也有不同的表述方式。

从课程目标与教育目的、教育目标之间的关系来看，三者是一个从宏观到中观再到微观的过程。教育目的是总的方向，是终极的教育价值追求。教育目标是教育目的的下一层概念，是不同阶段的教育价值。而课程目标是教育目标的下属概念，是具体价值和任务指标。幼儿园课程目标是幼儿教师对幼儿在一定学习期限内学习效果的预期，是幼儿园教育目的的具体化。在幼儿园中，幼儿园课程目标是幼儿园课程的方向盘，它既是课程设计的起点，也是课程实施的终点，在幼儿园课程中处于核心地位。

（二）幼儿园课程内容

幼儿园课程内容是按照幼儿园课程目标选定的，通过一定的形式表现和组织的基本知识、基本态度和基本行为。幼儿园课程内容与幼儿园课程目标紧密相连，它是实现幼儿园课程目标的手段，为实现课程目标服务，课程目标又指导着课程内容的选择与组织。具体而言，幼儿园课程内容是根据幼儿园课程目标和相应的学习经验选择的、蕴含或组织在幼儿的各种活动中的基本态度、基本知识、基本技能和基本行为。外部环境、幼儿生活及教育目的是幼儿园课程内容的三个主要来源。目前,幼儿园课程内容的范围概括起来主要包含三类:一是基本知识;二是基本态度;三是基本行为。幼儿园课程内容又涵盖学科课程、经验课程及核心课程。学科课程主要是从各门学科中选择适合学生发展水平和年龄特征的知识来组成教学科目,后两者是以学生的需要、兴趣、能力以及经验为基础,突破学科逻辑系统的界限,通过引导学生自己组织的、有目的的活动而形成的课程。幼儿园课程内容的选择包含四大原则,即目的性、适宜性、生活化和基础性。在此基础上,幼儿园课程内容有四大不同的组织方式:逻辑顺序与心理顺序、纵向组织与横向组织、直线式组织与螺旋式组织、预设课程组织与生成课程组织。总之,没有最好的课程,只有最适宜的课程。

幼儿园课程内容要有助于幼儿的发展,必须既涵盖幼儿认知、态度、行为三方面的内容,又要能符合幼儿身心发展规律,贴近幼儿生活。正如《幼儿园教育指导纲要(试行)》中指出的,教育活动内容的选择应遵照本《纲要》第二部分的有关条款进行,同时体现以下原则:既适合幼儿的现有水平,又有一定的挑战性;既符合幼儿的现实需要,又有利于其长远发展;既贴近幼儿的生活来选择幼儿感兴趣的事物和问题,又有助于拓展幼儿的经验、拓宽幼儿的视野。幼儿园课程是"预设"与"生成"循环往复的过程,需要教师充分发挥自身的创造性,处理好计划与变化的关系,以求得幼儿园课程的高质量发展。

(三)幼儿园课程实施

幼儿园课程实施是把静态的课程方案转化为动态的课程实践的过程,也是教师以课程计划为依据来组织幼儿活动的过程;是实现预期教育结果的手段,也是现阶段幼儿园课程改革的核心环节。在现实中,常常出现幼儿园课程实施的内涵与取向、幼儿园课程实施的途径、幼儿园课程实施中的教学策略、幼儿园课程实施的影响因素及常见问题这四个关键主题。幼儿园课程流派众多,其实施的表现形态也多种多样,但无论怎样千变万化,幼儿园课程实施的基本途径不外乎生活活动、游戏活动和教学活动三种,只是不同课程流派的课程观不同,在这三者之间的取舍及其关系的处理上会各不相同。把握了这三种活动及其关系,可以说就把握了幼儿园课程实施的本质。

在幼儿园课程实施过程中,让教育目标、课程目标与幼儿兴趣、需要的满足比较好地统一起来的最有效的途径是努力提高教育的个性化水平,也就是确保幼儿园教育环境的多样性、选择性,确保幼儿园课程中有适量的自由活动,特别是自由游戏。在这一过程中,教师要指导幼儿,但不过多地干涉幼儿活动的进行。在这样的教育环境中,教育目标将通过环境的潜移默化而得到实现。同时,通过园外课程延伸,如家园共育活动、社会实践活动等形式,鼓励幼儿与家庭、社会互动以实现课程目标。

(四)幼儿园课程评价

所谓幼儿园课程评价,是对幼儿园课程进行考察和分析,以确定其价值和适宜性的过程。幼儿园课程评价的目的主要在于了解课程的适宜性、有效性,以便调整、改善、选择和推广课程,提高幼儿园教育质量。根据不同的标准可以划分出不同的课程评价类型:根据评价对象的不同,可将广义的课程评价分为学生评价、教师评价、学校评价、狭义的课程评价等;根据评价主体的不同,可把课程评价分为自我评价和外来评价;根据评价目的的不同,可把课程评价分为诊断性评价、形成性评价和总结性评价;根据评价的参照标准或评价反馈策略的不同,可把课程评价分为绝对评价、相对评价和个体内差异评价;根据评价手段的不同,可把课程评价分为量性评价和质性评价。根据课程评价的取向不同,可将其分为三类:一是目标取向的课程评价;二是过程取向的课程评价;三是主体取向的课程评价。

幼儿园课程评价是幼儿园课程走向高质量发展过程中必不可少的关键环节,只有科学地对待幼儿园课程评价,才能使其成为幼儿园课程的有效反馈机制,成为深化幼儿园课程改革、促进幼儿园高质量发展的重要抓手。

(五)幼儿园课程各要素间的关系

幼儿园课程目标在幼儿园课程中处于核心地位,它既是课程设计的起点,也是课程实施的终点;既是选择课程内容、组织课程方式和实施教学策略的依据,也是课程评价的标准。四大要素在静态上以幼儿园课程目标为中心,一起构成了幼儿园课程的整体。从动态上看,四大要素是从课程目标到课程内容的选择与组织,再到课程实施,最后到课程评价,课程评价又影响着课程目标的制定,这是一个循环往复的过程。这一过程不断促进幼儿园课程的发展,使之不断改进、完善。

第三节　幼儿园课程开发模式与设计取向

一、幼儿园课程开发模式

课程开发是指决定课程的过程及其所依据的各种理论取向，由“课程编制”“课程建设”等词发展而来，1935年在美国学者卡斯威尔和坎贝尔合著的《课程开发》一书出版后被广泛运用起来。20世纪以来，课程开发的主要模式有目标模式和过程模式两类。

（一）目标模式

目标模式是20世纪初开始的课程开发科学化运动的产物，是以课程目标为课程开发的基础和核心，围绕课程目标的确定及其实现、评价而进行课程开发的模式。这种模式被视为课程开发的经典传统模式，主要代表是现代课程理论之父泰勒创立的“泰勒模式”。

在泰勒的经典之作《课程与教学的基本原理》一书中，他提出了四个课程开发的基本问题：其一，学校应该试图达到什么教育目标？其二，提供什么教育经验最有可能达到这些目标？其三，怎样有效组织这些教育经验？其四，我们如何确定这些目标正在得以实现？以上四个问题构成了著名的“泰勒原理”。

泰勒认为，课程目标的主要功能是引导课程选择、组织与评价，课程开发应从确定课程目标开始。对学习者本身的研究、对校外当代生活的研究和学科专家对目标的建议是课程目标的三个来源。首先应通过对这三个来源进行分析获得大量有关课程目标的资料；然后经过哲学的甄选，选出与社区、学校的哲学价值观相一致的课程目标；之后再通过心理学的甄选，确定可行的目标。

课程目标确定之后，就要根据以下五条原则选择出相应的学习经验以达成所定目标：第一，为了达到某一目标，学生必须具有使他有机会实践这个目标所隐含的那种行为的经验；第二，学习经验必须使学生由于实践目标所隐含的那种行为而获得满足感；第三，学习经验所期望的反应，是在学生力所能及的范围之内的；第四，有许多特定的经验可以用来达到同样的目标；第五，同样的学习经验往往会产生几种结果。

确定了学习经验后，为了使学习经验能够产生累积效应，必须进行有效组织，并用连续性、顺序性、整合性三条标准来检验横向及纵向两种组织是否有效，以确保使之相互强化。

最后进入评价，评价的步骤为：先界说课程目标，再确认评价情境，最后编制评价工具。泰勒认为，评价本质上是确定课程与教学计划实际实现课程目标的程度问题，所以评价时必须评价学生的行为，同时必须进行多次评价。

“泰勒原理”一度成为20世纪五六十年代课程开发非常流行的“科学”模式，在世界各国的课程领域产生了巨大影响。自20世纪六七十年代以来，针对“泰勒原理”存在的一些局限性，许多学者进行了一系列的完善，如塔巴模式、惠勒模式等。其中，塔巴是泰勒的学生与助手，将泰勒提出的四个步骤扩展为八个，即诊断需求、陈述目标、选择内容、组织内容、选择学习经验、组织学习经验、确定评价的对象与方法、检查平衡性和顺序性。①

（二）过程模式

20世纪五六十年代后，英国课程理论家斯腾豪斯在对目标模式进行详尽而透彻的分析与批判的基础上，建构起过程模式的理论框架，第一次明确提出并系统确立了过程模式。过程模式的思想可以追溯至卢梭及其后的进步主义教育运动，受皮亚杰、布鲁纳等的发展心理学、认知心理学的影响较深。斯腾豪斯的过程模式是以英国著名教育哲学家彼得斯的知识论为理论依据的。彼得斯认为，知识以及教育本身具有内在的价值，无须通过教育的结果来加以证明。在《课程研究与课程编制入门》一书中，斯腾豪斯从误解了知识的本质及误解了改善实践过程的本质两方面对目标模式进行了批判。

过程模式以过程或程序为焦点，详细说明内容和过程中的各种原理，主张课程开发的任务是选择活动内容，建立关于学科的过程、概念与标准等知识形式的课程，提供实施的过程原则。过程模式的逻辑起点是以教育本体功能和知识本身固有的价值为依据选择内容，并给出了12条判断价值的标准。

选择内容之后，提倡学生主动学习和建构，同时教师以共同学习者的身份为学生提供引导、咨询及相关的参考资料。在这一过程中，斯腾豪斯对教师提出了过程原则，如“人文学科课程计划”中过程原则包括五条：第一，教师应与学生一起在课堂上讨论、研究具有争议性的问题；第二，在处理具有争议性的问题时，教师应持中立原则，使课

① 王春燕.幼儿园课程概论（第2版）[M].北京：高等教育出版社，2014：23.

堂成为学生的论坛；第三，探究具有争议性的问题的主要方式是讨论，而非灌输式的讲授；第四，讨论应尊重参与者的不同观点，无须达成一致意见；第五，教师作为讨论的主持人，对学习的质量和标准负有责任。

最后是课程评价。斯滕豪斯认为，课程评价应以在多大程度上反映知识形式、实现过程原则为依据。教师以诊断者和批评家的身份对学生的学习过程及结果进行评价。教师与学生从事的有价值的活动有其内在的标准，成绩评定就是通过批判地反映学生所做的工作来提高学生为达到这些标准工作的能力。[①]

（三）幼儿园课程开发原则

过程模式是在批判与分析目标模式的基础上，针对目标模式的局限性而提出来的。在知识观、儿童观、教师观、教育观等诸多方面，两种模式表现出了众多差异，甚至在许多方面还各执一端，这就决定了目标模式和过程模式之间具有很强的互补性。因此，幼儿园课程开发应该综合考虑诸如教师、幼儿、学习内容之类的因素，将两种模式进行一定的融合，利用好两种模式，发挥各自的优点并避免两者的缺点。

二、幼儿园课程设计取向

课程的价值选择是课程在开发和设计之初就需要考虑的问题。基本的价值选择包括学科、学生和社会三个方面。根据价值取向的不同，课程设计被分为学科中心取向、学习者中心取向和问题中心取向三类。学科中心取向的课程设计是最流行、使用最广泛的课程设计，强调以知识为中心设计课程，最基本的形式包括科目设计、学术性学科设计和广域设计。学习者中心取向的课程设计强调关注学生的兴趣、需要，使课程适应学习者，而非使学习者适应课程，进而使每一个学习者都能够得到充分、自由的发展，主要包括经验中心的课程设计、人本主义的课程设计、开放教室设计等。问题中心取向的课程设计从社会问题及学生的需要、兴趣和能力出发，课程的组织很大程度上取决于研究的问题领域的性质，选择的内容必须和考虑的问题有关，因此内容经常是跨学科的，并且在很大程度上是以学生的需要、关注点及能力为基础的。问题中心取向的课程设计的类型主要包括生活情境设计与核心设计。[②]

---

① 王春燕.幼儿园课程概论（第2版）[M].北京：高等教育出版社，2014：27.
② 王春燕.幼儿园课程概论（第2版）[M].北京：高等教育出版社，2014：33.

学习研究

1. 大多数幼儿园教师都有一项耗时较长的工作就是做环境创设，环境被视为幼儿园隐性课程的重要体现。大多数教师在做环境创设的过程中十分辛苦，但做完后效果还不怎么好。结合本章学习的课程分类中的隐性课程，请你调查一所幼儿园，分析该幼儿园的隐性课程的具体体现及其它对显性课程的影响、与显性课程的关系。

2. 深度学习杰克逊所著的《课堂生活》一书，思考在如今网络发达的环境下，除了进行环境创设外，还有哪些更好地实现隐性课程的途径？

本章小结

本章主要从课程的概念与类型，幼儿园课程的内涵、特质及要素，幼儿园课程开发模式与设计取向等三个方面概述了幼儿园课程。核心内容如下：

1. 课程的概念可分为以下四个维度：学科维度中课程即科目、计划维度中课程即计划或者目标、经验维度中课程即经验、形式维度中课程即活动。课程较为典型的分类标准有以下四种：按课程的内容属性划分、按课程的内容相关性划分、按课程的呈现方式划分、按课程的决策层次划分。

2. 幼儿园课程界定的三种倾向：学科倾向的界定、活动倾向的界定、经验倾向的界定。我国幼儿园课程的内涵分为三个层次：幼儿园课程是“活动”、幼儿园课程是“帮助幼儿获得有益的学习经验的活动”、幼儿园课程是“各种活动的总和”。

3. 幼儿园课程的特点有：幼儿园课程的基础性与启蒙性、幼儿园课程的全面性与生活性、幼儿园课程的整合性与整体性、幼儿园课程的活动性与直接经验性、幼儿园课程的潜在性与生成性。

4. 幼儿园课程的要素有：幼儿园课程目标、幼儿园课程内容、幼儿园课程实施、幼儿园课程评价。在静态上，四大要素以幼儿园课程目标为中心，一起构成了幼儿园课程的整体。从动态上看，四大要素是从课程目标到课程内容的选择与组织，再到课程实施，最后到课程评价，课程评价又影响着课程目标的制定，这是一个循环往复的过程。

5. 幼儿园课程开发模式主要有目标模式和过程模式两种。设计取向有学科中心取向、学习者中心取向和问题中心取向三类。

思考与实训

1. 如何理解课程的内涵?

2. 如何理解幼儿园课程的内涵?为什么我国幼儿园课程分为三个层次?

3. 结合3~6岁幼儿的特点,谈谈你对幼儿园课程特质的理解。

4. 自选一所幼儿园的课程,结合本章所学知识对该幼儿园课程进行类型的分析,并指出哪些体现了幼儿园课程的特质。

专题探讨

背景资料:近年来,随着幼儿园课程的改革,我国学前教育从“规模式”转向“内涵式”发展,儿童的主体性日益受到关注。学前教育课程改革也遵循着从远离到追寻儿童生活的过程,从缺失到彰显儿童生命关怀的过程。在此推动下,学前教育界正积极谋求适合幼儿的教育方式,课程的编制与实施也更加关注幼儿的生活世界,尊重幼儿的兴趣及需要,“一日生活皆课程”的生活化课程理念应运而生,成为幼儿园课程改革的主流方向。

探讨:结合本章有关幼儿园课程的特征,探讨幼儿园课程生活化的内涵和幼儿园课程生活化的策略。

第二章

幼儿园课程的理论基础

学习目标

- 了解幼儿园课程的三大理论基础；
- 理解三大理论基础对幼儿园课程的启示和影响；
- 运用相关理论解释幼儿园课程中的现象并解决问题。

学习重难点

- 重点：深入理解心理学、生态系统理论对幼儿园课程的启示和影响。
- 难点：幼儿园课程理论主要观点的掌握和异同比较；运用相关理论解决幼儿园课程中的问题。

案例破冰

幼儿园课程理论在教学实践中有什么作用?

小红是一位入职一年的幼儿园教师，刚工作一年的她便成为小班的班主任。第一次当班主任的她由于工作经验缺乏，时常会遇到一些难题，如在开展教研活动、活动组织和活动观察时，自己所写的观察提纲、采取的教学方式一开始并不知道是否合适，在行动之前也没有想到去寻找理论作为支撑，等到实践以后的集体教研环节，一些经验丰富的教师和专家指出问题和提出解决办法时才会联想到所学的理论和方法。在日常生活和教学活动中，很多教师对一些理论只是一种表面的理解，对理论的深入把握和在具体实践中的运用是值得我们深思的问题。

幼儿园的课程理论基础有哪些？这些理论之间有什么区别和联系？在幼儿园课程中怎样去使用这些理论？对本章内容的学习会让我们了解上述问题，帮助我们奠定幼儿园课程的理论基础，从而指导我们的课程实践。

目前,对于幼儿园课程基础尚未有统一的定论,一般认为心理学、社会学和哲学是幼儿园课程的基础学科,在不同的时期,这些基础学科对幼儿园课程的发展产生不同的影响。幼儿园课程既有课程的一些共性之处,也有自身的一些独特之处,其独特之处在于:受幼儿身心发展的影响,幼儿园课程更偏向游戏活动,更强调直接经验的获得而非间接经验的获得,更注重幼儿身心的全面发展。在设计幼儿园课程时,必然会涉及对幼儿身心发展、学习过程、学习方式等问题的思考,而对这些基础学科的考察和分析则有助于更好地了解幼儿园课程目标、内容、实施和评价等内容,从而为幼儿园课程的开发与建设奠定科学的理论基础。

第一节 幼儿园课程的心理学基础

促进学龄前儿童身心全面发展是幼儿园课程设计的出发点和落脚点之一,因而在幼儿园课程的编制过程中,必然会涉及学龄前儿童身心发展特点和规律、学习过程等问题,其中心理学便成为了解儿童身心发展特点和学习过程的主要途径。心理学虽有诸多流派,但对幼儿园课程产生重大影响的则主要有认知理论、成熟理论、精神分析理论和行为主义理论等。

一、心理学理论与幼儿园课程

(一)认知理论与幼儿园课程

认知理论是关于有机体学习的内部加工过程,如信息、知识及经验的获得和记忆,达到顿悟,使观念和概念相互联系以及问题解决的各种心理学理论。认知理论的主要代表人物有皮亚杰和维果斯基。

1. 皮亚杰理论与幼儿园课程

(1)皮亚杰的认知理论概述

皮亚杰是认知发展领域里很有影响的一位心理学家,也是建构主义重要的奠基人。他所创立的关于学习者认知发展的理论被称为发生认识论,其核心就是研究人的一生中自然逻辑的发展过程。皮亚杰的建构主义理论是从传统的认知理论中演变而出来的，其基本观点是：人的智能与生物有机体有许多相似之处，它们都是有组织的系统，而且都在不断地与环境发生互动；在互动的过程中，都要建构必要的结构以便适应周围的环境；智能是动态的、积极活跃的，永远处在不断的变化与发展之中，人只有通过自身的活动才可能建构自己的认识，并改进自己的智能。

皮亚杰认为，儿童认知的发展取决于四个基本因素：物理环境、成熟程度、社会影响以及平衡过程。其中，平衡过程是皮亚杰研究的重心，平衡的作用就是在认知结构发生改变的时候使它保持正常的功能。平衡在学习者与环境的相互作用中涉及两个基本过程：同化与顺应。同化指个体把外界刺激所提供的信息整合到自己原有认知结构内的过程；顺应指个体的认知结构因外部刺激的影响而发生改变的过程。同化是认知结构数量的扩充，而顺应则是认知结构性质的改变。认知个体通过同化和顺应来达到与周围环境的平衡。当学习者能用现有图式去同化新信息时，他处于一种平衡的认知状态；而当现有图式不能同化新信息时，平衡则被破坏，修改或创造新图式的过程就是寻找新的平衡的过程。学习者的认知结构就是通过同化与顺应过程逐步建构起来，并在“平衡—不平衡—新的平衡”的循环中得到不断丰富、提高和发展的。①

皮亚杰把儿童认知心理划分为四个阶段：感知运动阶段、前运算阶段、具体运算阶段和形式运算阶段。这四个阶段的发展是一个连续的建构过程，每一阶段都是前面阶段的发展，又为下一阶段的发展打下基础。发展阶段不是截然划分的，而是具有一定程度的交叉重叠，每个阶段都有一个准备期与完成期。

感知运动阶段（0~2岁），相当于婴儿期。这一阶段的儿童主要依靠感觉和运动来认识周围世界。在这一阶段中，儿童获得了客体恒存性的图式，即儿童看不到、听不到某个物体时，仍然要去寻找它。

前运算阶段（2~7岁），这一阶段的儿童已经具备了心理表征和使用语言的能力，可以通过感觉运动来掌握语言、图像、手势、声音、数字等多种符号的意义。这一阶段儿童的思维表现出两个特点：一是自我中心性，即只能从自己方面观察、描述一个物体；二是知觉集中倾向，即儿童只能注意到情境的一个方面，不能认识事物的可逆性。

具体运算阶段（7~12岁），相当于小学阶段。这一阶段的儿童已经具备了基本的逻辑思考能力，但一般还离不开具体事物的支持，而且儿童的自我中心性减弱，开始理解他人，并提高了交往能力。

形式运算阶段（12~15岁），相当于初中阶段。所谓形式运算，就是可以在头脑中将形式和内容分开，可以离开具体事物，根据假设来进行逻辑推演的思维。这个时期，

---

① 邹莹.皮亚杰与维果斯基的建构主义比较[J].外语学刊，2009(5).

儿童的行为能力、个体意识、思考方式均有所变化,逐渐具有小大人的特性。①

表2-1　皮亚杰的认知发展阶段论

阶段	年龄	阶段特征
感知运动阶段	0~2岁	1.依靠感觉和运动来认识周围世界 2.客体恒存性
前运算阶段	2~7岁	1.自我中心性 2.知觉集中倾向
具体运算阶段	7~12岁	1.具备了基本的逻辑思考能力 2.自我中心性减弱
形式运算阶段	12~15岁	1.根据假设来进行逻辑推演 2.逐渐具有小大人的特性

(2)皮亚杰的认知理论对幼儿园课程的启示

当皮亚杰的认知理论被人们发现时,他的建构理论就引起了极大的关注,并对幼儿园课程发展产生了巨大的影响。在皮亚杰理论的影响下,我国学前教育工作者的理念发生了极大的改变,教师真正贯彻了“发挥和发展幼儿的主体性”“让幼儿成为学习的主人”的理念,视幼儿为知识的主动建构者,让他们作为完整的、发展的主体参与课程活动。幼儿园的教学过程开始从教师是教学的主体、幼儿是客体转变成教师关注幼儿的兴趣,引导幼儿参与活动。此外,教师也开始注重发挥环境资源的作用,自然环境得到有效利用,与家庭、社区形成了一个相互衔接的教育网络。总之,皮亚杰理论对我们深入理解和研究幼儿认知发展、促进幼儿教育和学习有着深远的理论和实践意义。

2.维果斯基理论与幼儿园课程

(1)维果斯基的认知理论概述

19世纪20年代,维果斯基在批评人类心理及其发展生物学的基础上,创造性地提出了“文化—历史”理论,认为人类认知与心理机能的起源和发展融合了动物生物进化和人类历史发展两个过程。他撰写的《高级心理机能的发展》(1931)和《思维与语言》(1934)两部巨著在20世纪50年代被翻译出版后,给世界心理学和教育学界带来了巨大的影响。一些儿童心理学家继承并发展了他的理论,还有一些教育心理学家把他的理论应用到教育学研究领域。②

维果斯基认为,人的心理发展不是一个封闭的过程,人类发展过程中历史与文化

① 戴海波,杨惠.皮亚杰儿童认知理论视角下的儿童产品广告创意[J].新闻界,2011(5).
② 梁爱民,陈艳.维果斯基社会文化理论混沌学思想阐释[J].山东大学学报(哲学社会科学版),2013(5).

会对其产生决定性的影响。他区分了人的心理机能：低级心理机能是种系发展的结果，指的是直接的、自然的、感性的心理机能，如知觉、情绪、机械记忆和不随意注意等；高级心理机能则是社会历史发展的产物，指的是间接的、社会的、抽象的心理机能，例如逻辑记忆、抽象思维、随意注意和意志等，它是人类区别于动物的根本所在。"文化—历史"理论的重要内容之一就是研究人类高级心理机能的发展，维果斯基所提出的人类心理发展的活动说、中介说和内化说，以及儿童最近发展区的概念为社会建构主义奠定了理论基础。

活动说是指活动在高级心理机能的形成过程中发挥着至关重要的作用，心理过程的变化与实践活动的变化具有一致性，意识的客观表现就是活动，因此可以通过研究活动来研究意识。中介说是指人类与动物不同的根本原因在于工具与符号，只有通过运用工具和借助符号的中介作用，才谈得上从低级心理机能向高级心理机能的转化。内化说是指所有高级心理机能在儿童的发展过程中都要经过两次登台，第一次是作为心理间的机能，以集体活动和社会活动的形式来呈现；第二次则是作为内部心理机能，是以个体活动的形式，也就是儿童内部的思维方式来呈现。因此，所有的高级心理机能只能产生于人与人的交往之中，并且经过外部活动向内部活动转化。[①]从维果斯基的内化说可以看出：儿童的心理发展离不开社会互动，个体建构知识的过程是以社会共享的理解为基础的。

最近发展区理论源于维果斯基的文化发展遗传规律，该遗传规律的核心观点为：高级思维在人的认知发展中出现两次，先在社会层面出现，然后在心理层面出现。在此基础上，维果斯基提出两种发展水平：实际发展水平和潜在发展水平。最近发展区就是儿童独立解决问题的实际发展水平和在成人或同伴的帮助下解决问题的潜在发展水平之间的距离。维果斯基提出的最近发展区理论科学地揭示了发展与教学的关系，强调了教学在发展中的主导性和决定性作用，阐释了"合理的教学应走在发展的前头并引导发展，教学应唤醒或促进一系列位于最近发展区内处于成熟状态的机能"的深刻内涵，从而驳斥了当时出现的两种观点：一是教育与发展是一个相互分离、相互独立的过程，发展遵循的是内部自然规律，而教学从外部利用了发展的潜能；二是教学与发展是同一回事，教学即发展。[②]

（2）维果斯基的认知理论对幼儿园课程的启示

维果斯基的认知理论对幼儿园课程产生着深远的影响。维果斯基提出，教学不只

① 陈亭秀．西方维果茨基研究探析[D]．上海：华东师范大学，2017．

② 梁爱民，陈艳．维果斯基社会文化理论混沌学思想阐释[J]．山东大学学报（哲学社会科学版），2013(5)．

是去顺应学生的自然发展，更为重要的是在最大程度上去促进学生的发展。①根据这一理论，把握学生“最近发展区”的教学是促进学生发展的最佳教学。根据维果斯基的最近发展区理论，幼儿园课程的评价应该采用学习性评价，针对幼儿在不同学习环境下的真实表现，给予有效、及时的反馈、建议和帮助，以发展和促进幼儿在不同领域内的表现和优势，从而使得每位幼儿都能获得和自己发展水平相对应的特殊建议。维果斯基的鹰架理论在课程实施中的意义在于：教师需要对教学进程进行理性判断，应着眼于幼儿的最近发展区，为幼儿提供带有难度的内容，调动幼儿的积极性，发挥其潜能，超越其最近发展区而达到下一发展阶段的水平，然后在此基础上进行下一个发展区的发展。如在下面的“擦鼻涕”案例中，教师从日常生活中发现、反思并找到幼儿真正的最近发展区，不断引导幼儿有意识、正确地擦鼻涕。

经典案例

擦鼻涕

随着天气转凉，幼儿感冒流鼻涕的现象日益频繁。老师发现小宝每次擦鼻涕都是在手背或是衣袖上胡乱地擦一下，脸上留下一道白印。老师说：“小宝，脸上还有鼻涕呢，袖子上也有，现在应该怎么办呢？”小宝看看袖子说：“用纸巾擦。”说完就跑去拿了一张纸巾胡乱地擦了擦。之后，每当小宝要擦鼻涕时，老师都会帮他把纸巾对折一次，请他放在自己的鼻子上，用食指和大拇指比成小手枪的姿势，放在纸巾上捏一下，把鼻涕擦掉，然后问：“擦干净了吗？”小宝会很高兴地说：“擦干净了。”数次下来，小宝不仅熟练掌握了擦鼻涕的动作，还建立了擦鼻涕的自信心，不再像以前那样用袖子擦鼻涕了。接下来的两周，老师逐渐减少了辅助，鼓励小宝尝试自己折纸巾，并在个别化活动中鼓励小宝参与锻炼小肌肉的游戏。尽管小宝的动作并不协调，折的纸巾也不对称，有时还会将鼻涕粘到手上，但他从中获得了成就感，愿意尝试自己折纸巾。之后，小宝将纸巾对折放在鼻子上捏一捏的动作非常熟练了。

在教小宝学习擦鼻涕的过程中，老师先是帮他把纸巾对折，再引导他按住纸巾捏一捏鼻子，这一动作正处于小宝的最近发展区；之后老师采取减少辅助、多加鼓励、通过其他游戏锻炼小肌肉等方式，帮助小宝逐步完成自己对折纸巾的挑战，这是在逐步发展小宝的下一个最近发展区。

① 朱家雄. 皮亚杰和维果茨基对幼儿园课程如何立论[N]. 中国教育报，2000-08-26.

（二）成熟理论与幼儿园课程

成熟理论认为，幼儿的身心发展是有一定顺序的，这种顺序是由先天因素决定的。这种发展规律表现在到什么年龄，幼儿就会做什么事情。成熟理论的代表人物主要有霍尔和格塞尔。

1. 霍尔的成熟理论与幼儿园课程

（1）霍尔的成熟理论概述

19世纪末20世纪初，达尔文的进化论影响甚广，当时在生物学上已经发现人类的胚胎发展史就是动物进化过程的复演。霍尔受这种思想的影响，把达尔文关于“进化”的生物学观点引入心理学领域，并扩展为心理学的复演说。该学说认为，个体的发展只不过是人类种族进化的复演过程。综观霍尔的观点，我们不难发现他强调的是个体的生物因素通过遗传决定性地控制和引导着个体的发展与成长，而环境的作用非常小。

霍尔认为，现代教育的首要任务是根据儿童发展各个阶段的不同需要为他们提供有利的环境，并给予适当的帮助。霍尔根据儿童的发展把教育分成四个阶段：第一阶段是2~3岁到6~7岁儿童的教育。这一阶段的儿童好动、好模仿、易受暗示、好奇、好游戏、喜欢成功、合群，这一阶段的任务是注重儿童的身体发展。第二阶段是7~8岁过渡期儿童的教育。这时儿童的大脑发育完全，但是体质很弱，仍然需要关注身体发展，教育内容主要是讲故事、进行自然研究和游戏活动。第三阶段是8~9岁到12~13岁儿童的教育。这一阶段的儿童注意不稳定、不持久，难于长时间地注意同一件事物；容易为一些新奇刺激所吸引，凡是生动、具体、形象的事物，形式新颖、色彩鲜艳的对象，都比较容易引起儿童的兴趣和吸引他们的注意；儿童注意的范围较小，不善于分配自己的注意；感知事物比较笼统、不精确，往往只注意到一些孤立的现象，看不出事物之间的联系和特点；对时间和空间的概念也比较模糊。第四阶段是12~13岁到18~19岁青春期儿童的教育。这时儿童的生理和心理有了新的发展，变得非常敏感。①

（2）霍尔的成熟理论对幼儿园课程的启示

霍尔的成熟理论对幼儿园课程产生着巨大的影响。19世纪后半叶，霍尔在自己的著作中就有“儿童是成人之父”的言论。他认为个体的成长其实就是对人类历史发展的重演，这一思想对促进传统儿童观的现代转换具有重要意义，可以促使教师进一步认识儿童、尊重儿童，促使传统的单向尊重的师生关系向双向尊重的师生关系转换，从而自觉地建立起平等、民主的师生关系。

---

① 娄宇.19世纪末20世纪初美国儿童观研究[D].杭州：杭州师范大学，2017.

霍尔认为，研究儿童的心理主要是促进儿童的心理健康，使儿童得到良好的发展。在幼儿园课程中，教师不应该进行精细的手工训练，因为儿童的肌肉会因受到过重的压力而损伤。同时，要重视儿童好奇心和兴趣的发展，儿童接受知识应当以客观事物为主，反对书本知识的灌输。为了帮助教师更好地认识儿童，霍尔特别强调教师应当参与儿童研究。[①]他认为，儿童研究能够增进教师对儿童的了解，为教师提供全新的知识。此外，在学校教育中，应该反对以同样的方式和同样的内容对所有的儿童进行教学；还要注意男女儿童的差异，应为男女儿童开设不同的课程，以确保男女儿童的完满发展。

2. 格塞尔的成熟理论与幼儿园课程

（1）格塞尔的成熟理论概述

格塞尔延承并更新了他的老师霍尔的理念，提出了“成熟说”。此学说认为，儿童的生理成熟在儿童发展中起着主导作用，应该呵护儿童的自然发展。

成熟说是格塞尔整个研究事业的理论基础，是他全部研究的原始起点和出发点。格塞尔提出了关于儿童发展的成熟概念。随着个体的成长，基因将所包含于其中的遗传信息自然地展现出来，以决定和指导个体生理结构及功能的发展和变化过程。格塞尔把这个由基因所决定和指导的发展过程称为成熟。格塞尔认为，在细胞分裂和分化的过程中，基因不断地与细胞内和细胞外的细胞质发生着相互作用，但在这种作用中，细胞质也仅仅是环境因素，而基因才是具有方向性和指导性的根本力量，才是成熟过程的最根本的动因。格塞尔还认为，不管是人出生前还是人出生后，成熟都是按照一个预先决定好的顺序进行的，这个顺序也是由基因决定的，不同的儿童在达到某一成熟水平时的年龄可能是不同的，但他们都要经过同样的顺序，这一顺序对于人类来说是一样的。

格塞尔的成熟说可以说是他对遗传和环境关系的总概括，他也明确具体地阐述了遗传和环境的确切关系。关于遗传和环境关系的问题，格塞尔的观点是：生理成熟即遗传因素是决定发展的主要因素，它决定着成长的进程，而环境不能决定成长的进程，只是调节、支持和反映这个进程。它有如下几点具体含义：第一，有机体根本的成长动力来源于内部的遗传基因和生理成熟；第二，遗传和环境是相互作用和相互补充的；第三，环境的作用有一个关键期或敏感期。从总的原则来看，格塞尔认为，遗传和环境共同对发展起作用，遗传和环境是交互作用的关系，两者缺一不可。他反对对遗传环境进行过分的区分，并且认为这都是人为的，是形而上学的做法。而从具体的关系上来

① 娄宇.19世纪末20世纪初美国儿童观研究[D].杭州：杭州师范大学，2017.

看，格塞尔认为，遗传决定着发展的进程，是主导因素，而环境对发展只是起调节、支持、反映的作用，是一个辅助因素；遗传是一个具有生物活性的积极的引导性因素，具有成长的潜能，而环境是一个消极的、被动的因素，不具有生长的能力；遗传是一个稳定的因素，而环境是一个易变的因素。

格塞尔认为，所有儿童都要经过相同的发展序列。人类并不是一天就形成了，而是通过亿万年的进化才具有了目前这种行走、谈话、用手、用脑、用眼以及通过想象预见未来的能力。[①]这一切都凝聚于基因中，每个儿童都分享了人类进化的成果，每个儿童都要以压缩的形式重演人类进化的历程，他们的发展都是在基因决定和指导下的自然展开过程，这个过程对于每个儿童来说都是相同的。

格塞尔认为，儿童有一个内部时间表决定着其发展的速度，在最佳时间表到来之前就设法教儿童活动，儿童仅能取得微小而暂时的成长。儿童发展首先表现为基因指导下的神经系统的发展。神经系统的发展是所有其他发展的前提和基础，在神经系统未成熟之前，行为是不会发展的。当然，任何教育和练习也都不会产生作用。相反，只有神经系统发展成熟了，学习和教育才会发生。所谓最佳时间表，就是神经系统成熟的时间。神经系统成熟之前的阶段就是准备阶段。准备是学习和教育发生的前提，准备好之前所进行的学习和教育不会产生明显的效果，这就是格塞尔的“成熟—学习”原则。

(2)格塞尔的成熟理论对幼儿园课程的启示

格塞尔的成熟理论对幼儿园课程产生着巨大的影响。基于自然成熟的发展观，幼儿园课程在实施过程中应贯彻民主和自由精神，文化必须以每个儿童的独特性为基点来考虑自己的安排，只有将每个儿童看作一个独特的个体，才是对儿童内在本性最彻底的尊重，对儿童的尊重才能落到实处。幼儿园教师还需要具备一种关于儿童成长的哲学。我们不能像塑造泥土那样塑造儿童，因为泥土不能成长，儿童的成长也并非一种简单的条件反射。每个儿童都是一个拥有先天潜能和遗传的体质特征的独特个体，是按照行为发展的规律而发展的，尽管我们可以协助儿童成长，但儿童必须自己成长。

格塞尔认为，儿童的发展主要是由遗传决定的，外部环境只是一个辅助因素，但他并没有忽视环境在儿童发展中的必要性。幼儿园要注重给儿童创设一个良好的环境，最佳的环境就是能够尊重儿童内在的生物学本性并能够对生物学的信号保持敏感的环境，具体说来，就是充满民主和自由精神的环境。

格塞尔的儿童教育思想中蕴含着人本主义精神，他认为，儿童必须自己实现他的

① 王金奎.格塞尔的儿童心理学思想研究[D].南京：南京师范大学，2005.

成长，我们不应该强迫儿童进入我们预先设定好的设计中，而应该遵循儿童成长表现出来的基本生物力量线索，从儿童本身得到教育的启示。成人首要的也是最重要的任务，就是理解儿童、认识儿童、尊重儿童，掌握儿童的独特性和个性，为儿童提供一个充满自由、民主精神的环境，创造一种尊重和理解的成长空间。①

（三）精神分析理论与幼儿园课程

精神分析理论源于有关无意识的早期推断，精神分析学派长期关注人类心理发展，尤其是儿童心理发展。在精神分析运动的发展过程中，逐渐形成了相对独立的儿童精神分析学或精神分析发展心理学，其中弗洛伊德和埃里克森是精神分析学派的主要代表人物。

1. 弗洛伊德的精神分析理论与幼儿园课程

（1）弗洛伊德的精神分析理论概述

弗洛伊德是奥地利精神病医师、心理学家、精神分析学派的创始人，提出了人格结构理论、性本能理论和心理防御机制理论。弗洛伊德等人以潜意识为研究对象，从儿童开始对人进行理解。弗洛伊德等人认为，从儿童的早期心理经验可以追溯和说明成人的心理成长历程。弗洛伊德将人的心理结构分为意识、前意识和潜意识三部分，其中意识指感知到的一切，这是个体此时此刻意识到的观念，包括思想和感觉；潜意识指可以复现、重新进入意识的记忆，虽然当前没有意识到，但可以提升被意识到的观念；潜意识指平时未被发现但随时可以进入意识的观念，其能量主要来自性生理本能（力比多）。弗洛伊德在此基础上提出人格结构说，认为人格由本我、自我和超我构成。本我是潜意识的结构部分，是人格中最原始的无意识结构的部分，也是人格中的生物成分。它处于人格的最深层，是人的欲望和冲动的源泉，受快乐原则的支配。它急切地寻找出路，要求尽快得到满足。自我是意识的结构部分，处于人格的中间层，是人格中的管理和执行机制，主要对本我进行控制和压抑。自我是个体出生以后，在外部环境的作用下形成的，遵循现实原则，是人格的心理成分，它一方面使本我适应现实的条件，从而调节、控制或延迟本我欲望的满足；另一方面还要协调本我和超我的关系。霍妮认为，自我有真实自我、理想自我和现实自我三种形态。健康的人格必须要培养真实的自我。超我则是人格的最高层，它指导自我，限制本我，是个体在社会道德规范的影响下，特别是在父母的管教下将社会道德观念内化而成的。超我包括自我理想和良心，自我理想是一套引导儿童努力发展的理想标准，良心则由父母的禁令构成。超我

① 王金奎.论格塞尔的儿童教育思想[J].教育导刊（下半月），2010(3).

遵循的是至善至美原则，是人格的社会成分，是一个人在成长过程中所习得的道德理想、社会戒律和规范。人格中的三个部分分别代表着三种不同的力量，本我追求快乐，自我面对现实，超我则追求完美，所以冲突是不可避免的。弗洛伊德认为，有强壮的自我才有健康的人格，而自我强壮指能协调本我、超我和外界现实；健全的自我是既能很好地协调外界现实和内在自我，又在不违背社会道德的前提下为满足自我需要而采取行动的人。

精神分析学派认为，潜意识是人发展的主要动力，它拥有着无穷无尽的力量，它影响着一个人行为、态度、人格、心理等的发展。在儿童早期，应有意识地使其将潜意识的能量合理地释放出来，从而促进其创造力、智力、道德品质、情绪情感等的发展。弗洛伊德的精神分析理论有力地证明了身心健康发展的人是最终的目的和追求，只有身体、心理和社会适应良好的人才能快乐地生活。弗洛伊德认为，存在于潜意识中的性本能是心理的基本动力，性本能冲动、欲望是无意识的基础和核心，是无意识最原始的欲望和动机，人类一切行为的动力都来源于性本能欲望，人的心理是否健康关键在于性本能欲望是否得到满足。早期“力比多”的发展变化决定了人格发展的特征和心理生活的状况。[①]弗洛伊德以身体不同部位获得性冲动的满足为标准把人格发展分为五个时期：口唇期、肛门期、性器期、潜伏期、生殖器期。每个时期都有与性有关的特殊的矛盾冲突，人格的差异与个人早期发展中性冲突的解决方式有关。如果某一时期的矛盾没有顺利解决，性的需求没有满足或者过度满足，儿童就会在以后保持这个时期的某些行为，就可能产生迟滞现象。[②]

表2-2　弗洛伊德的人格阶段理论

阶段(年龄)	阶段特征
口唇期(0~1岁)	新生儿的吸吮动作即使他获得了食物和营养，又是他快感的来源。弗洛伊德认为，寻求口唇快感的性欲倾向一直会延续到成人阶段，接吻、咬东西、抽烟或饮酒的快乐，都是口唇快感的发展
肛门期(1~3岁)	性兴趣集中到肛门区域，排泄时产生的轻松与快感使儿童体验到了操纵与控制的作用
性器期(3~6岁)	儿童开始关注身体的性别差异，开始对生殖器感兴趣
潜伏期(6~11岁)	性欲的发展呈现出停滞或退化的现象
青春期(11、12岁开始)	性的能量大量涌现，容易产生性冲动

① 朱家雄．幼儿园课程[M]．上海：华东师范大学出版社，2003.

② 林建珠．弗洛伊德精神分析理论及其对目前基础教育课程改革的启示[J]．福建论坛·人文社会科学版，2006年专刊．

精神分析人格的教育目标是培养健全的自我，其早期教育原则为早期教育的开展提供了理论支撑。精神分析早期经验思想具有重要的教育意义，对儿童心理学、发展心理学、早期教育等具有重要影响。精神分析理论强调童年经验的重要性，认为个人生活的不幸可以在其过去的经验尤其是童年时期的经验中寻找根源。弗洛伊德主要从儿童生物需要的满足和挫折来论述早期经验的重要性，儿童生物需要的适当满足可以促进人格的顺利发展。埃里克森认为，如果儿童的生物需要和情感没有得到满足，就会形成基本不信任感，这种不信任感会增加儿童的顺应困难。弗洛伊德和埃里克森都认为，良好的亲子关系，尤其是母子关系是以上需要得到满足的重要原因。弗洛伊德认为，儿童在四五岁时就已经形成了他的生活风格，至于儿童形成什么样的生活风格，则取决于其早期的生活条件及家庭、社会环境。[①]精神分析早期经验的反冲突工作机制也启示我们：应合理满足儿童的基本需要，减少儿童的心理冲突，有意识地培养儿童合理表达自己需要的能力。

拓展阅读

“狼人”

从1910年接手这个病例起，弗洛伊德花了4年时间研究潘克耶夫的童年梦魇。梦中孩子躺在床上，透过一扇开着的窗，看见窗外的胡桃树上坐着六七只白色的巨狼，一动不动地盯着他看。对此克列普林医生的初步诊断结果是“躁狂抑郁性精神病”，但弗洛伊德认为是一种“强迫观念性精神病”。这种病萌芽于童年时发生的某件事，由他母亲施加于他，且带有宗教色彩。弗洛伊德坚信这个关于狼的梦就是解密的关键。他解释说，在梦境中，动物常常代表父亲形象。打开的窗户和一动不动盯着他看的巨狼其实代表了潘克耶夫被压抑的性幻想，在这个幻想之中，父亲是“雄性”，他是“雌性”。而梦境正是被释放的一部分性幻想。弗洛伊德进一步解释道，潘克耶夫目睹父母做爱时可能只有18个月大。即使后来明白这是一场让人身心愉悦的运动，在还是孩子的他眼里，这无异于一场施暴。

弗洛伊德同样留心潘克耶夫与身边女性——他的母亲和他亲爱的保姆娜嘉的关系。尽管潘克耶夫努力想当好孩子，也想遵从大人的教导，但他底子里的劣根性最终占据了上风，并且以一种猛烈的方式爆发出来。姐姐在他的心

① 郑雪.人格心理学[M].广州：暨南大学出版社，2001.

目中象征着乱伦和无法解决的问题，因为姐姐曾经挑起过他的性冲动，却又在他摆正位置之前抽身而去。弗洛伊德认为，婴儿无法解决的性问题可以用“狼人”这个意象完美地诠释。

最后，潘克耶夫从其他地方寻求帮助，成为一名保险律师。

(2)弗洛伊德的精神分析理论对幼儿园课程的启示

幼儿园课程应注重儿童健全人格的培养，关注儿童身心的健康发展，以培养身体、心理和社会适应良好的人为目标。幼儿园课程内容应结合家庭教育进行选择和设置，家庭教育对儿童健全人格有着重要的影响。幼儿园课程内容要重视对儿童的性教育。随着信息技术的快速发展和各种多元化产品的影响，儿童早熟现象逐渐产生，早期启蒙教育成为关注的热点，尤其是性启蒙教育更是重中之重。幼儿园应密切结合家庭教养观念和教养方式，注重家庭氛围、家庭结构、家庭经济状况、父母文化素质、家庭文化资源配置等对儿童发展产生的影响。幼儿园课程实施要顺应儿童的发展规律，幼儿园应在儿童发展的不同阶段给予儿童不同的指导，在儿童适宜的年纪满足儿童合理的需要，减少冲突的发生，对儿童进行及时的引导，帮助儿童本我、自我和超我的协调平衡发展。同时，幼儿园要充分发挥作用，循序渐进地进行性教育，并根据不同年龄段儿童的特点开设性教育课程。

2.埃里克森的精神分析理论与幼儿园课程

(1)埃里克森的精神分析理论概述

埃里克森是新精神分析学派重要的代表人物之一，是美国著名的儿童精神分析医生。埃里克森的心理学直接源于弗洛伊德的心理分析学，同时受安娜·弗洛伊德理论及自我心理学的影响，主要研究自我发展、人生命周期各阶段冲突的解决、儿童游戏结构的性别差异等问题，并提出了自我同一性概念和理论。埃里克森认为，心理发展的起点是“力比多”，能量和“力比多”是心理发展的基础，人在与社会环境的互动和适应中发展，心理内部冲突与外在的社会冲突促进心理发展，早期阶段冲突的解决决定后续阶段冲突的解决。

埃里克森提出心理社会发展阶段理论，他把个体从出生到死亡称为生命周期。埃里克森关注个体的人格结构，认为人格随着人的发展而逐渐形成，人格是生物、心理和社会三方面因素的统一体，由此他提出人格发展渐成理论，认为人格发展要经历八个阶段。八个阶段遵循渐成原理并逐步发展，每个阶段都有其发展任务，这些任务由个体成熟、社会文化环境及社会期望产生的冲突和矛盾导致，从而形成人的人格和品质。

这些冲突和矛盾解决的过程便是儿童心理不断社会化的过程。在任何一个阶段，个体如果能解决冲突和完成该阶段的任务，就能形成良好的人格品质；相反，就会形成不良的人格品质。个体在不断解决冲突、克服心理社会危机和完成发展任务的过程中由上一个阶段过渡到下一阶段。他还提出，可以通过采取教育措施来补偿上一阶段未解决的发展任务。[①]道德是人格的一部分，人格的发展过程也是品德发展的过程。人格是逐步发展的，每一阶段危机的解除便会形成一种美德，并为下一阶段的发展奠定良好的基础。如果人生八个阶段的危机都得到解决，便能形成健全的人格。

表2-3 埃里克森的人格阶段理论

序号	阶段	年龄	阶段特征
1	婴儿期	0~1岁	发展信任感，克服不信任感
2	儿童早期	1~3岁	获得自主感而克服羞怯和疑惑，体验意志的实现
3	学前期	3~6岁	获得主动感而克服内疚感，体验目的的实现
4	学龄期	6~12岁	获得勤奋感而克服自卑感，体验能力的实现
5	青春期	12~18岁	建立同一感而防止同一感混乱，体验忠诚的实现
6	成人早期	18~25岁	获得亲密感而避免孤独感，体验爱情的实现
7	成年中期	25~50岁	获得繁殖感而避免停滞感，体验关怀的实现
8	老年期	50岁至死亡	获得完善感而避免失望和厌恶感，体验智慧的实现

埃里克森的人格发展渐成理论强调学前期对人格发展的重要性。学前期对人格和道德的发展有重要影响，同时考虑到生物、社会和文化因素的影响，他认为健全的人格和良好的品德应在现实生活中养成，道德教育应立足于现实生活。埃里克森的心理社会发展阶段理论强调个体发展受社会文化环境的影响，认为自我与社会文化环境的相互作用有助于个体健康成长和更好地适应社会，个体在社会文化环境中要保持一定的自主性。这一观点为儿童亲社会行为的发展提供了有力的理论支撑。

（2）埃里克森的精神分析理论对幼儿园课程的启示

埃里克森的人格发展渐成理论对幼儿园课程有着重要启示。幼儿园课程目标应关注儿童情感体验、人格发展和良好品质的培养，教师要基于儿童的实际需求，给予儿童足够的安全感和温暖，给予儿童快乐的情感体验，使儿童能更好地适应外界环境，对生活充满希望，形成勇敢、坚强的良好品质。幼儿园课程内容应贴近儿童实际生活且

① 刘晶.埃里克森的人格发展渐成理论及其德育启示[J].现代教育科学，2009(1).

丰富多样。例如：教师要教会孩子基本的生活技巧，有意识地培养孩子的自理能力，鼓励孩子自主和独立做事。教师要放手让儿童去实践和尝试，不要过于溺爱和过度干预，从而造成儿童过度依赖成人。儿童在不断尝试和实践中形成独立、自信、勇敢的良好品质，成就感的获得可以让儿童对生活充满自信和快乐。在幼儿园课程实施过程中，教师要营造良好的氛围，注重自身的言谈举止，注重自我学习和教育，养成良好的行为习惯和道德品质，为儿童树立良好的榜样，鼓励儿童积极参与班级游戏活动和环境创设等，让儿童对班级产生归属感和存在感。幼儿园要根据儿童的个性选择适宜的课程评价方式，更多地从儿童的日常表现、良好品质等方面进行评价，为此，教师在日常活动中要善于观察和记录儿童的良好品质，及时捕捉儿童的生长点，从而完善课程目标和课程内容。

埃里克森的心理社会发展阶段理论对幼儿园课程有着重要启示。幼儿园课程内容应注重儿童亲社会行为的培养，教师要为儿童提供良好的环境，鼓励儿童积极与同伴和环境产生互动，促使儿童产生亲社会行为的需要；开展多种游戏活动，使儿童产生交往的需要，进而促进亲社会行为的发展。幼儿园课程实施要遵循循序渐进、逐步发展原则，教师要为儿童创设最近发展区和搭建发展支架，使儿童在父母、同伴、环境、学校等的支持下获得发展的动力和兴趣，促使儿童内在能力的转化，使儿童的内在需要通过外在行为表现出来，并逐渐融入社会和适应社会。

（四）行为主义理论与幼儿园课程

1.行为主义理论概述

行为主义由美国心理学家华生首创，在20世纪逐渐受到重视，分为以华生为代表的古典行为主义和以斯金纳为代表的新行为主义。行为主义反对内省和意识，[①]注重对可观察行为的研究，是心理学由思辨走向实证、由哲学走向科学的一种反映。

华生在机能主义心理学家安吉尔的影响下，对心理学产生兴趣，于1919年完成著作《行为主义心理学》。以华生为代表的古典行为主义者以外在强化和外在行为为研究主题，[②]认为行为是心理的本质，可观察的行为是心理学的研究对象，意识和精神并不是心理学的研究范畴；提出环境决定论，认为环境是影响个体发展最重要的因素。[③]华生认为，行为的发展由环境和教育决定，行为是通过刺激—反应获得，刺激预测反应，反应推测刺激，复杂的行为可能包含多个刺激。华生关于儿童心理发展的观点来

① 袁玖根，邢若南，张翌鸣.学习理论研究的主要取向及其教育启示——基于行为主义和建构主义学习理论的比较[J].教育学术月刊，2012(11).

② 高峰强.行为主义学习理论进展的内在轨迹——尝试性的透视和探索[J].外国教育研究，1997(3).

③ 郎佩.行为主义理论介入隔代教养之效果研究[D].西安：西北大学，2015.

源于洛克的“白板说”,认为儿童生下来心理类似于一张白纸,心理的发展就是在白板的基础上建立刺激—反应的过程,儿童心理发展是一个量变的过程。华生以强调客观的行为和实证研究,将人们对意识和精神的过度关注转移到对行为的关注上,主张刺激—反应之间的联结和预测关系,这拓宽了人们对心理研究的视野,有助于对儿童行为发展水平和进程的了解。

以斯金纳为代表的新行为主义者提出操作性条件作用和强化的原理,认为人的行为由操作性行为和应答性行为构成,且人的大部分行为是操作性行为,操作性行为需要通过刺激获得,应答性行为则不需要。斯金纳的行为主义理论又称为强化理论,认为行为是个体与外界环境相互作用的产物。人的行为由刺激—反应引起,刺激—反应之间的联结叫强化,强化分为积极强化、消极强化、自然消退。①行为的创造、设计、塑造和改变等都是通过对环境的操作和对行为的积极强化习得的。②人的行为是可以预测和控制的。③经典条件反射理论认为,行为是个体对外界环境刺激做出的应答性反应,具有被动性,是在后天环境中习得的。操作性条件作用理论认为,行为是个体在某种动机的驱使下主动做出的反应,并且在反应后进行强化。④斯金纳通过白鼠实验说明操作性条件作用的形成。

新行为主义认为,有效的强化可以不断巩固刺激—反应之间的联结,得到强化的反应得以持续发展。行为主义者强调运用教学提示、练习和强化等策略增强刺激—反应之间的联结。⑤斯金纳在研究的基础上,提出积极自我强化原则、小步子渐进原则、及时反馈原则、频因律、消退现象、间接性强化、强化动机效果、分化性强化、强化列联等,⑥这些形成了学习理论。

2.行为主义理论对幼儿园课程的启示

行为主义理论强调认识和发现儿童行为的发生、发展和变化对幼儿园课程的启示。幼儿园课程目标要具体、可操作、可测量和可控制,在制定课程目标时要从儿童的心理发展水平、文化背景、经济发展水平等方面进行考量,同时课程目标要着重关注儿童行为和技能的达成。为了有效测量课程目标是否达成,可通过实验的方式对儿童技

① 曹元.借鉴斯金纳强化理论培养高校学生骨干[J].江苏高教,2017(10).

② 袁玖根,邢若南,张翌鸣.学习理论研究的主要取向及其教育启示——基于行为主义和建构主义学习理论的比较[J].教育学术月刊,2012(11).

③ 石筠弢.学前教育课程论[M].北京:北京师范大学出版社,1999:5.

④ 童晶晶.行为分析理论视角下的高中信息技术课堂管理研究[D].杭州:浙江师范大学,2009.

⑤ Peggy A.Ertmer,Timothy J.Newby.行为主义、认知主义和建构主义(上)——从教学设计的视角比较其关键特征[J].盛群力,译.电化教育研究,2004(3).

⑥ 郎佩.行为主义理论介入隔代教养之效果研究[D].西安:西北大学,2015.

能和行为的习得进行测验，从而科学地了解儿童的发展水平，从而更好地控制和完善课程目标。幼儿园课程内容应由简到繁，按照逻辑顺序排列、步步递进，应注重对儿童良好行为的培养或不良行为的矫正，培养儿童的良好行为。例如，在一日生活中应有意识地开展多样化的活动培养儿童的秩序感、良好生活习惯，如在自主游戏结束后能自主地整理好玩具，餐前有序地摆放餐具和有序就座，餐后自主地收拾碗筷等。幼儿园课程实施要循序渐进，遵循小步子原则，要根据儿童的实际水平和个性差异选择适宜的课程内容和教学方式，要善于强化儿童的行为和技能，如使用小红花、糖果、奖状、口头表扬等对良好行为进行强化，综合使用程序化教学、个别化教学、计算机辅助教学等方法。幼儿园课程评价不能只停留在儿童的主观想法和心理上，要关注儿童技能和外显行为的改变，教师要善于对儿童进行观察，不断发现儿童的成长点，及时提供相应的材料和指导，同时教师要采取多元化的评价方式，更多采用过程性评价而不是结果性评价，要更加关注儿童的行为表现，而不是最终结果。

行为主义强调外界环境的作用和刺激对幼儿园课程的启示。幼儿园课程要注重显性环境和隐性环境的创设，如及时更换材料、区域活动多样化等。教师要为幼儿创设温馨、和谐的氛围，营造和谐的班集体，注重幼儿同伴关系、师生关系、亲子关系等的建立，鼓励幼儿不断尝试和实践，积极与周围的人、事、物产生良性互动。

二、心理学理论对幼儿园课程的影响

心理学揭示了儿童心理发展的原因和规律、儿童学习动机和学习过程等方面的相关信息，幼儿园的课程设计、课程编制和课程实施等都与这些内容息息相关。心理学在不同的发展时期对幼儿园课程产生不同的影响，不同的理论学派形成不同的幼儿园课程。

第一，以皮亚杰认知理论为指导的幼儿园课程方案。从20世纪70年代开始，以皮亚杰认知理论为主要理论基础的学前教育课程方案不断涌现。由于课程设计者对皮亚杰认知理论解释的差异，设计和编制了许多不同的幼儿园课程方案，如海伊斯科普课程是以皮亚杰的儿童认知发展理论为基础而形成的课程方案；[①]High/Scope课程模式前期以皮亚杰的结构论为基础，后期以皮亚杰的建构论为基础；凯米基于皮亚杰的认知理论，发展了一套早期教育课程。以皮亚杰认知理论为基础的幼儿教育实验方案有：光谱方案、威斯康星大学早期儿童研究中心方案和斑克街早期教育方案。凯米和

① 虞永平，王春燕.学前教育学[M].北京：高等教育出版社，2012.

德弗里斯的“衍自皮亚杰的课程试验方案”是一个最为纯粹地坚持皮亚杰认知理论的课程方案。该课程的一个最大特色就是运用皮亚杰的思想对各种传统的学前教育活动进行全面的考察与审视，是唯一被皮亚杰本人所承认的课程模式。20世纪70年代，受皮亚杰儿童认知发展理论的影响，我国在学前教育课程中引进“活动”课程观，[①]主张儿童通过与环境的相互作用，即通过活动主动地获得发展。20世纪80年代后、90年代前，我国的学前教育课程变革以皮亚杰的儿童认知发展理论为基础，借鉴儿童生态系统理论，重视课程对儿童整体发展的作用，注重课程内容的整合，强调儿童与周围环境的关系，强调儿童情感的培育及游戏活动、日常生活活动在课程实施与儿童发展中的作用。[②]

第二，以维果斯基理论为指导的幼儿园课程方案。维果斯基最近发展区理论对理解教育、教学与发展之间的关系具有重要意义，维果斯基的心理发展理论是现代流行的支架教学观的渊源和理论基础。[③]1987年，全美幼教协会提出的发展适宜性教育中的“年龄适宜性、个体发展适宜性、文化适宜性”也以认知理论为基础。

第三，以成熟理论为指导的幼儿园课程方案。根据成熟理论，教师应基于儿童的兴趣和需要设计课程、开展教学活动和创设环境，要耐心等待儿童的成长，为儿童提供轻松、愉快的环境氛围，让儿童快乐成长。同时，学前教育机构应为儿童提供多样化的材料并开展多种活动，从而满足不同孩子的个性需求，如目前幼儿园的区域活动和自主游戏活动便受到该理论的影响。

第四，以精神分析理论为指导的幼儿园课程方案。精神分析理论强调儿童的人格培养和心理健康教育，认为儿童早期心理冲突的解决和情绪情感的表达有利于儿童的心理健康发展，游戏是解决儿童心理冲突的最佳方式。幼儿园的角色游戏是解决儿童心理冲突和消极情绪的主要途径，儿童在角色游戏中通过角色的扮演表达和宣泄自己的消极情绪。此外，艺术是儿童表达情绪、情感和思想的途径，儿童在艺术创作的过程中能尽情地表达自己的想法，不受外界事物的干扰，从而达到释放情绪的效果。以精神分析理论为指导的幼儿园课程方案，如斑克街早期教育方案，该方案提倡的将儿童发展置于社会背景中便是受了弗洛伊德理论的影响。此外，1987年全美幼教协会提出的发展适宜性教育也受到了埃里克森理论的影响。

第五，以行为主义理论为指导的幼儿园课程方案。行为主义理论提出了对儿童学习任务的分析、确认儿童原有的知识水平、以小步递进的方式施教复杂的学习任务及

---

① 虞永平，王春燕.学前教育学[M].北京：高等教育出版社，2012.
② 虞永平，王春燕.学前教育学[M].北京：高等教育出版社，2012.
③ 虞永平，王春燕.学前教育学[M].北京：高等教育出版社，2012.

运用强化的手段等观点。幼儿园课程编制的目标模式，程序教学、小步渐进、及时强化和及时反馈等原则和方法都是吸取了行为主义理论中的合理成分。美国开端计划中设计的学前教育课程便是运用行为主义理论作为主要理论基础的早期教育方案。美国宾夕法尼亚州立大学的海抗普计划中所开发的海抗普课程方案也是行为主义理论指导下的学前课程模式。行为主义学前课程模式包含课程的目标和内容及课程展开的步骤，其中课程展开的步骤包括任务分析和教学行为。

第二节 幼儿园课程的哲学基础

一、哲学理论与幼儿园课程

（一）经验论与幼儿园课程

经验论者信奉感性经验是人类一切知识的来源，认为只有感性经验才是客观世界的反映，大力驳斥唯理论的“天赋观念”。欧洲近代哲学史中，经验论的主要代表有洛克、狄德罗、霍尔巴赫等人。

1. 经验论概述

洛克是英国哲学家和医生，被广泛认为是很有影响力的启蒙思想家，是经验主义的创始人，他的教育思想是建立在其唯物主义经验论的基础之上的。洛克的思想主要来源于古希腊哲学家亚里士多德的思想，亚里士多德用“灵魂—蜡印”来解释灵魂接受外界影响形成感觉的原料，洛克正是在古典“心灵—蜡板（块）”的基础上提出了他的“白板”理论，即“人心如白纸，没有一切标记，没有一切观念”。洛克认为，观念的来源一般有两种：一种是大多数观念来自感官感受，通过感官进入我们的心中；另一种观念来源于反省。当第一种观念进入我们的心中并产生一系列加工，由一种观念产生另一种观念，这是洛克建立自己哲学体系的出发点，以此作为思想武器来批判并且试图对抗唯理论的权威地位，也试图为人们带来关于认识论的新方法，从所谓的“天赋”束缚中解放人的理性，使之重获自由。①

2. 经验论对幼儿园课程的启示

洛克的“白板说”告诉我们，人的知识经验是后天形成的，并不是先天获得的。实验主义强调个人自由，尊重人的选择，强调人的责任，重视人的主体性，鼓励个体的创造性，反对灌输式的、刻板的、模式化的教育，帮助人们个性解放、自由选择，重视对学生文化素养的培养。在幼儿园课程中，我们应该注意直接经验和间接经验的结合，比如在活动课程中（也叫经验课程），要以幼儿为中心，充分发挥幼儿的主体性，减少教师的干预，让幼儿自由探索和尝试，以获得直接经验。

---

① 马乐.洛克“白板说”论析[D].西安：陕西师范大学，2018.

（二）唯理论与幼儿园课程

1.唯理论概述

笛卡儿作为西方近代哲学之父，“天赋”这个词最早是由他提出来的，但早在古希腊时期，柏拉图就曾提出天赋观念的思想，可以说柏拉图是天赋观念的最早提倡者，笛卡儿吸收并继承了柏拉图的思想并将天赋观念进一步升华。笛卡儿认为，人的“天赋”可以分为以下几类：第一种是先验的，即先于直接经验，真理性与普遍性的知识不能从直接经验中获得；第二种是潜在的，即天赋的认知能力是一种潜在的禀赋或倾向；第三种是先在的，即人在出生之时头脑中便被植入了很多观念；第四种是永恒不变的，一些具有普遍性与必然性的公理与原则都是永恒不变的，是内在于人自身的真理。

“观念”在笛卡儿看来是指思维的一种形式，即观念是事物的一种影像，但并不是所有的影像都能被称为观念，只有当它们被大脑这个部分的精神本身感知的时候，才把它们称为观念。笛卡儿将观念的来源分为三类，“有些我认为是与我俱生的，有些是外来的，来自外界的，有些是由我自己做成的和捏造的”①。笛卡儿认为，在这三类观念中，第三类观念并没有讨论和证明的必要，没有什么意义。笛卡儿否定第二类观念，即外来观念对认识的作用，也试图说明这类观念的本质仍然是从“天赋观念”中演绎而来的。因此，在笛卡儿看来，只有第一类观念，那些不证自明的、先在的天赋观念是最真实、最可靠的知识。②

莱布尼茨是德国的哲学家、数学家，被誉为17世纪的亚里士多德。受笛卡儿的影响，莱布尼茨继承并发展了天赋观念学说，他也认为人的所有知识不是来源于外在经验，而是内生的、存在于人的心灵中的，天赋观念都是藏在心灵里的。他将心灵称为一块有花纹的大理石，意为观念不是后天出现在心灵中的，而是与生俱来的。莱布尼茨区分了两种天赋观念：一种是原始的天赋观念；另一种是在原始的天赋观念基础上而得到的一切真理，也被称为天赋观念。康德曾试图调和“唯理论”和“经验论”，也就是说，他承认感性经验是认识的质料，以区别于“白板说”和“天赋观念”，认定两者的结合才导致具有普遍必然性的认识，即所谓“思维无内容是空的，直观无概念是盲的，只有当它们合为一体，方能产生知识”③。

2.唯理论对幼儿园课程的启示

唯理论主要是从“天赋人权”的角度阐释人的知识来源，经过莱布尼茨、康德的继承之后，“天赋人权”得到进一步的升华。人的“天赋”不单是先天的，还有后天形成的。

---

① 笛卡尔.第一哲学沉思集：反驳与答辩[M].庞景仁，译.北京：商务印书馆，2017：40.

② 郭彦历.笛卡尔的天赋观念思想研究[D].武汉：华中科技大学，2009.

③ 朱家雄.幼儿园课程[M].上海：华东师范大学出版社，2003：45.

现在部分幼儿在某方面或者某些方面（比如绘画、舞蹈、声乐等），确实表现出超出普通儿童的水平，面对儿童的不同需求和不同能力的发展，可以提供多样化的课，促进儿童个性发展和全方面发展。

（三）实用主义哲学理论与幼儿园课程

1. 实用主义哲学理论概述

实用主义哲学是产生于19世纪70年代的现代哲学派别，是现代西方哲学中影响最大、流行最广的哲学流派之一，在20世纪成为美国的一种主流思潮，曾被人们称为美国的“官方哲学”“美国精神”，代表人物主要有杜威、皮尔士和詹姆斯等。

实用主义主张唯心主义的实践观，基本精神就是强调行动、效果和进取，主张人以行动求生存，以效果定优劣，以进取求发展。实用主义哲学创始人皮尔士认为，“实有就是有效”，即实在就是行动的效果；詹姆斯认为，“经验就是唯一的实在”，而经验即生活、行动、实践。[①]实用主义哲学是一种行动哲学和效用哲学。实用主义者认为，哲学应以人和人的行动为中心，哲学必须建立在对人的研究上，人是行动的主体，而人的行动是自由的、非决定性的。[②]实用主义的哲学观点是以经验为中心形成的知识观，实用主义者认为，任何知识都有行动的因素，没有行动就没有知识。这种以行动为核心的知识观反映在课程观上，就是注重活动课程，把学生的实际经验与课程联系在一起，关注学生的行动。实用主义哲学对学校课程的影响，在杜威的论述中有突出的反映，他针对“以课堂为中心，以教书为中心，以教师为中心，注重强制性的纪律和教师的权威作用”的传统教育，提出了“教育即生活、学校即社会”“从做中学”以及“儿童中心主义”[③]等新兴的实用主义教育理论，强调教育对社会进步的作用。

实用主义代表人物之一杜威是美国著名哲学家、教育家，实用主义的创始人之一，功能心理学的先驱，美国进步主义教育运动的代表。杜威完成了对哲学和教育的改造，构建了独特的教育哲学思想，提出了“经验”“以儿童为中心”“从做中学”“从经验中学”“实验的方法”“教育即沟通”“教育即生长”等教育思想。

杜威在思考和阐述人与自然、环境的关系基础上，提出了“经验”的概念。杜威曾说，以经验为基础的教育，其中心问题是从各种现实经验中选择那种在后来的经验中能够丰满而具有创造性的生活的经验。[④]课程为儿童准备的经验必须是连续的、相互关联的，而非割裂的、离散的“单子”。经验的连续性原则意味着，每个经验都是过去和

① 张艳玲．划清马克思主义哲学与实用主义哲学的界限[J].高校理论战线，2001(4).
② 王元明．美国实用主义哲学新析[J].南开学报，1994(5).
③ 孙强．浅析实用主义哲学思想对视唱练耳课程理论的影响[J].福建论坛·人文社会科学，2006年专刊．
④ 约翰·杜威．我们怎样思维——经验与教育[M].姜文闵，译．北京：人民教育出版社，2005：256.

未来之间的连接，它既从过去的经验中采纳某些东西，又启发和影响未来经验。儿童的经验中包含了学科知识的萌芽，在教育提供的适当环境的促进下，在课程架构的“桥梁”的帮助下，儿童的经验能逐渐生长成为学科知识。然而，课程的最终目的不是让儿童获得学科知识，而是让儿童生长发展，让儿童实现经验的深化和扩展。生长需要学科知识，但生长也需要更广泛的经验。

由经验出发，杜威构建起自己的教育哲学理论体系，他自称他的教育哲学是“属于经验的、操诸经验的教育哲学”①。他认为，教育经验的生成很大程度上依赖于人们的积极试验，而不完全是理性的思考；教育的本质即“教育是一个对经验不断重组或重构的过程”②，是依赖人与环境的不断交互作用生成经验的过程。杜威认为“一切学习来自经验”，强调学生直接知识经验的获得，教育未与学生未来的经验相连则会导致学生厌恶学习、缺乏学习动力。杜威的教育哲学延续其行动哲学的观点，倡导教育应使儿童“从做中学”“从经验中学”，真正的知识不是让学生坐在教室里学习的，而是让学生在生活中，在与环境的互动中建构和重构的。③

师生关系影响教学效果，杜威提出“教育即沟通”，认为教育的过程即沟通的过程，沟通是获得直接经验和训练反省思维的有效途径。“教育即沟通”有助于学生获得直接经验，有助于促进师生双方教学相长，有助于培养学生的反省思维。④杜威提出“教育即成长”的理念，主张教育或教育过程应该排除受教育者不断成长之外的目的，⑤教育的目的是生长，但教育的目的却不是身体、智力、知识、道德或情感等既定的生长结果，而是生长的过程本身。教育的意义和价值在促进儿童生长的过程中，在经验改组和改造的过程中。杜威认为，教育是儿童不断生长的过程，在生长的每个阶段，都以增加儿童的生长能力为目的。⑥至此，“生活”“生长”“经验”“教育”就有了内在的关联性和统一性。

卢梭、杜威、陶行知等著名教育家，主张的教育就是以儿童为本的教育，即“尊重儿童的天性，以儿童为教育的中心”⑦。杜威认为，教师应是教育的指导者、组织者和领导者，教师要转变教育观念，以儿童为中心，教学是师生互动和合作的过程，教师要为学生创设教育性和发展性的环境，对学生进行指导。

---

① 约翰·杜威．民主主义与教育[M]．王承绪，译．北京：人民教育出版社，2001：14.

② 约翰·杜威．杜威全集（第九卷）[M]．王新生，朱剑虹，沈诗懿，译．上海：华东师范大学出版社，2012：65.

③ 陈子冰，桑志坚，刘文霞．人的问题：杜威教育哲学的逻辑基点[J]．教育学报，2016(5).

④ 马飞．教育即沟通：杜威《民主主义与教育》的当代诠释[J]．当代教育科学，2018(5).

⑤ 张淑妹，李萍．杜威“教育无目的”概念的澄清[J]．现代大学教育，2018(6).

⑥ 约翰·杜威．民主主义与教育[M]．王承绪，译．北京：人民教育出版社，2001：61.

⑦ 刘晓东．儿童文化与儿童教育[M]．北京：教育科学出版社，2006：165.

拓展阅读

有一天,杜威和一群哲学家在百老汇的大街上行走。百老汇在美国戏剧活动中心,那边有许多放映电影的地方。于是,有一个朋友就提议,大家一起去看露天电影。这个想法很快引起了大家的共鸣。由于刚刚还在思考哲学问题的哲学家们还没来得及细想,就往露天电影院方向走去。走到了露天电影院门口,才恍然大悟,现在是白天,而露天电影晚上才开始营业,那群哲学家才意识到托马斯•鲍威尔的一句话:“电影是要求黑暗的,但是黑暗在这个角落的白天里,并不是那么猖獗。”这是一句有哲理同时也有诗意的话,说明在杜威的生活里,处处都是诗意化的哲学。他认为,生活就是哲学的一部分。

2.实用主义哲学理论对幼儿园课程的启示

杜威将其教育哲学落实于课程理论之中,认为儿童的生长需要是教育的出发点,反对把传统教育知识当作目的,反对从外部强制向儿童灌输知识,反对死记硬背的方法,主张从儿童生活和发展水平出发,以儿童已有的经验为基础,将学科知识心理化,让儿童从生活中、从亲身体验和亲手做中,逐步实现经验的深化和扩展。在这个过程中,儿童的心理规律是课程的依据,儿童的主动活动是课程实施的方法,儿童经验的增长是课程的最终目标,所以“儿童是中心”,教育的各种措施都应围绕这个中心。[①]课程的设计应适应社会生活的需要,教材的问题应回应儿童的直接经验,以社会生活为基础,课程内容要与社会知识发展同步。[②]

(四)存在主义哲学理论与幼儿园课程

1.存在主义哲学理论概述

存在主义教育哲学是现代西方资产阶级教育哲学的主要流派之一,也是西方典型的人本主义教育的代表,萌芽于19世纪下半叶,兴起于20世纪20年代的德国,形成于20世纪50年代初,主要代表人物有萨特、奈勒、雅思贝尔斯、布贝尔、博尔诺夫等。

存在主义哲学是一种从自我出发,带着浓厚的非理性主义和悲观主义色彩的人生哲学。存在主义者认为,人的存在才是唯一真实的存在,传统哲学只谈论抽象的存在概念,不关心人的存在,对人的现实生活没有意义,而存在主义哲学的任务则是要为人生寻找绝对的意义。[③]存在主义哲学着重强调以人为中心,推崇人的个性与自由发展。

① 蒋雅俊.杜威《儿童与课程》中的教育哲学问题探析[J].南京师大学报(社会科学版),2018(1).

② 孙强.浅析实用主义哲学思想对视唱练耳课程理论的影响[J].福建论坛·人文社会科学版,2006年专刊.

③ 王芳恒.存在主义哲学与尼采哲学之关系考察[J].贵州民族学院学报(社会科学版),1994(4).

存在主义者认为人的存在本身没有意义，但人可以在存在的基础上自我创造，赋予本身意义。认识自己的过程是通过追求真理实现的，人的一切理性都源于他的非理性，因而人性具有被开发的无限可能性。此外，存在主义强调人的自由选择，还特别强调人要为自己的选择和决定负责，敢于承担自己行为的后果，并通过自己的选择形成个人的定义，最后形成个人本质。

萨特是存在主义的集大成者，也是存在主义哲学的代表性人物。他继承了克尔凯郭尔、胡塞尔和海德格尔等人的学说，形成了他独特的哲学思想，并将这种哲学思想以文学创作和社会实践的方式体现出来。

“存在先于本质”是萨特的存在主义思想的出发点。萨特认为，哲学的基本问题是存在的问题。这也是萨特一贯所主张的基本观点。他将存在一分为二，即自在的存在与自为的存在。自在的存在指的是超出意识之外的东西，而不是物质世界中的具体存在物，相当于一般所说的事物和人的未知之根源与本质。这种本质是“超现象”的，掩蔽在深处的东西，它是纯粹地、无条件地存在的，却是偶然的，没有必然性的；是既没有过去、现在，也没有将来的；是无法真正认识的。自为的存在是指人的主观意识，它是真正存在的，同时也是一种虚无的，它是永远处于矛盾运动和不断变化的状态之中的，是否定的、虚无的、完全自由的。[①]萨特用自为的存在标志人的现实，说明人和物质世界的根本不同，物质世界是原本的样子，但人则是处于不断变化之中的。自在的存在与自为的存在之间是对立统一的关系，在性质上二者是对立的，但也存在着统一的关系。一方面，自为的存在依赖于自在的存在。自为的存在不是独立自主的实体，自为只有指向自在、自身，成为关于某物的意识或者自我意识时才能存在。另一方面，自为和自在因为自为而联结在一起，自为的出现赋予纯粹偶然的自在以意义和价值。存在物的存在本身即自在的存在，独立于意识而存在，与意识无关，但被意识虚无化后的存在物具有某种意义和价值，此时就与意识有关。[②]

萨特把“人的存在先于人的本质”作为存在主义者的共同出发点，并将其作为存在主义的第一原理。他的“存在先于本质”指的是人而不是物，即人的存在先于人的本质，而不是指物的存在先于物的本质。他认为，世界是荒唐的，人被无缘无故地抛到这个世界上，人的存在原本是没有任何意义的，但是人们可以为自己构造意义，人的存在意义的获得完全在于人的个人选择，人的本质、人的意义是个人选择的结果。“存在”是人的实在、自我，即人的主观性；“本质”是指人和物所具有的那些特质和规定性。萨特

---

① 方丽华.浅析萨特的存在主义哲学思想[J].重庆科技学院学报(社会科学版)，2010(13).

② 李清.萨特存在主义人学思想探析[D].天津：天津师范大学，2014.

的“存在先于本质”的主要内涵为:第一,人的实际存在先于人的本质,人要具有本质,首先其自身要存在,否则谈其本质是不具有意义的。他认为,人是主观存在的,可以通过自由选择来决定自己的创造性。第二,事物的本质是人所赋予的,是主观的。物质世界是不具备自我存在的,不能选择和创造自己的本质,而只有当物质世界作为人的认识对象时,才具备人们所赋予它的本质与意义。

自由理论是萨特的另一个重要思想,是萨特创作的首要原则,是他对人学问题更加具体的基本见解。萨特从否定上帝、决定论和既定人性论来开始他的自由观,他认为,在人的面前,既没有上帝,没有决定论,也没有既定人性论,人的自由先于人的本质,并使本质成为可能。换句话说,人就是自由的,自由能够决定人的一切本质。他把人的自由摆到了很高的位置。萨特还论述了人的选择自由,他认为自由就是选择的行为本身,而不是通过选择去获得自由,这个世界的意义和价值也是人的选择所赋予的。此外,萨特还论述了人的自由的绝对性,人的自由是绝对的、没有根据的,人要把世界变成他的活动环境,而不能让环境制约人的存在和自由,自由是不应该被限制的。①由此可以看出,萨特的自由观论述了人的自由是至高无上的、绝对的,人作为自为的存在,生是自由的,人完全可以根据自己的意愿自由地选择和行动,且不会受到任何客观因素的影响,人拥有绝对的自由。

2. 存在主义哲学理论对幼儿园课程的启示

存在主义者把人作为其哲学的出发点,认为应从人的实际生存状态体验人的存在,强调人的生存就是人的自由选择。存在主义者还重视个人自由,崇尚人的选择权,强调人的责任,倡导人的主体性,鼓励个体的创造性,反对传统机械性、灌输式、模式化、理性化的教育,强调个性解放、自由选择,重视对学生人文素养的培养。②存在主义者认为,教育的目的不在于学生掌握知识本身,而在于知识能增进人的自由,是人获得自由的手段。他们反对教育者给学生设定一成不变的课程,这样的课程反映的是教育者的意志而不是学生的实际需要,课程的内容僵化落后无法顺应时代的发展,学生没有选择的自由和学习的热情,课程成了束缚学生自主探究的枷锁。学生的实际需要和态度是选择课程的依据,学生的“兴趣是唯一的标准”。因为只有是学生切实需要的、感兴趣的内容,才能激发他们学习的兴趣;根据学生实际需要生成的课程,才能让他们解脱枷锁,增强主动获取知识的情感体验,找到学习的乐趣,成为课程的主人。因此,在幼儿园课程的编制中,应以儿童的发展规律和实际需要为中心,编制与儿童的需要、

① 谭志君.萨特自由观新探[J].湘潭大学学报(哲学社会科学版),1996(5).
② 张玉静.论存在主义教育哲学对我国教育改革的启示[J].学理论,2017(3).

发展和生活相联系的课程内容，才能有效地促进儿童的全面发展。

（五）中国哲学理论与幼儿园课程

中国古代主要有儒家、道家、墨家和法家等哲学流派，产生了道家的“上善若水”，墨家的“兼爱”“非攻”，法家的“以法治国”等哲学思想。历代统治者主要以儒家哲学为治国理念，遵从“中庸之道”“仁政爱民”“以和为贵”等社会伦理观。儒家思想对中国文化产生了源远流长的影响，形成了我国博大精深的历史文化。

1.中国儒家思想概述

（1）和而不同

孔子从先贤们的思想中继承并发展了“和”的思想，并将“和”融入自己的思想体系中。孔子说：“君子和而不同，小人同而不和。”“和”是孔子思想体系的重要组成部分，君子可以与他周围的人保持和谐融洽的关系，但他对待任何事情都持有自己的独立见解，不会盲目附和别人，而小人在与人交往中，往往趋炎附势、盲目附和，也不能和别人保持融洽的关系。这里的“和”被看作一种为人处世、与人交友的德行准则。孔子的学生有子说：“礼之用，和为贵。先王之道，斯为美；小大由之。有所不行，知和而和，不以礼节之，亦不可行也。”礼的作用就是，在遇事时做到以恰当和顺为贵，以前的君主在治理国家时都是按照这个原则处事。如果遇到行不通的时候，仍一味地追求和顺，而不用礼法节制，也是不可行的。这里的“和”被看作实现礼仪制度的一种手段。

孟子“和”的思想是在继承孔子思想的基础上发展起来的，孟子说：“天时不如地利，地利不如人和。”有利于作战的天气时节比不上有利于作战的地理位置，有利于作战的地理位置比不上作战中的人心坚定，内部团结。孟子所说的“和”不仅仅只有人心归一、上下团结，还包括人与事、人与人相处和谐、感情融洽等。孟子所提及的“和”具有普适性的价值观，是对孔子“和”的思想的进一步升华。

孔子所说的“和而不同”不仅是君子与人相处的德行准则，还是一种包容差异的思想。君子与人相处时尊重个体差异，不随波逐流；面对不同观点和意见时，君子更容易虚心接受和理解，同时也会坚持自己的观点，这表达了君子为人清正、顾全大局的优良品质，强调了包容、理解差异、尊重在君子与人交往中的重要性，具有现实意义，对现代社会发展和教育都有重要价值。

（2）文化位育

“位育”出自《中庸》：“致中和，天地位焉，万物育焉。”朱熹解释说：“位者，安其所也；育者，遂其生也。”即“安所遂生”叫作位育。在这里，位育指的是有规律、有顺序、有定位的发展和进步。潘光旦先生对“位育”的解释：“位”就是社会秩序，“育”是社会发展前进的动力。简单来说,潘光旦先生对位育的解释就是“一静一动”:社会秩序的“静”和社会发展动力的“动”。“文化位育”实质就是如何解决中华文化传承过程中各民族文化的“共性”与“个性”的问题”,[①]“如何将各民族文化有效地融合在一起,但又保持各民族的文化特色,这里不是一种文化完全融合另一种文化,而是一种文化促进另一种文化”[②]。

2. 中国哲学理论对幼儿园课程的启示

我国传统哲学蕴含于我国各民族文化之中,幼儿园多元文化课程实施价值取向可立足于我国传统哲学。中国传统哲学中儒家思想的“和”与“和而不同”主要是社会道德或行为准则,培养谦和、有礼、尊重、饱腹诗书的君子,这是我国的优秀传统思想。幼儿园可以开设传授中国传统文化的课程,课程开设要注意儿童的年龄特征和知识接收能力,用通俗易懂的话语让儿童在课程中学到更多的知识,增强民族自信心和文化认同感。

“文化位育”经过潘光旦先生的升华加工之后,对幼儿园课程的启示是:在幼儿园课程中除了学习我国优秀的传统文化,还应该注重当地文化的传播,比如贵州的部分地区是少数民族的聚集地,少数民族文化为我国优秀传统文化增添了许多色彩,可以在当地少数民族地区找到有价值的文化内容并创新课程,让少数民族地区的文化得以传播,让儿童有继承与发展民族文化的责任感和使命感。

二、哲学理论对幼儿园课程的影响

作为幼儿园课程的理论基础之一,哲学为幼儿园课程的编制提供了相关知识的来源、性质、类别、认识过程和知识的价值取向等方面的理性选择,特别是对幼儿园课程价值取向的判断、课程设计模式的选择、课程内容的选择和组织等都起着直接或间接的指导作用。在幼儿园课程中,也有很多以哲学为指导的课程方案。

经验论哲学对幼儿园课程产生了深远的影响。第一,经验是后天形成的,而不是先天获得的,所以幼儿园课程主要是丰富儿童的后天经验,为儿童提供大量的知识内容,完善儿童的知识体系。第二,因为儿童的性格容易塑造,所以幼儿园课程要根据儿童的年龄特点、社会环境等因素,帮助儿童养成良好的生活习惯,塑造优良的性格品质。第三,经验论者主张经验是后天形成的,然而儿童自己探索不易获得知识经验,教师就会对儿童活动进行干预,减少了儿童在活动中自由探索的机会。

① 吴晓蓉,王培.从文化位育之道看贵州省民族文化进校园[J].湖南师范大学教育科学学报,2011(4).
② 周智慧.多元文化背景下幼儿园课程文化适宜性研究[D].长春:东北师范大学,2013.

唯理论认为“天赋”是知识的重要来源，唯理论对幼儿园课程产生了重要影响。第一，人的知识是先天形成的，而不是来源于后天经验，这就会导致幼儿园课程在实施的时候，过于放任儿童自由探索、自由发展，教师在课程活动中对儿童的干预较少，使得儿童在课程活动中获得的经验不足，不易构建知识体系。第二，唯理论提出“天赋观念”，而人的“天赋”各不相同，幼儿园应根据不同儿童的特点，提供相应的课程内容帮助其全面发展。

总的来说，经验论和唯理论都对幼儿园课程产生了深远的影响。福禄贝尔和蒙台梭利的教育思想就带有不同的哲学色彩，福禄贝尔课程以唯理论为哲学基础，蒙台梭利课程以经验论为哲学基础。福禄贝尔的教育思想有明显的唯心观点，他认为儿童发展可以没有经验，儿童与生俱来就拥有理念，经验不能帮助儿童创造理念，“儿童具有活动、认识、艺术和宗教四种本能”①。福禄贝尔创造了儿童活动材料“恩物”，通过提供“恩物”促进儿童的潜能发展。蒙台梭利的教育思想带有明显的经验主义色彩。她提出的感官教育和敏感期，都注重外在经验对儿童发展的重要性，并且蒙台梭利设计了一套课程来发展儿童的感官，呼吁教师和家长重视儿童的敏感期。

存在主义认为，应让学习者自由选择学习内容，让他们自由判断真理的真伪。在编制课程时，应以儿童的实际需要为主，不能让课程内容过于结构化、系统化，让儿童能够自由选择内心所期待的方式与内容去学习，并通过教育发展儿童自由选择的意识，使其明白选择的意义及为自己的选择负责。存在主义哲学的教育思想对我国传统的教育模式具有极大的作用，尤其使幼儿园课程具有了更多的活力。存在主义教育思想充分尊重幼儿作为教育主体的独特性，强调“以人为本”，肯定人的自觉能动性，突出人性化、个性化，弘扬人的主体意识；认为教育应使一个人认识自己的存在，维护个人自由，帮助个人进行自我选择。存在主义的“以人为本”符合我国幼儿园课程发展的“以儿童为本”，强调儿童是教育的主体，一切以儿童的需要为出发点，对我国的幼儿园课程具有重要的指导作用。

中国哲学的和而不同和文化位育理念，对今天的教育仍具有积极的作用。在创设课程时，可以将和而不同和文化位育的理念融入其中，如在创设具有区域性特色的课程时，要尊重和理解各民族的优秀文化，理解异质文化，增加不同地区文化之间的融合，创设具有本土特色、文化底蕴、多样化内容、文化包容力和时代特色的幼儿园课程。

① 朱家雄.幼儿园课程[M].上海：华东师范大学出版社，2003：45.

第三节 幼儿园课程的社会学基础

在社会学成为一门独立的学科之前，早有一些思想家和教育家在社会观的背景下研究课程编制的问题，特别是在19世纪末20世纪初，教育社会学从社会学中分化出来成为一门独立的学科后，研究者们开始在社会背景下从不同的角度透析社会与课程的关系。社会学是课程的基础学科，不仅为课程研究提供学科范式，它的基本原理和方法还为课程论提供前提和基础，其研究成果成为课程论的理论依据和课程改革的动力。社会学的研究指出，课程受社会各种因素的影响，并受不同社会观念的支配。幼儿园课程也是如此，也会受人类社会的政治、经济、文化及生产、科学技术等的制约和影响。

一、社会学理论与幼儿园课程

（一）生态系统理论与幼儿园课程

1. 生态系统理论概述

人类发展生态系统理论的创始人布朗芬布伦纳从人类发展生态学的立场出发，探究了生态系统中的各种生态因子对人的行为发展的影响。“生态学”这个词最早是由德国动物学家、比较解剖学家恩斯特·海克尔提出的，之后美国的人类学家和生态心理学家布朗芬布伦纳对生态学做了进一步的探索。布朗芬布伦纳是美国康奈尔大学教授，他提出了人类发展生态学，并将其界定为“是对不断生长的有机体与其所处的不断变化着的环境之间相互适应进行研究的一门学科，且有机体与其所处的即时环境之间的相互适应过程受各种环境之间的相互关系以及这些环境赖以存在的更大环境的影响”[①]。布朗芬布伦纳将人生活的环境以及与环境的交互作用称为“行为系统”，并把该系统由小到大分为四个层次，即小系统、中间系统、外系统和大系统。这些不同层次、不同性质的环境系统交织在一起，构成一个具有中心又向四处扩散的网络，前者逐个地被包含在后者之中，形成了一种同心圆样式的结构。[②]他还提出了时间系统，也叫时

① 张葵.基于生态学视角下的家园共育[J].教育家，2019(19).

② 朱家雄.幼儿园课程[M].上海：华东师范大学出版社，2003：49.

间纬度或称历时系统。

布朗芬布伦纳所谓的小系统，是指“发展着的人在具有特定物理和物质特征的情景中所体验到的活动、角色和人际关系的一种样式”①。对于大多数婴幼儿来说，小系统一开始是局限于家庭的，但是后期随着年龄的增长，幼儿的活动范围进一步扩大到学校、社区等。

中间系统是指“由发展的人积极参与的两个或多个情景之间的相互关系（例如，对儿童来说，学校、家庭和社会生活之间的关系）”②。当发展的人进入一个新的情景的时候，中间系统就开始形成了。儿童在家中与他人的相处模式会影响他在学校与同学和老师的相处模式。如果儿童在家中是全家人的小太阳，家里人非常溺爱他，那么他在学校若得不到老师的过分关爱，心里便会产生一定的落差。

外系统是指“发展的人并没有参与的、但又影响或受其中所发生的一切所影响的一个或多个环境”。例如，从家庭方面考虑，父母的职业状况、社会地位、经济收入和受教育程度决定了他们所承担的角色、所从事的活动和所建立的人际关系，从而间接地影响了他们抚养子女的方式、对待子女的态度和教育子女的方法。③如在下面这个“长大后，你要干什么”的活动中，家长的职业对孩子以后的求职倾向产生了较大的影响，这体现出外系统对幼儿的影响。

经典案例

幼儿园大班主题活动“长大后，你要干什么”

星期四的早上，幼儿园大班老师在放学前五分钟开展了“长大后，你要干什么”的活动。老师要求把该主题带回家和爸爸妈妈进行讨论，第二天回来分享自己长大后想干什么工作。第二天，老师问道：“长大后你们都想干什么呀？”孩子们聊得很起劲，很多幼儿都谈到自己爸爸妈妈的工作以及自己长大以后想从事的工作。小红说：“老师，我妈妈是医生，但是以后我不想成为一名医生，因为白衣天使太累了，我想成为一名人民教师，教师有假期，大年三十能在家里过年。”小明说：“老师，我长大后想成为一名警察，因为我爸爸是警察，我看见他为人民服务的样子真帅，我想成为他那样的人。”小华说：“老师，长大以后我想成为一名律师，因为我爸爸是律师。”……

① 朱家雄.幼儿园课程[M].上海：华东师范大学出版社，2003：49.
② 朱家雄.幼儿园课程[M].上海：华东师范大学出版社，2003：49.
③ 朱家雄.幼儿园课程[M].上海：华东师范大学出版社，2003：49.

在该活动中，因为不同家长的职业不同，对幼儿的影响也不同，家长的工作内容会被孩子看在眼里、记在心里，成为孩子经验的重要组成部分。孩子们结合自己对家长工作的理解，都积极参与了这次活动。从他们的谈话中总能发现受到家长职业影响的痕迹。

大系统是指“各种较低层次的生态系统(小系统、中间系统和外系统)在整个文化或者亚文化水平上存在或可能存在的内容上和形式上的一致性，以及与此相联系并成为其基础的信念系统或意识形态”[①]。

时间系统是时间变化对以上生态系统的影响。布朗芬布伦纳将这些影响因素分成两类：正常的时间影响因素和非正常的时间影响因素。正常的时间影响因素如入学、青春期、参加工作、结婚、退休等，而非正常的时间影响因素如家庭中有人去世或病重、离异、迁居、彩票中奖等。这些转变发生于毕生之中，常常成为发展的动力，同时这些转变也会通过影响家庭进程对儿童的发展产生间接影响。

这几个系统出现的先后顺序主要是由环境离个体的远近决定的，离个体生活最近的环境与个体的发展互动作用最大，但这并不意味着离个体较远的环境对个体的发展影响就小。布朗芬布伦纳指出，这几个环境系统之间不但存在着不断的交互作用，而且这种先后顺序也体现了随着个体的成长，行为所处的环境也随之变得越来越抽象和复杂。[②]儿童的成长环境是不断变化的，不是固定单一的，因此，我们要用发展的眼光去看待，注重各种环境的变化对儿童的影响。

表2-4　生态环境五大系统的概念

小系统	发展着的人在具有特定物理和物质特征的情景中所体验到的活动、角色和人际关系的一种样式
中间系统	由发展的人积极参与的两个或多个情景之间的相互关系(例如，对儿童来说，学校、家庭和社会生活之间的关系)
外系统	发展的人并没有参与的、但又影响或受其中所发生的一切所影响的一个或多个环境
大系统	各种较低层次的生态系统(小系统、中间系统和外系统)在整个文化或者亚文化水平上存在或可能存在的内容上和形式上的一致性，以及与此相联系并成为其基础的信念系统或意识形态
时间系统	时间变化对以上生态系统的影响

① 朱家雄.幼儿园课程[M].上海：华东师范大学出版社，2003：50.

② 赵洁.人类发展生态学视角下美国“社会—情绪学习”项目中的家校合作研究[D].上海：上海师范大学，2016.

2. 生态系统理论对幼儿园课程的启示

布朗芬布伦纳的生态系统理论对构建幼儿园课程的启示主要有以下几个方面：首先，重视环境因素对幼儿园课程建设的作用，小系统和中间系统理论为儿童的早期阅读环境创设提供了理论基础。家庭要为幼儿营造良好的阅读环境，幼儿园要丰富幼儿的阅读材料。其次，幼儿园课程可被看作生态环境的一个方面，不同的课程或教育方案涉及的关于同伴间社会交往、成人与幼儿间社会交往、组群大小以及空间安排和材料等方面的问题都是不同的。在设计、编制和实施幼儿园课程时，应充分考虑幼儿园课程或教育方案的结构和内容等方面以及它们与各级生态系统之间的关系。[①]再次，从布朗芬布伦纳提出的人类发展生态学立场看，不存在一种最好的能适应不同社会文化背景中的所有儿童的教育方案，而不同教育方案能很好地适合不同社会文化背景中的儿童。幼儿园课程的价值取向在很大程度上取决于社会文化，这是因为包括幼儿园课程在内的“各级生态系统所包含的情景类型、各情景内部所存在的活动、角色和人际关系、各情景之间联系的性质和范围，以及靠价值观念维系和支持的人的行为和组织，等等，都与大系统是同源的，是受其制约的”。因此，脱离社会文化去谈论幼儿园课程是没有意义的。[②]最后，充分发挥家庭、幼儿园和社区对幼儿发展的整合作用。布朗芬布伦纳指出，在教育幼儿的过程中，教育者应该和学校、家庭形成一根纽带，父母要积极配合教师的工作，在家庭中督促孩子学习；学校活动可以融入一些社区活动中去；幼儿园课程内容不应仅局限于学校，家庭和社区中学到的知识也是课程内容的一部分。

（二）社会文化与幼儿园课程

文化是无处不在的，它是在一定的社会背景下形成的，反过来又影响整个社会的每一个系统。教育作为社会的一个子系统与文化自然有着千丝万缕的联系。[③]课程是实现教育目的的重要途径及教育活动的主要载体，幼儿园课程也是社会文化的一部分，自然也会受到各种社会因素的影响和制约，同时也会因其保存、传递或重建社会文化的职能而对社会发展和人类文明产生作用。幼儿园课程与社会文化有着密切的联系，社会文化不仅决定了个体的发展方向，也决定了培养人的教育机构的发展方向，因此，社会文化不仅会影响幼儿园课程编制中的“教什么”和“如何教”等问题，而且在很大程度上影响着甚至决定着幼儿园课程编制中的“为什么教”的问题。[④]教育的目的是让个体适应社会文化的要求，幼儿园课程应与社会文化背景相适应，并体现社会文化

---

① 朱家雄，等.幼儿园课程的理论与实践[M].上海：华东师范大学出版社，2012：46-47.

② 朱家雄.幼儿园课程[M].上海：华东师范大学出版社，2003：50.

③ 张义兵.文化传递模式与教育价值取向：一种社会学分析[J].南京师大学报(社会科学版)，2000(5).

④ 朱家雄.幼儿园课程[M].上海：华东师范大学出版社，2003：48.

的重要价值取向。

人是文化的创造者，由于文化的反作用，人也被文化所塑造。个体从出生就处于一定的文化环境中，个体是在被文化塑造的前提下成为文化的创造者，文化与个体是紧密联系、和谐互动、共生共荣的。[①]从文化的特性来看，文化有广义和狭义之分：广义的文化是指人类一切物质和精神的积淀，其中包括衣、食、住、行等一系列可见的存在；[②]狭义的文化是指一定社会群体习得的且共有的一切观念和行为。狭义的文化与广义的文化的主要区别在于：狭义的文化没有“物”的成分，更多强调文化是受到价值观和价值体系支配的符号系统。人们主要是从狭义文化的概念去分析和思考文化与个体的发展和教育之间的关系的。[③]

1.社会文化与幼儿教育发展的有关研究

已有不少学者对文化与幼儿教育之间的关系进行了研究，特别是以跨文化研究的方法对不同文化中幼儿教育的发展进行研究。此外，在全球化的背景下，各国也逐渐关注到多元文化对早期教育的重要性。这些研究对幼儿园课程的编制、设计和实施具有一定的启示作用。

(1)人种学研究与幼儿园课程

人种学研究源于20世纪初的人类学及社会学领域，是属于人类学的一门分支学科，又可称为民族志学研究。人种学研究主要是通过参与人们的实际生活，进行深入观察、深度会谈等，研究人们在一定时间下生活的体验。人种学研究的文化特征包括文化行为、文化产品和工具、文化语言等，主要的研究目的是了解研究群体的价值观念、行为特征、习俗等。[④]

20世纪80年代，美国人类学家托宾等人运用人种学的研究方法对中国、日本和美国三种文化中的幼儿园教育进行了比较研究，继而在1989年发表了著作《三种文化中的幼儿园》。研究者分别在每个国家选择一所幼儿园，并用摄像机对每所幼儿园的一日活动进行了录像，再将一日活动中典型活动分别剪辑成20分钟的视频，然后将剪辑好的视频分别给这三个国家的幼儿园园长、教师、家长和儿童教育专家观看，让他们从自身立场出发回答三个问题：“儿童在幼儿园中学什么最重要？社会为什么要办幼儿园？优秀幼儿教师最重要的品质是什么？”针对“优秀幼儿教师最重要的品质是什么”这一问题，研究者发现，不同社会文化背景的人，他们的价值观念不同，因而他们的教

---

① 左瑞勇，杨晓萍.在文化哲学视域下重新审视幼儿园课程内容的选择[J].学前教育研究，2010(9).

② 虞永平.文化、民间艺术与幼儿园课程[J].学前教育研究，2004(1).

③ 朱家雄，等.幼儿园课程的理论与实践[M].上海：华东师范大学出版社，2012：40.

④ 胡雁.质性研究[J].护士进修杂志，2006(9).

育理念和教育实践也存在很大的不同。例如，中国人认为是“合作性”(58%)；日本人认为是“同情和关心他人”(80%)；美国人则认为 是“自立自信”(73%)。[①]由此可见，中国人和日本人注重与其他人的关系发展，而美国人则更强调个体的独立性。《三种文化中的幼儿园》不仅是对三种文化中幼儿教育的研究，也是对三个国家的不同社会文化的研究。研究者认为，幼儿教育受到本国根深蒂固的文化与人的价值观的影响，由此可见，幼儿教育的变化既反映了社会文化的变化，同时也影响着社会文化的变化。

2003年，托宾等人再度对中国、日本和美国三种文化中的幼儿教育进行了跨文化教育比较研究。如先前的研究一致，他们同样是对中、日、美三国的幼儿园教育进行比较，但在研究方法上做了改进，使得幼儿园的园长和教师有更多充分表达意见和给研究者做讲解的机会，并分别在这三个国家选择两所幼儿园拍摄一日活动，一是回访原先的幼儿园，二是选择一所新的幼儿园。通过对“三种文化中的幼儿园重访”，研究者发现，在过去二十年间，中国的幼儿园发生了巨大变化，日本的幼儿园基本没有什么变化，而美国的幼儿园介于二者中间。这是因为，中国的幼儿教育发生巨大变化的背后仍有着深远强大的文化传承；日本的幼儿教育受到了越来越多的不确定因素和社会中焦虑情绪的影响，但也不能说它“持续不变”；美国幼儿园的园所数量和资金方面虽有巨大变化，但教师的教育理念和课堂实践变化较小。例如，在重返中国的大观幼儿园中发现，幼儿园已经搬迁到新的园所，幼儿园的园所环境得到了很大的改善，幼儿园寄宿制也逐步淘汰。特别是在新研究的上海思南路幼儿园中，研究者发现，“故事大王”活动体现了由以往教师主导向儿童主导的转变。日本人口老龄化的发展，人口出生率的下降，导致了入园率下滑，幼儿园为了保持入园率提供了接送服务，延长了开园时间，特别是一些幼儿园为了迎合家长的需求和追求利益，增加了文化课程。由于全美幼教协会提出的“发展适宜性教学”与“不让一个孩子掉队”的教育政策相互矛盾，幼儿教育逐渐被拉回到以入学准备为重心，重视课程的发展。

可见，中国幼儿教育变化的主要表现是从以教师为中心向以儿童为中心转变，注重通过游戏等方法组织教学活动，注重培养幼儿成为社会公民；日本的幼儿教育之所以变化不大，是因为日本的社会经济发展的持续衰退，幼儿教育者更希望维持幼儿教育的稳定；美国为保持国家竞争力，强调以标准化为主导，增加了对幼儿的学业要求。[②]研究者主要探讨了每个国家的政治、经济和人口变化对幼儿教育的影响，但研究的中心一直是文化。他们认为，文化是社会生活持续的根源，也是制约全球化、合理化

① 上官子木.早期社会化的跨文化比较[J].北京社会科学，1997(4).
② 张虹，薛烨.三种文化中的幼儿园——对美国亚利桑那州立大学约瑟夫·托宾教授、美国孟菲斯大学薛烨教授的访谈[J].幼儿教育，2010(10).

和经济变化等多方影响的关键因素，而幼儿园作为社会机构，作为社会的一部分，既反映文化，又辅助文化的持久传承，更是文化再生的重要场所。[①]

（2）其他跨文化与幼儿园课程

20世纪80年代后期和90年代早期，一批对跨文化研究有兴趣的心理学家和社会学家，对美国当今社会主要的文化组成群体（欧裔、非洲裔、亚裔和波洛利哥裔）在家庭组成、家庭成员角色、家庭成员期待、儿童培养和训练、亲戚关系、价值观和信仰、人的内在特性、教育和学习特征、对文化的认同、态度、问题解决的方式等方面的情况做过大量的对比研究。

研究发现，在价值观和信仰方面，欧裔美国人赋予主动性很高的价值，认为人类是相互分离的独立个体，是胜过自然的；非洲裔美国人赋予亲戚关系、小团体的义气、互相支持和同情等很高的价值；亚裔美国人的价值观和信仰受孔子的影响，他们更注重过去，并不是完全的唯物主义者，将工作努力和勤恳作为能够在社会中得到更好的生存和成功的重要品质；波洛利哥裔美国人认为面对面的关系最重要，他们更注重现在，强调松懈及目前的工作。在家庭成员期待方面，欧裔美国人赋予个体化很高的价值，强调自信、自主性和独立解决问题；非洲裔美国人认为女性要负担家庭责任和经济责任，因而她们应是独立的而不是被动的个体，非裔家庭中的儿童往往会更早地承担成人的责任；亚裔美国人因受孔子伦理道德的影响，高度强调尊重、服从、孝顺，个体要忠诚于家庭、关心孝顺长辈；波洛利哥裔美国人则认为家庭是一个主要的支持体系，在家庭系统中最重要的就是分享与合作的价值，家庭要保持情绪力量、支持、安全感、归属感的最重要来源，家庭成员间的内部关系是相互依赖的关系，这是家庭发展的积极因素。

从研究中可以得出，家庭文化上存在差异，从而导致了家长的价值观、家长的信仰、家庭成员期待、教育和学习特征等也存在不同，这与儿童的学习背景、发展变化和社会调整是紧密相连的。因此，编制儿童的教育课程应从儿童的社会文化背景出发，幼儿园课程也不能脱离儿童的社会文化背景而发展。[②]

（3）多元文化与幼儿园课程

多元文化教育理论自20世纪50年代在英、美等西方国家率先兴起以后，在全世界范围内得到普遍传播与发展，并已成为当代国际主要教育理论思潮之一。多元文化理论倡导尊重文化的差异性与多样性，而非一元性与统一性，强调主流文化与各少数民

---

① 约瑟夫·托宾，薛烨，唐泽真弓．重访三种文化中的幼儿园[M].朱家雄，薛烨，译．上海：华东师范大学出版社，2014：196.

② 朱家雄．幼儿园课程[M].上海：华东师范大学出版社，2003：51-52.

族文化对个人、民族和社会发展所具有的价值是平等的。[①]

全球化是20世纪80年代以来在世界范围内日益凸显的一种现象，并成为当今时代的基本特征，最初以经济为核心，随后逐渐地涉及政治、文化、社会、科技、军事、安全、生活方式等诸多与意识形态和价值观念紧密联系在一起的各个方面，学前教育等教育领域也涉及在内。[②]在世界全球化的趋势中，各国的教育思想与意识形态也随着全球化的进程得到不断的融合发展，学前教育者要面对各国不同的社会制度、地域文化及语言多样性等差异性的挑战，并研究这些文化差异给学前教育的发展带来的问题与影响。1990年，就有一批重社会学、文化学、生态学和人类研究的早期教育专家聚集在一起召开以“早期儿童教育质的研究”为题的研讨会。次年，这些学者在美国召开了首次以“重新思考早期儿童教育”为题的学术会议，此后以此为题的年会每年召开一次，其学术影响逐渐扩展到欧洲、大洋洲和亚洲。从此次会议后，有一些学者开始倡导多元文化，主张通过各种途径对文化的差异性给予更多的关注。如基于对全美幼教协会对发展适宜性课程早期陈述的反思和对多元文化的思考，海韫等人提出“发展文化适宜性课程”的概念，使文化适宜性课程促进儿童的发展。此外，从1979年起，美国开始对教师进行“多元文化教育的教育”。美国国家教师教育资格委员会针对全美幼教协会的发展适宜性课程与多元文化教育，为早期儿童教育的教师教育提出了指导意见。[③]

1999年，韩国教育部颁布新的“全国幼儿园课程”，将与民族文化传统相关的内容置于极其重要的地位，课程大纲中描述受教育者的理想形象不仅是一个全面发展的有完整个性的人，且“应是在理解韩国传统文化基础上创造新价值的人”。课程大纲既注重韩国民族文化传统，又引导幼儿了解世界的多元文化，尊重不同国家的文化意识。可见，韩国幼儿教育既重视文化的作用，尊重传统文化，又重视时代精神。[④]

从2009年5月澳大利亚国家课程委员会颁布的国家课程总框架、第一批课程框架以及2011年1月颁布的第二批课程草案来看，澳大利亚幼儿园课程设置呈现重视多元文化、关注差异与平等的趋势。多元文化教育是澳大利亚幼儿园课程的重要内容，是指“基于对民主的珍视和信仰，在有文化差异的社会和多元化相互依赖的世界中，确认文化多元化的一种教学和学习取向”。新课程强调“土著人历史和文化”与“亚洲及澳大利亚与亚洲的关系”，增强儿童对澳大利亚土著居民的生活文化的认识，尊重每个孩

① 袁凤琴，胡美玲，李欢．论民族地区多元文化园本课程开发的困境及其对策[J]．贵州民族研究，2018(10)．
② 朱家雄．全球化背景下我国学前教育的发展趋向——学前教育的文化适宜性问题(十)[J]．幼儿教育(教育教学)，2015(12)．
③ 朱家雄．幼儿园课程[M]．上海：华东师范大学出版社，2003：53-54．
④ 张燕，张咏．韩国“全国幼儿园课程”评介[J]．上海教育科研，2003(11)．

子及其家庭所代表的文化及生活样式，让儿童通过与亚洲的比较来认识自己所处的环境，并通过比较异同加强跨文化交流能力，帮助他们以亚洲人的眼光看待澳大利亚的发展。①

面对全球化这把"双刃剑"，我国学前教育者要权衡和把握好利与弊才能够有助于促进我国学前教育的发展，更不能脱离了文化去思考和解决自身的问题。②蒲永明认为，多元文化教育的全球化发展趋势是世界各国需要直面的挑战，我国将多元文化融入学前儿童的社会教育中，有助于儿童树立全球视野，增进对中华民族文化的认同感和自豪感，培养儿童的开放意识和接纳能力，使其学会分享与理解。《幼儿园教育指导纲要（试行）》将社会教育作为五大领域活动之一，将多元文化教育融入社会活动的教育课程中，有益于加深儿童对多元文化的认知，培育儿童对多元文化的情感，促进儿童亲社会行为的发展。③有学者从文化视域审视了自20世纪80年代以来的学前教育课程改革历程，在理念层面，"尊重儿童""以游戏为基本活动""寓教育于一日生活中"等体现了选择欧美等西方发达国家的文化作为价值取向；在实践层面，在与中国传统文化的碰撞中，这些西方文化有的被抗拒，有的被更改面目，有的与中国文化有机融通，对幼儿园课程实践产生了较大的影响。文化的全球化和本土化都能够为学前教育课程改革贡献力量，且文化的全球化和本土化博弈将会继续存在，不管是脱离中国现实的过分西化，或是忽略世界发展趋势的文化固守，都不是科学明智的选择，只有立足于中国学前教育现实采取本土化行动，以自信、平等的姿态参与到世界学前教育现代化的潮流之中，才是真正适合我国学前教育课程改革的文化道路。④

学习研究

如何将少数民族文化融入幼儿园园本课程？

在全球化与现代化的发展进程中，我国的少数民族文化受到了冲击，不少少数民族幼儿对本民族文化缺乏了解，甚至存在部分文化已经淡化或消亡的现象，给民族文化的传承与发展带来了严重的危机。《国务院关于深化改革加快发展民族教育的决定》（国发〔2002〕14号）中提到，要重视和加强民族地区的幼儿教育，进一步增强对民族教育的扶持力度。《基础教育课程改革纲要（试

① 王芳，陈时见．澳大利亚幼儿园课程设置的特点与发展趋势[J]．比较教育研究，2011(12)．
② 封喜桃．21世纪教育发展的一个基本态势——教育全球化[J]．河北大学学报（哲学社会科学版），2000(4)．
③ 蒲永明．基于多元文化视域的学前儿童社会教育[J]．教育与教学研究，2015(7)．
④ 王芳．学前教育课程改革的文化审视——价值取向和实践路径[J]．教育学术月刊，2018(2)．

行)》中规定:“学校在执行国家课程和地方课程的同时,应视当地社会、经济发展的具体情况,结合本校的传统与优势、学生的学习兴趣和需要,开发或选用适合本校的课程。”幼儿教育亦如此,将民族文化融入幼儿园的园本课程中,是我国学前教育发展的重要内容。

贵州省黔东南苗族侗族自治州凯里市将苗侗文化与幼儿园课程相结合,把苗侗文化中的节日、非遗、语言、歌舞、体育运动等文化资源纳入幼儿教育中。例如,根据幼儿的身心发展规律与水平,把苗侗文化融入幼儿的体育活动中,创编形式多样的体育游戏活动。苗族板凳操、琵琶操等,不仅丰富了幼儿的户外体育活动,促进了幼儿的身心健康发展,还促进了幼儿对本民族文化的了解,激发了幼儿对本民族文化的热爱,有利于少数民族文化的传承与发展。

在世界多元文化的发展中,如何将当地少数民族文化资源融入幼儿园的园本课程中?教师应如何利用家长的民族文化资源促进家园合作的发展?等等。请你结合自身的民族文化、成长经验和园本课程三方面进行信息搜索,并根据幼儿园课程建设方面进行文献检索,你将会对少数民族文化融入幼儿园园本课程有一个全面的认识。

2.社会文化对幼儿园课程的启示

在当今全球化发展中,不同民族和国家之间的关系更加密切,相互影响也更为显著,文化差异的发展变得尤其重要,不同民族和国家的文化有着各自的特色,有着重要的研究价值与吸引力。各种文化都有其精髓,都有其值得学习和借鉴吸收的东西,各种文化的沟通、交流、分享和共存,是达成文化生态平衡和促进文化发展繁荣的必然;①各种文化之间相互沟通、交流和分享,能够激发不同文化的活力,从而顺应时代潮流的发展;各种文化的共存,有利于促进文化发展的多样性。

文化与教育是一种相互影响的互动关系,多样的文化导致多元文化教育的产生,多元文化教育的开展又保护了文化的多样性。在文化融合的过程中,尊重其他文化并善待差异,是保证文化平等和文化多元的前提,也是构建课程体系不可忽略的重要因素。②文化是幼儿园课程的重要内容,多元文化丰富了幼儿园课程内容,并为儿童的学习与发展提供了条件,儿童经验的获得是与社会文化背景、价值观念紧密相连的,幼儿园课程应尊重世界多元文化的发展。世界多元文化的发展,文化的传承和保护的问题引起了全世界各界人士的关注,其中也包括教育界的工作者。我国有着悠久的历史传

① 朱家雄,等.幼儿园课程的理论与实践[M].上海:华东师范大学出版社,2012:43.
② 何茜.国外幼儿园课程改革的基本经验与发展趋势[J].比较教育研究,2012(5).

统和深厚的文化资源，我们要坚定文化自信，深入了解和发掘中华优秀传统文化的作用，致力于传播中华优秀传统文化。当面对西方外来文化时，我们要秉持包容理念，学习和理解不同的文化思想，以平等的态度来对待不同的文明，吸取与借鉴西方外来文化的优秀部分，将外来文化与我国本土文化进行有机融合，从而形成多元化且具有本国特色的幼儿园课程。此外，我国是多民族国家，面对不同的文化，幼儿园应立足于本土文化，特别是少数民族地区，要立足于本土文化资源，充分发掘本民族的特色文化，并将其融入幼儿园课程体系中，促进儿童对本民族文化的了解和传承。

二、社会学理论对幼儿园课程的影响

（一）生态系统理论对幼儿园课程的影响

布朗芬布伦纳的人类发展生态系统理论对幼儿园课程的发展具有重要影响。第一，生态学给我们提供了整体的观念、系统的观念和联系的观念，为人类其他学科和领域的研究提供了方法论。课程作为一种观念形态的文化，作为一种多元“文本”，为人们从生态学视野对其进行理解提供了条件。第二，生态学反对二元对立思维模式，主张生态系统的整体性思维模式，反对机械还原论，反对只看重自然的工具价值，主张将自然中每个存在物都有其存在的价值等观点应用于课程研究领域，给课程领域带来了不小的变革，使课程范式发生了转变，课程目标的选择依据也会做出相应调整，而课程内容也需要很大改观。[①]第三，幼儿园课程的自身发展会受到多种因素的影响，幼儿园课程只是影响儿童发展众多因素中的一个因素。在生态系统环境当中，如果小系统、中间系统、外系统或大系统基本一致的话，不同形式的幼儿园课程对幼儿发展的影响可能不会是根本性的。第四，生态哲学是指用生态系统的基本观点和方法来观察和理解现实世界的理念，在进行课程研究中，可以借鉴这一理论。生态哲学重视过程的真实性、生活性和体验性，幼儿园课程也要注重真实性、生活性和体验性，因为学前儿童的思维具有形象性和直观性，儿童感兴趣的是他们可以感知、可以看得见摸得着的内容，儿童的一些生活能力需要在现实生活中培养，生活卫生习惯需要在现实生活中养成。第五，生态哲学也主张整体联系性，这启发幼儿园课程要具有全面性和整合性。[②]首先是因为学前教育是基础教育，在整个教育体系具有重要的位置，人一生的启蒙阶段就是学前教育阶段，幼儿园课程需要向儿童传递浅显、自然的知识；其次是因为儿童

① 郑玉飞.课程研究的生态学审视[J].教学与管理，2007(24).

② 谢鑫.生态学视角下幼儿园课程实践探究[D].昆明：云南师范大学，2007.

是完整发展的人,需要整合的课程内容来促使其全面发展,因此,幼儿园课程应是多学科、多领域的融合。第六,幼儿园课程具有潜在发展的可能性。儿童的模仿能力和创新能力强,生活中父母的一言一行、教师的一举一动、幼儿园里的花草树木都在潜移默化地影响儿童的发展,因此,幼儿园课程不应局限于事先计划好的教育活动,可以从儿童的兴趣爱好、日常生活、游戏以及父母和教师的行为当中来,灵活变通。

(二)社会文化对幼儿园课程的影响

在全球经济一体化的发展趋势下,多元文化是人类发展的重要背景与主题。20世纪80年代以来,多元文化课程理论引起了西方学者的极大关注,许多学者都对多元文化课程进行了较为深入的研究,为我国多元文化课程研究提供了可以借鉴的理论。[①]费孝通先生指出,当今世界是经济趋向一体化和文化多样化并存的格局,这对我们思考文化问题提出了新课题。21世纪人类的一大任务就是跨文化交流,世界上不同的民族应当团结起来,共同创造更美好的前景,我们中国人要在跨文化对话中占据主动地位,首先要实现"文化自觉",才能更好地让其他民族认识我们和我们认识他们。[②]

在多元文化时代,许多幼儿园对外交流日益频繁。王延伟和刘云艳从国际化、本土化和园本化三个层面探讨了幼儿园多元文化的建设。他们认为,幼儿园多元文化是建立在本园基础之上的,是富有本民族特色和借鉴其他国家文化的园本文化。幼儿园多元文化建设应包括三个层面:园本化、本土化和国际化。三者是一个相互联系、相互促进的系统。园本化的幼儿园多元文化主要体现在幼儿园教职工、家庭和社区三个方面,如教职工原本的文化习俗,家长的职业、经历和爱好,社区的独特历史和社会生活,这些都是幼儿园多元文化建设的重要文化资源。本土化的幼儿园多元文化是每一个民族都有自己丰富灿烂的文化传统,民族文化传统往往影响着幼儿园文化的选择。我国的民族文化源远流长、博大精深,教师要根据现实和未来的需要,选择符合幼儿年龄特点的内容,促进幼儿对民族文化的理解和认同,培养幼儿的中华民族共同体意识。国际化的幼儿园多元文化主要是指在面对经济世界一体化和政治文化多元化中,我国广大幼儿教育工作者要树立国际化的观念,要在立足本民族文化的基础上吸收借鉴外国先进办园文化,形成符合本民族传统的价值观,培养幼儿对丰富文化资源进行选择的能力和跨文化的交流能力。[③]

---

① 席华.多元文化课程之我见[J].世界教育信息,2007(8).

② 费孝通.弘扬优秀传统 实现"文化自觉"[J].中华文化论坛,1998(4).

③ 王延伟,刘云艳.论幼儿园多元文化建设[J].基础教育研究,2005(6).

在全球多元文化发展中，多元文化社会奠定了幼儿教育的多元文化背景，教育要贴合多元文化的发展，多元文化的幼儿园课程也成为我国幼儿教育发展的重要趋势和幼儿园课程改革的重要精神。多元文化教育的传播，开拓了我国幼儿教育的新视野，丰富了我国幼儿园课程的内容，尤其是促进了我国幼儿园园本课程的开发，为我国少数民族的幼儿教育提供了一定的理论基础和现实的借鉴意义。

本章小结

本章主要介绍了幼儿园课程的三大理论基础——心理学、哲学和社会学相关理论，阐述了各理论的核心观点及其对幼儿园课程的启示和影响。

1. 心理学理论包括认知理论、成熟理论、精神分析理论和行为主义理论等。认知理论的主要代表人物有皮亚杰和维果斯基。成熟理论的代表人物主要有霍尔和格塞尔。精神分析理论的主要代表人物有弗洛伊德和埃里克森。行为主义理论的代表人物是华生和斯金纳。他们的观点对幼儿园课程产生了重要影响。

2. 哲学理论包括经验论、唯理论、实用主义哲学理论、存在主义哲学理论、中国哲学理论等。这些理论对幼儿园课程产生了影响和启示，它们对幼儿园课程的影响主要体现在为幼儿园课程的编制提供了相关知识来源。

3. 社会学理论包含生态系统理论、社会文化等，也对幼儿园课程产生了重要启示和影响。

思考与实训

1. 运用本章所学知识，结合实例谈谈心理学理论对幼儿园课程的意义。

2. 说一说幼儿园课程的主要理论基础有哪几个方面。

3. 简述幼儿园课程应该怎么做才有利于学前儿童的全面发展。

专题探讨

背景资料：为了提高我国的学前教育水平，一些教育学者引进了国外优质的幼儿园课程，如福禄贝尔、蒙台梭利、瑞吉欧等课程，国内的幼儿园也逐渐将这些课程运用到教学实践中，并以此作为自身的特色课程。此外，杜威的哲学思想也影响了我国许多教育学者，如陈鹤琴、陶行知。两位学者将杜威的哲学思想作为理论基础，并以我国的实际情况为出发点，提出了本土化的教学理论，如“活教育”“生活即教育”“社会即学校”“教学做合一”等。可以看出，这些舶来的课程理论和哲学思想在一定程度上影响了我国学前教育事业的发展。我们在借鉴这些“舶来品”时，却在一定程度上忽视了我国优秀传统思想的运用，如孔孟的“和而不同”和“文化位育”。

探讨：你如何看待此种现象？国外的教育理念对我国幼儿教育事业的发展是否具有借鉴作用？如何将中国传统文化融入幼儿园课程？

第三章

中外经典幼儿园课程模式

学习目标

- 了解国内外经典课程模式的产生背景与理论基础；
- 理解国内外经典课程模式的内容与实施路径；
- 结合我国幼儿园课程改革实际评价国内外经典幼儿园课程模式。

学习重难点

- 重点：了解不同经典幼儿园课程模式的背景、内容和实施过程。
- 难点：能够结合幼儿园实际，客观评价经典幼儿园课程模式。

案例破冰

丽萨的"新奇"想法

这是某位家长送孩子入园时与老师的交流："早晨在来幼儿园的路上，丽萨说她今天要和玛格丽特在'娃娃家'玩，她们要做有很多芝士和奶油糖果片的比萨。她也很清楚地知道自己要用什么材料。她告诉我说，昨天在路上捡到了一些小的棕色卵石，那些就是奶油糖果片。我上周买的泡沫(用来包新餐具)就是芝士。"

面对幼儿的"新奇"想法，成人应该如何为幼儿提供有效支持呢？

本章我们将学习几种中外经典幼儿园课程模式，让我们来看看不同的课程模式会如何解决成人为幼儿提供有效支持这个问题。

第一节　中国经典课程模式

一、陈鹤琴的“五指活动课程”

陈鹤琴的“五指活动课程”是用五根手指来比喻幼儿园五大领域的活动，体现了五大领域活动间的相对独立性和有机整体性。五指活动课程主要把幼儿园课程分成五大类，分别是儿童健康活动、儿童社会活动、儿童科学活动、儿童艺术活动及儿童语文活动。这五种活动犹如五根手指一样互相联系、相辅相成，共同促进儿童的发展。①

（一）产生背景与理论基础

1. 产生背景

20世纪20年代，随着新文化运动的展开，大量西方先进理论和学说涌入我国，冲击了我国的传统封建教育，使得一些有识之士开始思考我国的幼儿教育。当时幼儿园出现了三种课程模式：宗教化课程、日本式课程、福禄贝尔或蒙台梭利课程。但这些课程脱离我国国情实际，机械地照抄国外课程模式和内容，严重束缚了幼儿的身心发展，弊端丛生，引起了教育人士的反思。陈鹤琴认为，这种幼儿园课程存在四种弊端：第一，与环境的接触太少，在游戏室的时间太多；第二，功课太简单；第三，团体动作太多；第四，没有具体的目标。陈鹤琴对中国化和科学化幼儿园课程的探索由此开始。②

2. 理论基础

陈鹤琴在美国哥伦比亚大学留学期间，正值美国开展以杜威的实用主义为指导思想的“进步教育”运动。杜威认为，“教育即生活”，最好的教育是从生活经验中获得学习和生长的；教育要从“做中学”，儿童是通过经验来获得知识的。在这样的文化环境中，陈鹤琴对杜威的实用主义思想有了切身的体会和感受，并将其渗透于日后的幼儿教育探索中。另外，陈鹤琴虽然批判传统封建教育的弊端，但也从中汲取优秀部分，探索具有中国特色的幼儿教育。陈鹤琴分析出私塾教育有三大优点：一是因材施教；二是个别教学；三是行重于学。这也正是当时欧美教育所标榜、提倡的。③

---

① 裘指挥. 幼儿园课程与活动设计[M]. 天津：南开大学出版社，2020：65.

② 北京市教育科学研究所. 陈鹤琴全集（第二卷）[M]. 南京：江苏教育出版社，1989：1-4.

③ 北京市教育科学研究所. 陈鹤琴全集（第六卷）[M]. 南京：江苏教育出版社，1992：35.

（二）课程内容与实施

1.课程内容

陈鹤琴认为，教育首要的目的是要满足幼儿目前的生活需要，丰富幼儿的实际生活经验。“儿童的一饮一食，一草一木的接触，灿烂的玩具用品”，才是真正对儿童有用的好教材、好课程。[①]他认为“大自然、大社会都是活教材”，只有把儿童放在真实的生活世界中，让他与自然、社会直接接触，在亲自观察实验中获得知识和积累经验，才能真正促进幼儿各方面的发展。因此，陈鹤琴提出了幼儿园课程内容选择的三条标准：第一，凡儿童能够学的就可以作为幼儿园的课程；第二，凡是教材都需要以儿童的经验为根据；第三，能够让儿童适应社会的，就可以作为课程内容。

课程内容需要加以组织，形成一定的结构，才能相互强化、相互促进，提高教育效率。陈鹤琴认为，儿童的生活是整个的，课程也必定要是整个的，课程内容要互相连接，不能四分五裂，这就犹如人的五根手指一样，互相联系，相辅相成。对此，他提出了著名的“五指活动”的课程内容。

陈鹤琴的“五指活动”包括健康、社会、科学、艺术、语文五个方面的内容。健康领域包括饮食、睡眠、早操、游戏、户外活动、散步等。社会领域包括朝夕会、周会、纪念日集会、每天的谈话以及政治常识等。科学领域包括植物的栽培、动物的饲养、自然现象的研讨、对当地自然环境的认识等。艺术领域包括音乐（唱歌、节奏、欣赏）、图画、手工等。语文领域包括故事、儿歌、谜语、读法等。[②]

2.课程实施

（1）做人，做中国人，做现代中国人

课程实施应该指向明确的课程目的，“五指活动课程”基于“活教育”理论，其目的是教育幼儿“做人，做中国人，做现代中国人”。成为这样的人应该具备如下条件：第一，要有强健的身体；第二，要有建设的能力；第三，要有创造能力；第四，要有合作态度；第五，要有服务精神。这就需要教师培养幼儿良好的卫生习惯，让幼儿掌握一些基本的运动技能；指导幼儿去帮助别人，学会与人合作；让幼儿能够手脑并用，去劳动，去创造；提升幼儿的艺术素养和审美能力，培养幼儿的良好性情。课程实施应该以此为目标。

（2）大自然、大社会都是活教材

针对传统教育“书本万能”的旧观念所形成的课程固定、教材呆板的教育现象，陈

---

① 北京市教育科学研究所.陈鹤琴全集（第二卷）[M].南京：江苏教育出版社，1989：41.

② 裘指挥.幼儿园课程与活动设计[M].天津：南开大学出版社，2020.

鹤琴认为,大自然、大社会都是活教材。以“活教育”为指导思想的“五指活动课程”的实施应该具有如下特点:①以大自然、大社会为主要教材,以课本为参考资料,这是直接的活知识,是直接的经验;②混合或互相关联;③不受时间的限制;④内容丰富;⑤生机勃勃的;⑥儿童自己做的;⑦整个的,有目标的;⑧有意义的;⑨儿童了解的。[①]

(3)做中教,做中学,做中求进步

陈鹤琴认为,“做”是教学的基本原则,所有学生经验的获得只有在“做”中才能完成。但是这种“做”不是儿童的随意游戏,也不是儿童的无意识动手,而是在教师的指导下有意识、有计划地进行。陈鹤琴认为,在教师的指导下进行的“做”,使儿童的活动更有目的性,使儿童的现实经验与可能经验获得统一,理论与实践得到结合,这样才能真正让教育推动儿童的发展,儿童才能在教育中真正受益。

(三)课程评价与启示

1.课程评价

陈鹤琴的“五指活动课程”对形成中国化、科学化的中国幼儿园课程理论和实践具有重要意义。虽然新中国成立后陈鹤琴的“活教育”理论受到批判,但20世纪80年代后,人们重新认识了陈鹤琴的课程教育理论的重要意义。陈鹤琴的“五指活动课程”促成了中国幼儿教育发展史上第一个《幼稚园课程标准》的制定;开始了中国幼儿教育的本土化研究,形成了适合中国幼儿园发展的中国化的幼儿园课程思想;吸收和接纳了外国先进的理论和思想,以学前儿童心理发展理论为基础,尊重儿童身心发展的规律,形成了具有科学性的幼儿园课程思想。

2.启示

第一,幼儿园的课程改革要放眼国际,立足本土。我们应该及时了解国外教育理论和教育思想的发展动态,要有国际化的视野和积极学习的态度。对于国外的教育经验,我们不能照搬,应该结合实际加以分析,形成中国化、科学化的幼儿园课程。

第二,我们在设计幼儿园课程的时候要尊重儿童的主体地位,发挥教师的指导作用。在课程实施过程中,要坚持儿童的主体地位与教师的主导地位相统一,努力实现学生在“做中学”,教师在“做中教”。

第三,幼儿园的课程设置应该以儿童为中心,以儿童的兴趣和需要为出发点,贴近儿童的现实生活,注重儿童直接经验的获得。幼儿园的课程设置应做到生活化和科学化相统一,达到促进儿童身心和谐发展的教育目的。

---

① 左彩云,李贺.学前教育史[M].武汉:华中师范大学出版社,2016:97.

二、张雪门的“行为课程”

关于“行为课程”，张雪门指出：“生活就是教育；五六岁的孩子们在幼稚园生活的实践，就是行为课程。”①而且，“从行动中获得的认识，才是真实的知识；从行动中所发生的困难，才是真实的问题；从行动中所获得的胜利，才是真实的制驭环境的能力”②。

（一）产生背景与理论基础

1.产生背景

清末民初，中国民族产业资本的兴起，促使社会对学前教育的需求增大，幼儿园随之得到发展。西方教育理论的传入，促使张雪门研究学习西方先进教育思想，并尝试编制本土化的课程。“五四运动”的爆发，则使人们对传统教育的批判升制高点，幼儿教育同样也面临颠覆性的改革，需要产生适合我国国情的本土特色化课程。在教育救国的环境中，张雪门学习研究西方教育理论，并在幼儿园不断努力实践，产生了行为课程理论的雏形。

2.理论基础

行为课程理论是张雪门通过学习杜威的教育思想，融合中国幼儿园的实际情况产生的，是将杜威的教育思想中国化的重要成果。杜威系统地论述了“教育即生长”“教育即生活”“教育即经验持续不断地改造”，提倡“做中学”的学习方法。张雪门认同幼儿直接经验的重要性，强调幼儿与环境的交互作用，并将课程的本质界定为幼儿直接经验的总和。另外，克伯屈创立的设计教学法；福禄贝尔注重游戏的本体价值的思想观点；行为主义心理学家华生把刺激—反应作为行为的基本单位，认为学习即刺激—反应之间联结的加强。这些先进的西方教育理论都给予张雪门重要启示。

（二）课程内容与实施

1.课程内容

张雪门将行为课程的内容表述为源于儿童生活的教材。“儿童先有了生活，然后有教材的需要；不是有了教材，再去引起儿童生活作机械的反应。”③他认为，幼儿园教材是儿童在幼儿园生活的经验。行为课程的内容虽然从教材角度来论述，但行为课程的教材不论是现成的还是创造的，其唯一的目的是充实的儿童生活。所谓的“生活”，既包括儿童个体的生活，也包括社会的生活。“行为课程内容主要源于三个方面：一是儿

① 戴自俺.张雪门幼儿教育文集：下卷[M].北京：北京少年儿童出版社，1994：1088.
② 张雪门.增订幼稚园行为课程[M].台北：台湾书店，1966：2.
③ 戴自俺.张雪门幼儿教育文集：上卷[M].北京：北京少年儿童出版社，1994：407.

童自发的诸般活动,二是儿童周围的自然环境,三是儿童的社会环境。”①至于行为课程,应该选择什么样的内容,张雪门提出了选择教材的具体标准:

第一,教材应符合儿童身心发展的需要;

第二,教材应贴合儿童现有的实际社会生活经验;

第三,教材应从儿童的生活环境中搜集材料;

第四,教材应涉及儿童社会生活的需要。

幼儿园教材是幼儿生活的经验。儿童既需要与自然环境接触,也需要在生活环境中成长。儿童经验的获得自然是通过种种动作实现的,这些动作在幼儿园课程上有不同的名称,在教材上被称为游戏、音乐、故事和歌谣、手工、美术、算术等。

经典案例

娃娃的家具②

(源于儿童的社会环境)

【目的】

1.满足儿童对娃娃的兴趣以及对家庭中各种角色行为的自然模仿。

2.借此知道家庭中的各种用具及其使用方法。

3.培养儿童有计划并能合作的习惯。

【计划】

1.活动要点。

(1)娃娃的家具;

(2)娃娃的清洁用具;

(3)娃娃的厨房用具。

2.人数:一班小朋友。

3.时间:两周。

【材料】

1.工作。

(1)木工,即衣箱、衣柜、小床、小桌椅。

(2)泥工,即火炉、茶壶、花瓶、碗碟、茶杯、肥皂。

(3)纸工,即牙刷、梳子、面盆、衣架、雨伞、雨衣。

---

① 王春燕,于冬青.张雪门与幼稚园行为课程[M].长春:东北师范大学出版社,2020:79.

② 戴自俺.张雪门幼儿教育文集:下卷[M].北京:北京少年儿童出版社,1994:1141-1143.

(4)竹工,即水缸、筷子。

(5)草工,即扫把、菜篮。

2.音乐。

打钉歌、清洁歌。

3.故事。

《木偶奇遇记》《奇怪的衣箱》。

4.歌谣。

《懒大嫂》。

5.游戏。

卖茶碗、卖茶盘的游戏,过家家的游戏。

6.常识。

(1)知道家庭中的各种用具及名称与使用方法。

(2)知道灶及炭炉、煤油炉的区别。

(3)知道做陶工、泥工的简单方法。

(4)知道使用锯子及锤子、钉子应有的注意事项。

(5)知道现代化与旧时厨房设备之不同。

(6)油漆的各种颜色。

7.字与数。

(1)柜子内有几层格子。

(2)每人收集多少火柴盒和瓶子盖。

(3)做一张床应用几根钉子。

张雪门开展为期两周的"娃娃的家具"这一课程,是在完成娃娃衣着之后,考虑到放置衣服的问题时所进行的。给娃娃制作家具这件事经常发生在儿童生活中,这一课程中所需要的木工材料(如衣柜、小桌椅等)、泥工材料(如花瓶、茶杯、肥皂等)、纸工材料(如牙刷、衣架、雨伞等)都是儿童生活中必不可少的,是儿童能天天见到的。这些材料是儿童所熟悉的,不是教师编制课程时臆想出来的、远离儿童生活的;也是儿童所喜爱的,既能满足儿童对现在生活的探索欲望,又能为儿童之后的生活打下基础。只有源于儿童生活的教材,才能更好地为教师开展教学服务。

2.课程实施

行为课程从命名上可以看得出其方法论的实质就是从行动中去学习,从行动中获得直接经验并得到发展。张雪门说:"幼稚园教学法所根据的重要原理原则只有一条,便是行动。”“幼稚园中的行动，主要是开展具体的活动。”[①]行动贯穿于行为课程实施的全过程，在实施行为课程时，需要注意以下原则：第一，做学教是一件事儿。“教是根据学的，学是根据做的。”[②]第二，从行动中学习。儿童获得直接经验的途径是行动，从行动中学习，才会有最直接、最深刻的经验。第三，接知如接枝。儿童以自己的直接经验为基础，不断地去接受间接经验，接受新知识就如接枝，只要连贯地衔接就容易接受间接经验。第四，行动的过程。幼儿园课程实施过程中要判断行动是否有价值。有价值的行为需要有目的、有计划；需要实行；需要评价。第五，行动的动机。行动的动机和目的必须一致。第六，行动和科学精神。教师对儿童的行动和科学精神不应做过多干涉和解释，让儿童自己去观察、怀疑、思考、做假设，让儿童多接触周围的社会环境、生活环境，用各种感官去探索未知。

行为课程源于儿童的一日生活，以儿童行动为中心，但课程又是有目的、有计划、有组织的。为了使儿童的行为达到预期的目的，张雪门认为，教师不仅要在课程开展前做足准备，在课程实施中适时引导儿童，还要在课程实施后进行适当的评价。[③]

（三）课程评价与启示

1. 课程评价

行为课程以“生活”为课程基点，以“行为”为中心，通过“做学教合一”的手段，使儿童获得基本经验，从而为其进一步发展奠定坚实的基础。行为课程理论强调幼儿园课程应生活化、行动化、经验化、本土化，重视儿童的主体地位，立足时代、国情与本地特色，平衡儿童与社会的需求，其课程理念非常符合儿童的身心发展特点。

2. 启示

第一，幼儿园课程必须以儿童的生活为出发点。从生活中来，在生活中展开，在生活中结束。真正以儿童为中心，实现儿童的主体地位。课程内容取材于生活，课程在生活中展开，课程是整体的。

第二，“做学教合一”贯穿于幼儿园课程。“做学教合一”是建立在行为中心的基础上的具体的教学手段，阐明了行为课程中教师与儿童的关系。“做学教合一”需要教师的正确指导，在课程实施前做好知识、技术、作业程序分析、工具材料等的准备。在课程实施中，教师应该抛弃成见，用心观察儿童的行为，给予他们适当的指导。

---

① 王春燕，于冬青.张雪门与幼稚园行为课程[M].长春：东北师范大学出版社，2020：115.
② 戴自俺.张雪门幼儿教育文集：下卷[M].北京：北京少年儿童出版社，1994：1327.
③ 王春燕，于冬青.张雪门与幼稚园行为课程[M].长春：东北师范大学出版社，2020：144.

第二节 外国经典课程模式

一、蒙台梭利课程

（一）产生背景与理论基础

1.产生背景

蒙台梭利曾经在妇女和儿童医院工作，当她看到不幸的弱智儿童时深表同情，便利用业余时间从事智力缺陷儿童的神经与心理疾病的研究。1897—1898年，她作为旁听生学习了教育学的课程，研读了夸美纽斯、洛克、卢梭、裴斯泰洛齐和福禄贝尔等人的教育著作，从中汲取了许多教育思想。1898年9月，蒙台梭利发表了题为“精神教育”的演讲，提出对智力缺陷儿童的看法，强调智力缺陷儿童应当和正常儿童一样，享有受教育的权利。此后，蒙台梭利在国立特殊儿童学校工作了两年。1901年，蒙台梭利开始致力于正常儿童的教育，寻求把教育智力缺陷儿童的方法应用于正常儿童的可能性。1907年，她成立了第一所“儿童之家”，招收了50多名3~6岁的儿童。蒙台梭利在那里系统地进行了教育实验，制订了一套教材、教具和教法，创立了蒙台梭利课程体系。

2.理论基础

（1）儿童观

蒙台梭利认为儿童存在着与生俱来的“内在生命力”，强调儿童和成人之间的不同，不应以成人的标准来约束儿童，教育的责任就是激发和促进儿童内在潜力的发挥。儿童的发展具有阶段性，应让他们按照自身的规律自由地发展。我们应帮助儿童发展智力、精神和个性。

（2）教师观

蒙台梭利认为，教师首先应该是一个观察者，善于细致地观察儿童的发展状况和需求，给予儿童适时适量的引导。另外，教师的教育应该以儿童的身心发展规律为前提。蒙台梭利提出了儿童学习的敏感期：秩序敏感期（0~4岁）、感官敏感期（0~5岁）、语言敏感期（0~6岁）、动作敏感期（0~6岁）、细节敏感期（1.5~4岁）、社会规范敏感期

(2.5~6岁)、书写敏感期(3.5~4.5岁)、阅读敏感期(4.5~6岁)、文化敏感期(6~9岁)。教师的教育应该抓住儿童发展的敏感期。

(3)教学观

蒙台梭利认为她的教育方法是以自由为基础的教学法,一个孩子真正的自由不是做自己想做的事,而是选择做正确的事。但是儿童未被允许做任何他喜欢的事,他只能自由选择好的与有用的工作。[①]因此,蒙台梭利又强调,儿童要通过固定程序来使用工具。

(二)课程内容与实施

1.课程内容

蒙台梭利根据她所提出的教育理念,结合儿童的发展特点及实际,设计出了一系列推动儿童发展的课程。这些课程涵盖的方面比较全,主要包括社会性课程、健康课程、感官课程、数学课程和语言课程等。

(1)社会性课程

蒙台梭利的社会性课程以"社会内聚力"为核心发展儿童的社会性,强调儿童对社会性的内化,要求教师在自由且有序的环境中为儿童提供与社会交流的机会,使儿童实现从自然人到社会人的转变,发展他们的社会性素质,让他们更顺利地融入群体生活当中,拥有社会内聚力。儿童可以通过在日常生活中的实际体验,逐步获得自身的独立。

(2)健康课程

蒙台梭利认为健康的身体是儿童获得一切发展的前提,她主张自由的体育活动。其课程为训练身体各个部分的功能而设计了正规的练习,在日常生活教育中对儿童的活动进行规范,引导儿童进行一些肌肉练习,如做手工可以锻炼儿童的手眼协调能力和手部小肌肉。

(3)感官课程

感官课程是蒙台梭利课程的核心,也是其课程中最具特色的部分。蒙台梭利认为,儿童在不同的发展敏感期受环境的刺激而产生的感官经验是形成对事物认知的重要方式。蒙台梭利教育以感官教具为载体来开展感官教育,对五种感官(视觉、听觉、触觉、嗅觉和味觉)进行有针对性的刺激,使儿童感觉辨别能力不断提升。蒙台梭利感官教育的意图在于帮助儿童成为环境中敏锐的观察者,锻炼和促进儿童的感受能力,让儿童的各个感官都能得到相应的发展。

---

① 简楚瑛.学前教育课程模式[M].上海:华东师范大学出版社,2005.

(4)数学课程

蒙台梭利的数学教育以“生活皆数学”和“数学的心智”为理论基础，主要对儿童进行算术、代数和几何三个方面的教育。教育方法以感官教育为基础，幼儿在操作感官教具时不断积累经验，将数值化的量——数量，从具体事物中抽象出来，逐步形成数的概念；科学教育原理与具体操作方法相结合，以满足儿童学习数学的愿望、使其获得具体的数学感知经验为主要目的，给儿童将来学习与此相关的抽象的数学概念做好具体的经验准备；教具具有“错误订正”的功能，能够提高儿童学习数学的自主性，培养儿童细心、耐心、认真学习的习惯，提高儿童学习的自觉性和独立思考能力。

(5)语言课程

蒙台梭利认为，儿童与生俱来就具有吸收知识的自然能力——有吸收力的心智，能够主动地观察和吸收周围环境中的“营养”实现语言的发展。幼儿的听觉、口语、书写、阅读能力的发展存在着“爆发式成长期”，分别在2个月、2岁、4岁和5岁，教师应该抓住语言发展的敏感期为其提供各种支持。蒙台梭利的语言教育就其具体内容来说主要包括读和写两部分，前者指的是口头语言教育，后者指的是书面语言教育。蒙台梭利的语言教育让儿童在操作教具的过程中通过听觉练习、动作指令练习、口语练习、视觉差异练习等来发展书写、语言、阅读能力。

2.课程实施

蒙台梭利课程的实施以“儿童为中心”的思想作为指导，体现出以下特点：第一，让儿童自己做，也就是所谓的“不教的教育”；第二，把握儿童发展的敏感期；第三，教师扮演导师的角色；第四，完全人格的培养；第五，混龄教育；第六，丰富的教材与教具；等等。

(1)环境

为儿童提供“有准备的环境”是蒙台梭利教学活动的首要条件。环境作为一种“隐性课程”，对幼儿园活动的开展有着重要的影响。这个环境包括物质环境和精神环境。在物质环境上，蒙台梭利要求室内外的设施和用具适合儿童发展的需要，以使儿童在准备好的环境中充分发挥体力和智力。精神环境则主要指各种有价值的人类文化遗产。蒙台梭利课程的环境主要表现出自由、秩序、真实与自然的特点。

(2)工作

儿童的“工作”就是活动，是儿童在“有准备的环境”中那些身心协调、手脑结合的自由活动，是一种自由、自主、自动的活动，是满足儿童内在需要、儿童喜欢并乐在其中的活动。幼儿期的各种感官练习及日常生活技能练习等自发的活动都是“工作”。“工作”能促进儿童的生理和心理的发展；“工作”能培养儿童严肃、认真、专心及遵守纪律的行为习惯；“工作”可以促使儿童遵守秩序，形成纪律意识，同时也培养儿童良好的学习习惯和独立性。

（3）教具

蒙台梭利教具是蒙台梭利课程的核心元素，是蒙台梭利根据其教育原理设计的材料，是儿童活动的主要对象。作为系统的刺激物，蒙台梭利教具的目的是帮助儿童自我建构与精神发展，以引起自由反应和自我教育，使其专注。教具中的错误控制给孩子安全、无压力的感受，并含有由简单到困难的顺序。教具能满足儿童内在的发展需要，能够长时间地把儿童的注意力吸引在操作“工作”中。这些教具在方法论上是有计划的、标准化的，可供儿童随意挑选。教具不是教师教学的媒介，而是儿童的工作材料。

（4）教师

教师从根本上改变了传统教师的角色，遵循儿童发展的规律，以启发和诱导为手段，帮助儿童发展，让儿童乐于自由、主动地去动脑筋，使儿童的智力和体能不断地增长。在儿童的自由活动中对儿童的“工作”表现进行观察和研究，并对儿童发出的信息做出及时的反馈，肯定儿童的“工作”，同时激励儿童继续“工作”的兴趣与信心。教师在教学活动中扮演观察者、引导者、协调者和沟通者的角色。

（三）课程评价与启示

1.课程评价

蒙台梭利教育被称为“世界上最好的教育思想”和“世界上一流的幼儿教育”。蒙台梭利强调，幼儿教育的原则首先是儿童应该在自由、独立、有序的条件下成长，教师应该为幼儿提供“有准备的环境”和适宜的工作材料，抓住儿童发展的敏感期，给予儿童及时的指导。蒙台梭利强调对儿童的爱、信任和尊重。这些重要的幼教思想对世界各国幼儿教育的改革和发展产生了重要影响。但是在认可蒙台梭利教育法积极科学的方面的同时，我们也要清楚地认识到蒙台梭利教育法也有其局限性。蒙台梭利教育具有一定的时代性和区域性，就课程本身来说，它关注儿童的心智成长，对儿童的主动参与度要求较高，感官训练过于机械，忽视了对儿童创造性的培养。

2.启示

作为一种世界性的课程流派，蒙台梭利课程有着独特的价值，但在推广的过程中，也需要改造，使之符合我国的实际情况。一方面，我们应关注蒙台梭利的教育理念，关注她如何深入地了解儿童，探知儿童的秘密，支持儿童的学习和发展，以及如何让儿童在自由和认真的工作中实现自我；另一方面，我们不能照搬照抄，要从课程接受、学习、理解的内部角度来构建一套新的课程体系，要从课程目标的生成、课程内容的确定来构建适合我国幼儿发展的课程体系。

二、高瞻课程

高瞻课程是20世纪60年代由美国儿童心理学家韦卡特和他的同事创立的学前教育课程模式。高瞻课程以皮亚杰的认知发展理论为基础，其直接观点是高度的热情和广泛的兴趣；其基本价值取向是帮助儿童学会主动学习；其课程内容是建立在高度逻辑性和科学性上的关键经验；其主要实施过程是“计划—工作—回顾”；其主要儿童评价工具为其自主研发的《儿童观察记录表》。

（一）产生背景与理论基础

1.产生背景

20世纪五六十年代，美国为了缩小贫富差距发起了教育机会均等运动。1964年，美国国会通过了《经济机会法》，要求在学前教育中兴起“开端计划”。该计划旨在补偿贫困儿童在接受早期教育方面的缺失。高瞻课程成为第一批被“开端计划”所采纳使用的学前教育方案，政府对此课程有资金的投入和政策的支持，这是高瞻课程发展和推广的难得契机。

2.理论基础

皮亚杰的认知发展理论为美国高瞻课程的发展确定了科学的方向，丰富了美国高瞻课程的内涵。皮亚杰提出的儿童发展阶段论、儿童中心论、互动的观点以及关于教师角色的认定对美国高瞻课程都有许多借鉴的价值。

美国高瞻课程模式要求教师以儿童的认知发展为依据，为儿童提供各个发展阶段所需的材料，适应每个年龄段儿童的发展状况。这一思想来源于皮亚杰的四阶段论。根据皮亚杰的理论，儿童的认知发展过程是有一定的顺序和规律的，每个阶段都涉及一定的技能和局限性。因此，使用高瞻课程模式的教师应知道何时该向孩子提供何种材料。

美国高瞻课程模式根据皮亚杰在《教育科学和儿童心理学》一书中的观点，强调学生的主动学习。皮亚杰承认直接指导教学是教育的一部分，他也强调教育方案应该引起儿童自身积极的参与和发现。

皮亚杰认为，在认知发展的过程中，儿童与环境的互动是必不可少的。虽然皮亚杰承认生理发展对认知的限制作用，但他更强调环境的作用。与环境的互动受到严重限制的儿童，根本不会有机会发展和重组他们的认知结构以获得成熟的思维方式。因此，高瞻课程模式倡导儿童的知识来自他们与各种思想的互动，来自他们对物体和事件的直接经验，同时也来自他们在逻辑思维中应用这些经验的过程。

皮亚杰认为，推动建构主义课程成功的一个重要因素是教师的角色。教师应是学生的支持者、合作者、引导者，教师应积极主动地和儿童共同探讨、设计活动，为儿童提供所需的材料，发散儿童的思维，以引导其自主解决问题。

（二）课程内容与实施

1.课程内容

美国学前教育高瞻课程以关键发展性指标为课程内容，强调儿童在与他人、周围环境和操作材料的互动过程中获得关键发展经验。在“关键发展性指标”这一术语中，“关键”指这些经验是儿童应该学习和了解的有意义的观点；“发展性”指儿童的学习是一个循序渐进的、不断发展的过程；“指标”用来强调教育者需要证据来证实儿童正在学习和发展那些被认为是为入学或人生做准备的知识和技能。[①]关键发展性指标并不是一系列特定的话题或学习对象，而是儿童在适当的时机反复使用的基本概念和技能，是儿童在与材料、人、想法和事件互动中所获得的知识。适用于学龄前儿童的高瞻课程内容分为学习方法、社交和情绪发展、身体发展和健康、语言交流和读写能力、数学、艺术创造、科学与技术以及社交能力学习等八大领域，共计58条关键发展性指标。

2.课程实施

（1）设置一日活动流程

美国学前教育高瞻课程为儿童的主动学习创设了连续且具有灵活性的一日活动流程。该课程一日活动安排有半日和整日之分。一日活动一般由问候时间、小组活动时间、大组活动时间、户外活动时间等活动环节组成，非常注重儿童主动学习与共享控制的发展。其中部分活动环节的顺序可根据时间和课程设置结构灵活调整，但“计划—工作—回顾”的顺序不能颠倒，它是高瞻课程一日活动流程中最核心的环节，强调儿童自己计划、实施一日活动。

（2）创设学习环境

美国学前教育高瞻课程认为，儿童的主动学习不会自然发生，关键是创设激发儿

① 安·S.爱泼斯坦.学前教育中的主动学习精要——认识高宽课程模式[M].霍力岩，郭珺，等译.北京：教育科学出版社，2012：18.

童自由探索、主动学习的环境。能激发儿童主动学习的环境应包含五个方面的要素：第一，选择。儿童能自由选择操作材料和活动，能自由决定玩什么、在哪里玩以及和谁一起玩。第二，材料。儿童可以运用各种方式使用大量适合其年龄段的、易取得的丰富材料，以便其在直接操作材料的过程中学习。第三，操控。儿童有机会探索、操控、组合或改造所选材料。第四，儿童语言和思维。学前期是儿童语言发展的关键时期，语言作为人类思维的工具，其发展必然有利于儿童思维的发展。第五，来自成人的支持。成人支持儿童现有思维水平，并提出挑战使其进入新阶段。

(3)转变教师角色

美国学前教育高瞻课程中，教师是儿童发展的支持者，他们的主要目标是鼓励儿童主动学习。教师不仅要积极主动地参与，还要观察和反思儿童的行为，他们是有意识的参与者和观察者。他们要努力识别每个儿童的特殊兴趣和能力，为儿童提供适当的支持和挑战以发挥他们的最大潜能。美国学前教育高瞻课程中，教师主要通过以下四个方面对儿童提供支持：其一，教师为儿童提供各种各样的材料；其二，教师为儿童提供使用材料的空间和时间；其三，教师要寻找儿童的意愿；其四，教师要倾听并鼓励儿童的想法。教师和儿童在这种关系下都是思想者和行动者而非传统意义上的主动传授者和被动接受者，教师是儿童的支持者和合作者，这种互惠的合作关系更能支持儿童的发展。

(三)课程评价与启示

1.课程评价

美国学前教育高瞻课程模式目前已被广泛应用于美国和其他国家的早期儿童教育中。美国学前教育高瞻课程把儿童视为主动学习者，他们会从自己计划、执行和回忆的活动中获得更多的知识。成人在学习环境中设置兴趣领域，保证一日活动的开展，使儿童计划和执行自己的活动。教师参与儿童的活动，并帮助儿童反思整个活动过程，观察儿童的活动并积极与儿童对话。美国学前教育高瞻课程把儿童放在第一位，重视他们的兴趣爱好，提倡活动教学，改变了传统的教师观，教师的角色获得了重新定义，这些变化都是与当时美国社会文化发展相适应的，顺应了历史发展的潮流。

2.启示

(1)加大学前教育财政投入和政策支持

美国政府高度重视本国学前教育的发展，逐年加大对学前教育的财政投入力度，并设立大型的学前教育资助项目，高瞻佩里学前教育项目就是美国政府发起的“开端计划”所资助的学前教育计划之一。我国学前教育事业长期以来面临经费不足、资源结构性短缺、资源配置不均和政策支持薄弱等问题。因此，我国不仅要加大对学前教育的财政投入，而且要研究与制定适宜的学前教育财政投入政策。

（2）尊重儿童学习的主体地位

美国学前教育高瞻课程的核心和精髓是重点突出强调儿童的主动学习。儿童的最佳学习方式不是依靠教师直接灌输知识和经验，而是教师向儿童提供大量丰富的材料供其操作，让儿童在与周围环境积极互动的过程中来建构自身的知识和经验。因此，我们应该让儿童掌握学习的主动权，让儿童根据自己的兴趣和需要探索学习环境，为儿童提供各种自我选择的机会以便其主动地去探索、去学习。

（3）建立系统化儿童发展评价体系

课程评价是美国学前教育高瞻课程极具特色且富有影响力的重要组成部分。对儿童的发展评价主要采用持续客观地观察儿童、收集信息建立儿童档案袋、用逸事记录收集儿童信息、依据逸事记录为儿童行为打分的方式进行真实性评价。高瞻课程基于儿童关键发展性指标研制了《儿童观察记录表》等评价工具；对于课程实施的评价，高瞻教育研究基金会开发了《学前项目质量评价量表》。我国也应该致力于学前教育课程评价标准和科学评价体系的建设，借鉴美国学前教育高瞻课程评价体系的有益经验，基于我国的具体国情，构建具有中国特色的学前教育课程评价体系。

三、瑞吉欧课程

瑞吉欧·艾米莉亚是位于意大利北部的一个小城，其市民具有强烈的民主参与意识和公共社区观念，全民参与早期儿童的教育，教师、家长、市民相互尊重是这个城市独特的文化和精神内涵。为满足0~6岁儿童入小学前的教育和保育需求，政府宏观扶助和管理婴幼儿中心和幼儿园，提供面向儿童的公共学前教育服务。以罗里斯·马拉古齐为首的瑞吉欧市立学前教育机构工作者不懈地探索和积极地革新，形成了风靡全球的瑞吉欧教育模式，并成为世界范围内早期儿童教育优质品牌的标志，成为世界各国幼教工作者学习的典范。

（一）产生背景与理论基础

1.产生背景

“二战”以后，意大利政府为了重建社会，教育受到了极大的重视。妇女运动和工人运动此起彼伏，他们为争取自己的权益而斗争；意大利政府颁布了第444号法令，为学前教育的发展奠定了法律基础；在社会团体的共同努力下，社会上成立了众多的教育组织机构；罗里斯·马拉古齐决定通过教育改变人们的生活，为社区的儿童和家庭创造美好未来。民主合作的社会氛围和社会各界力量的联合，保证了瑞吉欧教育模式得以形成和发展。

2. 理论基础

（1）以欧美为主流的进步主义教育思想

瑞吉欧教育体系的创始人罗里斯·马拉古齐受欧美进步主义教育思想影响较深。进步主义代表人杜威主张教育要以儿童为中心，要尊重儿童的各种能力、兴趣和经验，强调“做中学”，倡导儿童在做中掌握知识和经验，把知识融入儿童的日常生活。因此，方案教学便是瑞吉欧教育的一项重要举措。

（2）皮亚杰、维果斯基的建构心理学理论

皮亚杰向世人呈现了儿童内在逻辑的发展原则，知识来源于主客体的相互作用，儿童可以在与周围环境的相互作用中主动建构起对外部世界的认识。在瑞吉欧，儿童可以将创造力当成一种工具去质疑、要求，甚至超越意义既有的图示，将创造力作为自我进步的工具。

维果斯基的最近发展区理论指出，儿童发展有两种水平：一种是儿童已经达到的发展水平，另一种是儿童可能达到的发展水平。教育只有在最近发展区中进行，才能促进儿童的发展。瑞吉欧的教育工作者就是在儿童主动学习的过程中，根据方案适当地增加难度，引导儿童不断探索和解决问题。

（二）课程内容与实施

1. 课程内容

瑞吉欧方案教学的课程内容来源从主体来说，大致可以分为两个方面：一是儿童主动发起的，或是儿童的兴趣所在，或是儿童观察到的事物，或是环境的变化（包括时间和空间的变化），或是环境中的人物，或是意外发生的事情；二是由教师引导与提出的问题，或是准备的教材，或是共同生活中的事情，或是社会、社区、学校及家庭倡导的价值观念，或是法律法规规定的教学目标。

总的来说，瑞吉欧教育的课程内容并没有明确的规定，课程内容来源于生活，来源于周围的环境，没有事先准备好的固定教材，经常是选择儿童或者教师感兴趣的现象或者问题，因此，课程内容来源广泛，以儿童的兴趣为出发点，让儿童在轻松、快乐的氛围中发现和学习。瑞吉欧教育注重培养儿童的探索能力，发展儿童各方面的能力。儿童的知识并不是成年人强加的，而是通过现实的体验所形成的。瑞吉欧的教育工作者会为孩子们提供创意的空间、创意的时间、创意的资源、创意的指导来培养儿童的创造力。

2.课程实施

(1)方案教学

瑞吉欧课程主要是以方案教学的方式展开的。对方案教学的描述性解释是:“方案是一个或一群孩子针对某个主题所做的深入研究。”①从“教”的角度而言,方案教学特别要求教师以合乎人性的方式,鼓励儿童去和环境中的人、事、物产生有意义的互动;从“学”的观点来看,方案教学强调儿童要主动参与他们的研究方案。②在课程实施初始,教师会根据学生的年龄特点和教学总体目标的规定,设置一个基本框架,并根据学生的表现情况来引导教学开展。在课程实施过程中,教师和学生需要互相配合、互相协商。

瑞吉欧方案教学主要有三个步骤:第一步,方案的发起及准备阶段。方案教学的发生,并没有一个固定的模式,有的是幼儿根据自身的兴趣经验所提出的,有的是来自教师的提议,有的是教师和儿童共同协商的结果。方案教学的主题是根据儿童的需求和兴趣所定的,符合儿童的身心发展特点。第二步,方案的进行与发展阶段。这一阶段主要是验证自己的假设,孩子们通过自身的实践去寻找解决问题的办法,获取新的知识,构建新的理论框架。教师也要积极参与到讨论中去,不断激发孩子们的潜力,并提供一定的帮助。第三步,活动的反思及评价阶段。活动的反思既包括孩子们的反思,也包括教师的反思。活动的反思形式可以是多种多样的。反思的实质是给孩子们一个机会来展示自己获得的新技能,为孩子们提供一个相互交流、相互学习的机会。

瑞吉欧方案教学在儿童的兴趣与需要的基础上,实行弹性课程。在课程实施过程中,儿童通过小组合作的形式,提出问题,进行探索,解决问题,获取知识。瑞吉欧方案教学强调互动,这种互动主要存在于发展与学习之间,环境和儿童之间,家庭、社区和教师之间。“记录”是日常教学活动之一,瑞吉欧方案教学强调意义和经验的分享。

(2)小组合作学习

瑞吉欧教育的一个主要特色就是广泛采用小组合作学习这种教学组织形式。瑞吉欧幼儿教师强调知识是与他人共同建构而成的,儿童需要置身于广阔的社会文化环境中,在与同伴、成人和周围的社会文化环境等的互动中获得知识,最终得到发展。

小组合作学习的目标是在小组成员中建立共同体;小组合作学习的内容涵盖认知、情感和审美等方面;小组合作学习的组织遵循儿童自主选择和教师引导相结合的原则;小组合作学习的评估以记录小组合作学习过程为主要评估工具,小组成员个体

---

① 屠美如.向瑞吉欧学什么——《儿童的一百种语言》解读[M].北京:教育科学出版社,2002:9.

② 钱慧.“方案教学”——儿童探索和探索儿童的方案[J].早期教育,2005(8).

的发展和小组总体的发展并重。在小组合作学习中,儿童既能挑战自己的能力,变化学习节奏,操作各种实物材料,掌握相关知识,同时也获得了与同伴、教师及其他人充分交流、讨论、合作和分享经验的机会,确保了认知、情感和社会交往等方面能力的全面协调发展。

(三)课程评价与启示

1.课程评价

瑞吉欧学校自1991年被美国《新闻周刊》评为“全世界最好的10所学校”之一[①]以来,逐步引起全世界幼儿教育工作者的高度关注。瑞吉欧课程模式立足于意大利本土的教育实践基础,广泛吸取先进的教育学、心理学理论,既有理论的支撑,又具有较强的操作性。瑞吉欧课程实行民主管理、合作互助、方案教学、小组合作学习等,很好地解决了儿童自身发展和适应社会需求这一两难问题,有助于将儿童培养成有个性的、有合作意识的、有创造性和探索精神的“完整的人”。

2.启示

意大利的丽贝卡·纽曾说:瑞吉欧的独一无二,跟意大利葡萄酒和奶酪的独一无二是异曲同工的……意大利的其他城市不会试图去复制瑞吉欧的幼儿园。[②]那么,我们究竟能从瑞吉欧课程模式中学到什么?

首先,以儿童为中心,尊重儿童兴趣,实施生成课程。儿童是积极主动的学习者,能够在与周围环境的相互作用过程中主动建构自己的知识、经验。[③]“儿童的一百种语言”是指儿童有权利而且也有能力运用除口头、文字语言外的诸多方式,如动作、绘画、建筑、泥塑、皮影等,用各种材料去认识周围的世界,表达自己的思想、情感等。[④]因此,我国幼儿园课程的建设,应该尊重幼儿的兴趣,以幼儿的直接经验为基础,营造宽松的学习氛围,实施生成性课程。

其次,转变教师角色,学会观察记录,提升研究能力。我国的幼儿园教育中,教师仍然占据主体地位,活动的设计往往是教师基于以往经验和相关专业知识进行的,活动过程中教师往往采取专制的态度,忽视幼儿的兴趣和师幼平等的话语权。在瑞吉欧课程模式中,教师是幼儿活动的参与者、观察者、记录者、引导者。我国的幼儿教育改革,应该注重教师角色的转变,鼓励教师以研究者的角色进入幼儿的活动。

---

① 杨艳芳.意大利“瑞吉欧”小组合作学习方式研究[D].成都:四川师范大学,2009.
② 朱家雄.向瑞吉欧学习什么——对我国幼儿园课程改革的反思之四[J].幼儿教育,2007(4).
③ 杨溢.瑞吉欧课程模式视角下我国幼儿教育改革启示[J].钦州学院学报,2015(7).
④ 王彤音.方案教学课程理念在中国——从瑞吉欧方案教学看我国幼儿教育改革[J].新课程研究,2012(8).

最后，整合教育资源，加强政府干预，促进家长参与。瑞吉欧人民主参与、合作的优良传统有利于瑞吉欧幼儿园整合教育资源，开展社区、家庭、幼儿园三方合作。在我国的幼儿教育改革中，要改变传统的旧观念，提高各个教育主体民主参与、相互合作的意识。一方面，政府要加强干预，增设公立幼儿园，增加对幼教事业的财政投入；提供相关福利政策，便于家长参与幼儿教育。另一方面，幼儿园要主动出击，整合社区和家庭中的教育资源，加强与家庭、社区之间的合作。

四、华德福幼儿园课程

华德福教育起源于1919年的德国，创始人鲁道夫·史代纳根据人智学理论为他的香烟工厂的工人子弟创办了一所学校，并命名为自由华德福学校。华德福教育体系包括幼儿教育、一至八年级以及高中教育三个阶段，以身心健康、和谐发展为原则，强调以人为本的教育。1926年，第一所华德福幼儿园在自由华德福学校内建立。华德福幼儿教育主张为幼儿提供温暖、安全和充满爱的环境，带领幼儿参与艺术性的活动，鼓励幼儿进行自主游戏。其课程反对幼儿学习智性的知识，强调在亲近自然、接触自然中培养幼儿的学习兴趣，使其掌握基本生存技能；为幼儿提供充足的自由空间和艺术化的活动，引导其选择自己感兴趣的活动，在活动中保护幼儿的想象力和创造力，使其达到身心和谐发展。

（一）产生背景与理论基础

1. 产生背景

20世纪初的欧洲，由于经济、政治的变动，教育改革以改革传统学校为诉求，以民主自由教育及个性发展为目标，教育新运动在各地活跃起来。在此背景下，德国独特而深厚的教育改革传统和教育自由思想，为华德福教育的诞生提供了得天独厚的土壤。另外，华德福教育创始人鲁道夫·史代纳在近代欧洲的文化领域里是一个相当重要的人物，是20世纪初期一位具有独立精神的哲学家、科学家、教育家，他深受歌德自然哲学、达尔文的进化论和尼采生命哲学的影响，并据此提出了华德福教育理念。

2. 理论基础

鲁道夫·史代纳以哲学、人类学、发展心理学及生理学为基础创立的人智学，提醒人们不要被眼睛所见的外在物质世界所迷惑，而应当去追求心灵及精神层面的世界。华德福教育思想就是以人智学为基础发展起来的，强调身、心、灵合一，帮助柔弱无助的幼儿成长为一个独立而完整的“自由人”。这整个形塑的过程，都需要通过艺术化活动的体验，帮助孩童深入探索各个学习领域。

（1）身、心、灵三位一体生命结构理论

人智学理论认为，人存在三种方式，即身体、心灵和精神，并以这三种方式与世界发生联系。人通过身体与环境接触，通过心灵把印象保存在心里，通过精神认识事物的本质。7岁之前，儿童的知觉器官发展处在关键时期，此时要特别注意其知觉器官的发展，以便儿童获得健康的身体、心灵和精神。若这个阶段儿童的知觉器官发展异常，则会造成今后儿童发展的困扰。

（2）四位一体的人类本质理论

人智学四位一体的人类本质理论，包含物质体、生命体、感知体和自我体。人类的物质体会毁坏腐朽，其物质体寿命的长短与品质的良莠，是仰赖于人是否爱护与保养。生命体的初生代表幼儿思想能力的诞生，其工作由器官的建造转为思想的能量。感知体是感知情感、知觉的作用体，其存在形式为痛苦、快乐、冲动、向往、热情等。自我体是人类高阶的心灵工具，人的自我成长很慢，心灵与灵性愈成长，人愈能成为自己的统治者。深入了解人发展的重要元素，可以了解人不同的发展阶段，进而知道如何观察人、帮助人和教育人。[①]

（3）成长分期三阶段理论

在人智学看来，人类有三次诞生，分别是出生、换牙和青春期。与此对应，人类有三个发展阶段：出生到换牙期前（0~7岁）、换牙期到青春期（7~14岁）和青春期到青年期（14~21岁）。本书主要介绍出生到换牙期前（0~7岁）这一阶段。在这个阶段，儿童内部器官被塑造为确定的形状，以后的发展是以第一阶段为基础的。教育者必须提供合适的教育环境，只有在合适的环境里，儿童的身体器官才能形成最好的状态来促进其身、心、灵的发展。

（二）课程内容与实施

1.课程内容

华德福幼儿园课程看重一天的规律和四季的循环，在内容的设置上强调原始性和自然性，特别强调幼儿与自然、社会、自己的关系。鲁道夫·史代纳对教师在课程内容的设定上没有提出过多的要求和规定，而是让他们在他提出的指导性意见的基础上自行制定教学大纲。[②]在此基础上，华德福幼儿园的教师自己设定幼儿园课程大纲。按照幼儿活动的主要形式，课程的内容主要包括故事、歌唱、游戏、手工以及特色课程等。

① 郭景云.华德福幼儿教育思想及对我国早期教育的启示[D].石家庄：河北师范大学，2012.

② 鲁道夫·斯坦纳.斯坦纳给教师的实践建议[M].温鹏，译.贵阳：贵州教育出版社，2013：10.

(1)故事

华德福幼儿园的教师会依据季节和节日选择故事的主题,故事的选择以古老而温暖的童话故事或者寓言故事为主,让幼儿通过故事看见善良、勇敢的行为。教师要将故事记熟,然后用平常的语气讲述出来,让幼儿发挥自我的想象力和创造力。

(2)歌唱

华德福幼儿园非常重视音乐的力量,音乐活动贯穿于幼儿一日的各个活动之中。华德福幼儿园的歌曲包括过渡环节歌曲、间点及两餐前的感恩歌、离园前的再见歌、幼儿自由游戏时的歌曲等。歌曲是由教师带领幼儿演唱的,歌声中饱含着教师爱的情感,幼儿在聆听教师歌唱的同时体会音乐的魅力。

(3)游戏

华德福幼儿园没有固定的课程和知识要求,教师不会因为教学的原因来组织幼儿一起做华德福玩具游戏。自由游戏时间,幼儿可以选择在室内过家家、翻阅图画书,也可以在室外荡秋千、滚原木、玩沙子,甚至爬上院子里那棵桂花树。华德福幼儿教育认为幼儿是完全感官体,强调幼儿的自主模仿,尊重幼儿的意志。①

(4)手工

手工艺术也是华德福幼儿园课程的主要内容,幼儿模仿成人雕刻木马、缝制简易娃娃、用蜂蜡黏土捏塑各种动物形象等。在手工活动中,幼儿的意志通过指尖作用于活动对象。在这个过程中,幼儿能感受到意志力的影响和感情在艺术创造中的作用。

(5)特色课程

①晨圈

晨圈又被称为“优律诗美”,也译为“美丽的旋律”,是鲁道夫·史代纳首创的运动艺术,是运用一套完整的肢体动作表达音乐与语言之美的舞蹈艺术。晨圈将语言中的发音、音乐中的音阶、大自然中的动植物形象及童谣中的人物想象,用特定的身体动作表现出来。

②布偶戏

布偶戏是华德福幼儿园特有的教育活动。布偶戏所用的道具都是纯天然的材料,如木块、贝壳、树枝等。布偶戏所用的布偶娃娃和小动物都是教师亲手缝制的。布偶娃娃脸上没有五官和表情,给幼儿的想象提供了空间。布偶戏的内容也是根据季节的变化来安排的。布偶戏一般每月进行两次。

③蜡块画

蜡块画采用的工具是由纯蜂蜡加入各色蔬菜汁制成的蜡块画笔。这种蜡块画笔

---

① 王雪梅.华德福幼儿课程的研究[D].武汉:华中师范大学,2012.

与普通蜡笔的不同之处在于：蜡块的形状是四方形的，幼儿可以用它进行平面涂色，体验色彩而非线条。蜡块画在幼儿每天的自由活动中灵活进行，教师不会刻意去教幼儿画什么，而是鼓励幼儿充满想象地将整张画纸画满，体验充盈的感觉。

2.课程实施

华德福幼儿园课程主要采用整段式的主题活动课程，即课程具有横向发散性，从多个领域对某一主题进行发散和扩展，形成一个大的网状结构，课程就围绕这一主题来进行。①一个主题一般持续四到六周，其他子活动也主要围绕这个大主题来开展，课程的实施需要保证课程内容的完整性和系统性。

(1)节奏化的课程安排

在华德福幼儿园，幼儿的学习生活非常有节奏，一松一弛，一呼一吸，都有着明确的安排。每日课程安排都是动静结合，有张有弛的，自由游戏时间、早餐时间、童话故事时间、户外活动时间交互进行。一周生活也是富有节奏的，每天幼儿都知道自己应该做什么。一年生活的节奏与季节和节日密不可分，随着四季的变化，故事、歌谣、歌曲也随之变化，传统节日让幼儿感受到生活的趣味。表3-1为美国列克星敦华德福幼儿园一日的具体活动设计。

表3-1　美国列克星敦华德福幼儿园一日节奏

有目的的任务	准备点心、园艺、整理房间、简单手工
晨圈	音乐伴随下的身体运动
讲故事	增强幼儿的倾听能力
手指游戏和押韵的语言游戏	发展幼儿的大动作和精细动作，锻炼幼儿的手眼配合能力，培养幼儿对语言的兴趣
季节性的节日与庆典	激发幼儿与生俱来的好奇心
户外活动	在树林里、草地上进行爬、跑、跳等身体运动
充满想象力的活动	锻炼幼儿的内在活力和社会交往能力

(2)艺术化的课程实践

鲁道夫·史代纳认为教育是一门艺术，华德福幼儿园课程通过艺术化的教学方式，不仅直接丰富幼儿的精神生活，培养幼儿健康的心理和生活理念，使幼儿的心灵得到滋养，而且让幼儿在艺术中进行创造，体会人生的使命和价值。艺术化教学并不单纯重视音乐、美术等艺术形式的训练，而是幼儿生活的艺术、发展的艺术。在华德福幼儿园中，艺术化教学体现得淋漓尽致，华德福幼儿园中的教师认为，艺术活动给予幼儿发

① 薛燕.大主题式生活课程——华德福课程观及其启示[J].内蒙古师范大学学报，2011(12).

挥想象力的机会，有利于幼儿智力的发展。

华德福幼儿园充分利用时间、声音和运动的韵律来促进幼儿的成长，每日、每周、每年的课程活动非常规律，像乐曲的节奏一样不轻易改变。另外，华德福幼儿园的教师认为，艺术化的环境有着深刻的教育作用，墙上的装饰、建筑的色彩、花园里的植物、教师的动作等，都应当按照审美的标准来安排。华德福幼儿园不是带有说教意味的、缩小的成人世界，而是一个激发幼儿艺术创造力的童年乐园。

（三）课程评价与启示

1.课程评价

华德福幼儿园课程根据幼儿不同阶段的发展特点，对幼儿的身、心、灵、精神进行整体平衡教育，并结合幼儿与生俱来的智慧和独特的个性本质，对其进行深层意识教育，最终使其成为具有超越物质、欲望和情感的洞察力与判断力，具有独立思考能力，实现自我，心灵自由的人。华德福幼儿园课程除了顺应幼儿发展，以艺术为中心，以游戏为基本活动，以自然为依托开展教育外，还具有外部的优势，如家长的认同和鼓励、教师的选聘和培训、非营利的组织性质等。正是这些优势推动了华德福幼儿园课程在世界的发展和流行。

2.启示

华德福幼儿教育注重幼儿身、心、灵整体发展，倡导尊重幼儿的独立人格，保护幼儿的天性，尊重不同文化和个体，注重幼儿的个性化发展，让幼儿成为幼儿，因此，有学者将华德福教育称为“教育的桃花源”。那么，华德福幼儿园课程作为一种世界经典幼儿园课程模式，我们能够从中学到些什么？

（1）教育回归自然

华德福幼儿园的幼儿拥有充足的活动时间和空间，教师井井有条地安排一日活动，有条不紊地为幼儿准备丰富的活动材料，并根据幼儿和季节的特点设计活动内容。通过利用环境的育人作用，以及贴近自然和生活的室内外环境设置，华德福幼儿教育实现了回归自然、回归生活、回归纯真童年世界的美好愿景。这种自然、高效，符合幼儿年龄特点的教育，是值得我国传统幼儿园学习和借鉴的。

（2）尊重幼儿的主体地位

华德福幼儿园课程对自由游戏的鼓励，对教师榜样作用的强调，对幼儿生活规律与重复的解读，对幼儿主动参与的重视，都为我们设计真正促进幼儿全面发展的活动提供了参考。当然，华德福幼儿园课程设计中也有一些偏激的做法，如对知识技能的完全排斥、对教师引导的否定等，是值得人们警醒的。

(3)发挥教师的积极作用

华德福幼儿园课程实施中教师的角色是值得借鉴的。一方面,教师早已不是传统意义上的“教书匠”,他们不只是教学计划的执行者,更是教育管理的参与者,为幼儿的健康、快乐成长担负起责任;另一方面,教师从各种繁杂的任务中解脱出来,能自由支配空间和时间,从而能时刻关注和研究幼儿,并根据幼儿的年龄特点来选择适宜的活动内容。

学习研究

幼小衔接背景下幼儿园课程如何设置?

21世纪以来,经济合作与发展组织(中文简称为“经合组织”,英文简称为“OECD”)成员国高度关注幼小衔接问题。2017年6月,OECD出版了大规模比较调查报告《强势开端Ⅴ:幼小衔接》,比较清晰地阐述了OECD国家实施幼小衔接的重要举措。其中,幼儿园和小学在课程与教学方面的一致性是决定幼小衔接取得成功的关键因素,因为对于大多数儿童来说,课程内容和教学方式的不同是他们从幼儿园到小学过渡期间感到最有压力和挑战性的地方。OECD国家主要通过制定统一的课程和学习标准、改革幼小衔接课程等途径,确保两个阶段课程与教学的一致性。在课程方面,一些OECD国家通过研制和颁布同时适宜幼儿园和小学阶段的课程和学习框架,增强两个阶段之间教育的连续性,消除两个阶段之间教育的隔阂。如美国为促进幼儿园和小学的连续性,实施推进了“P-3”(幼儿园到小学三年级)政策,精心设计了统一的学习标准、课程规划和儿童发展评价方式。英国政府于2008年颁布并多次修订的《早期基础阶段法定框架》构建起0~5岁儿童学习和发展的领域及目标,统一政府框架的目的是为加强幼小衔接和幼儿顺利过渡到小学做准备。在斯洛文尼亚,幼儿园和小学教师同国家教育研究所和全国通识教育专家委员会合作,积极参与课程开发,目的是缩小幼儿园与小学教育之间的教学差异,使课程和教学能够统一起来。①

请同学们收集国外幼儿园幼小衔接的相关做法,了解当前幼儿园幼小衔接课程设置的相关资料,谈一谈我们国家在幼儿园课程设置方面应如何做好幼小衔接工作。

① 黄爽,祁继.OECD国家实施幼小衔接的经验与启示[J].人民教育,2019(23).

本章小结

本章梳理了国内外幼儿园经典课程模式的理念、内容、实施等。了解国内外经典幼儿园课程模式的理论研究与实践经验，对我国开展幼儿园课程改革具有重要的借鉴价值。

陈鹤琴的“五指活动课程”将幼儿园的活动分为相对独立但又具有整体性的五大类，有助于儿童的全面发展。张雪门的行为课程将“生活”作为课程基点，以“行为”为中心，通过“做学教合一”的手段，使儿童获得基本经验，从而为儿童的进一步发展奠定坚实的基础。这两种国内经典的幼儿园课程模式开始了中国幼儿园教育的本土化研究，形成了适合中国幼儿园发展的中国化的幼儿园课程思想。

意大利蒙台梭利课程模式强调对儿童的爱、信任和尊重，认为教师应该为儿童提供“有准备的环境”和适宜的工作材料，抓住儿童发展的敏感期，给予儿童及时的指导。美国学前教育高瞻课程把儿童视为主动学习者，重视儿童关键经验的获得，提倡活动教学、教师参与儿童的活动，并帮助儿童反思整个活动过程。瑞吉欧幼儿园课程模式，尊重儿童的学习兴趣和发展需要，在方案教学中实施课程内容，倡导民主参与、社区合作的幼儿教育。华德福幼儿园课程主张为儿童提供艺术性的活动，鼓励儿童进行自主游戏，在亲近自然的过程中培养儿童的学习兴趣和生存技能。这些重要的幼教思想对世界各国幼儿教育的改革和发展产生了重要影响。

思考与实训

1. 谈一谈张雪门行为课程对于纠正我国农村幼儿园“小学化”现象有何借鉴意义。

2. 阐述蒙台梭利课程和瑞吉欧课程的相同点与不同点。

3. 自选幼儿园教育活动设计实例，结合本章所学瑞吉欧课程实施的相关内容，谈谈如何开展相应的方案教学。

专题探讨

背景材料：福禄贝尔主张教育要适应儿童的发展，遵循儿童的本性，注重以儿童的自我活动为主，教师只为儿童提供条件而不干预儿童的活动，充分发挥儿童的主体性。福禄贝尔的幼儿园课程重视各种游戏，他认为“游戏是儿童发展的最高阶段，是人在这一阶段最纯洁、最神圣的活动”。福禄贝尔是教育史上第一个承认游戏的重要价值，系统地把游戏活动列入教育过程的教育家。而且在教育实践中,福禄贝尔一直重视对游戏的研究,他认为游戏是儿童认识世界的工具,所以研制出了一套供儿童使用的教学用品,称为"恩物",意为"上帝的恩赐"。"恩物"最大的价值在于:它是可以帮助儿童认识自然及其内在规律的重要工具。

福禄贝尔独特的幼儿教育思想对19世纪后半叶到20世纪初期的世界幼儿教育产生了广泛而深刻的影响,所以他被大家称为"幼儿教育之父"。

探讨:福禄贝尔的游戏理念在我国幼儿园课程游戏化改革中是如何践行的?

第四章

幼儿园课程目标

学习目标

● 了解幼儿园课程目标的内涵，明确幼儿园课程目标的来源；

● 了解幼儿园课程目标的体系与层次结构；

● 掌握幼儿园课程目标的取向及表述方法。

学习重难点

● 重点：掌握《幼儿园教育指导纲要(试行)》在幼儿园教育活动目标上的基本观点和要求。

● 难点：区分不同幼儿园课程目标取向的含义及特点，掌握幼儿园课程目标的表述方法及注意事项。

案例破冰

如何确定幼儿园教育活动目标？

周一早晨户外活动，幼儿被园子里五颜六色的花吸引，有的在指认花的颜色，红的、黄的、白的、紫的……有的在数花瓣的数量，三瓣的、五瓣的、六瓣的……有的在争论花的名称。他们发现有的花朵长得一样，但是颜色不一样；有的花朵有香味，有的花朵没有香味……户外活动的时间结束了，幼儿还一直在兴奋地谈论着……

小王老师灵机一动，设计了大班主题活动“美丽的花朵”，主题活动总目标为：

1.感知常见花朵的外形特征,了解不同种类花朵的生长特点。

2.通过观察、探究、动手操作的方式来探究花朵的秘密。

3.学习花朵的绘画方法,能够为自己喜欢的花朵涂色。

4.大胆表达对花儿的喜爱,萌发热爱大自然的情感。

其中一个子活动是“花儿的秘密”,其活动目标为:

1.知道常见花朵的名称,了解不同的花朵有不同的瓣数和香味。

2.学习观察、交流、探索常见花朵的特点,在记录中发展动手操作的能力。

3.萌发对大自然的探究欲望,热爱大自然。

那么,小王老师确定以上活动目标的依据是什么?主题活动总目标和子活动目标之间是怎样的关系?其表述方式有何不同?本章的学习将帮助你解答以上疑问。

第一节　幼儿园课程目标的内涵与来源

一、幼儿园课程目标的内涵

在教育系统中，教育目的、教育目标、课程目标、教学目标等组成一个具有内在联系的有机整体。从教育目的到教学目标，是一个从宏观到微观、从概括到具体的过程。

教育目的一般指教育的总体方向，它陈述的是要把受教育者培养成什么样的人，体现的是普遍的、终极的教育价值追求。它往往以教育方针的形式贯彻落实。教育方针是国家根据政治、经济和文化发展的要求，为实现教育目的所规定的教育工作总方向，是教育政策的总概括。例如，《中华人民共和国教育法》中对教育目的的规定是："教育必须为社会主义现代化建设服务、为人民服务，必须与生产劳动和社会实践相结合，培养德智体美劳全面发展的社会主义建设者和接班人。"

教育目标是教育目的的具体化，标示着教育活动的方向，是一切教育工作的出发点和归宿，是确定教育内容、选择教育方法、评价教育结果的重要依据。它体现的是不同性质的教育和不同阶段的教育的价值，如学前教育目标、基础教育目标、高等教育目标、职业教育目标等。《幼儿园工作规程》中明确规定，幼儿园教育的目标是："贯彻国家的教育方针，按照保育与教育相结合的原则，遵循幼儿身心发展特点和规律，实施德、智、体、美等方面全面发展的教育，促进幼儿身心和谐发展。"具体为："促进幼儿身体正常发育和机能的协调发展，增强体质，促进心理健康，培养良好的生活习惯、卫生习惯和参加体育活动的兴趣。发展幼儿智力，培养正确运用感官和运用语言交往的基本能力，增进对环境的认识，培养有益的兴趣和求知欲望，培养初步的动手探究能力。萌发幼儿爱祖国、爱家乡、爱集体、爱劳动、爱科学的情感，培养诚实、自信、友爱、勇敢、勤学、好问、爱护公物、克服困难、讲礼貌、守纪律等良好的品德行为和习惯，以及活泼开朗的性格。培养幼儿初步感受美和表现美的情趣和能力。"

课程目标是教育目标的下位概念，它是根据教育目的和教育规律而提出的课程的具体价值和任务指标。最早提出课程目标概念的是美国教育家博比特，他认为课程目标指的是"儿童需要掌握和形成的能力、态度、习惯、鉴赏和知识的形式"①。我国学者

① 高敬．幼儿园课程[M].杭州：浙江教育出版社，2010：122.

钟启泉认为,课程目标是在课程设计与开发过程中,课程本身要实现的具体要求,它是期望一定阶段的学生在发展品德、智力、体质、素养等方面所达到的程度。[①]总的来说,课程目标是一定学段的学校课程预先计划、力图最终达到的学生发展标准。

幼儿园课程目标是根据幼儿园教育目标,幼儿园课程力图促进幼儿身心发展所要达到的预计结果。首先,幼儿园课程面向的是3~6岁的幼儿,因此幼儿园课程目标必须符合这一年龄阶段儿童的发展规律和所能达到的发展水平;其次,幼儿园课程目标要指向幼儿全面的、身心和谐的发展;最后,幼儿园课程目标要符合社会和时代发展的要求。《3-6岁儿童学习与发展指南》中指出,课程目标的核心是为幼儿后继学习和终身发展奠定良好素质基础,促进幼儿在体、智、德、美各方面的全面协调发展。这一核心目标是全国各级各类幼儿园的各种课程所必须遵守并要努力实现的。[②]

教学目标是指某一具体的教育活动所要达到的结果,或所引起的幼儿行为的变化,是一种具有操作性的目标。只有将教育目标和课程目标转化为具体的教学目标,才能贯彻到具体的教育过程中,才能落实到幼儿的发展上。[③]

二、幼儿园课程目标的来源

课程目标的确立需要考虑各种依据。目前,教育界对课程目标的来源与依据已基本达成共识,比较认同的是泰勒的观点,即学习者的需要、当代社会生活的需求、学科的发展是课程目标的三个主要来源。幼儿园课程目标的来源与依据主要是:幼儿的需要、社会生活的需求,以及学科知识的发展。在课程开发过程中对此三个来源的不同偏重,衍生出“儿童本位”“社会本位”和“学科本位”三种课程观。

(一)幼儿的需要

幼儿园课程的基本职能之一是促进幼儿身心和谐发展,因此,幼儿园课程目标的确定要研究幼儿身心发展规律,尤其要关注幼儿的发展需要。研究幼儿的发展需要,必须认识幼儿的“现实发展”与“理想发展”的水平及其之间的差距,即最近发展区。幼儿的现实发展可以通过实际观察幼儿的身体动作、认知、情感及社会性等方面的表现来分析得出;幼儿的理想发展可以从学习儿童发展心理学的知识中获得。现实发展与理想发展做比较便可明确幼儿的发展现状、潜力与发展前景,判断一定阶段幼儿可能达到的发展水平及个别差异,发现教育上的需要,从而得出哪些目标是适宜的、哪些目

① 韩和鸣.课程目标问题探讨[J].教育理论与实践,2006(1).
② 袁爱玲.幼儿园课程[M].北京:北京师范大学出版社,2015:110.
③ 胡娟.幼儿园课程概论[M].上海:复旦大学出版社,2015:37.

标是不适宜的。[①]

经典实验

双生子爬梯实验

美国心理学家格塞尔曾经做过一个著名的实验：被试者是一对出生46周的同卵双生子A和B。格塞尔先让A每天进行爬梯子训练，6周后，也就是第52周，A爬5级梯只需26秒。而在第53周时，没有经过任何训练的B，爬梯还需要45秒。格塞尔再对B连续进行两周爬梯训练，到第55周，B爬上5级梯只需要10秒。尽管A比B早训练了7周，训练时间也是B的3倍，但是在56周和3岁时，格塞尔发现，A和B的爬梯成绩惊人的相似。

这个实验给我们的启示是：教育要尊重孩子的实际水平，在孩子尚未成熟之前，要耐心等待，不要违背孩子发展的自然规律，不要违背孩子发展的内在“时间表”，人为地通过训练加速孩子的发展。

（二）社会生活的需求

幼儿不仅生活在幼儿园之中，还生活在社会之中，幼儿的成长过程是一个不断社会化的过程。幼儿园课程的基本职能之一是让幼儿在度过快乐而有意义的童年的同时，为积极适应未来的社会生活做准备。因此，幼儿园课程目标的确定，必须关注社会对幼儿成长的期望和需求。当代社会生活的需求包括两个维度：一是时间维度，指社会生活的现实需求以及社会生活的未来需求；二是空间维度，指从幼儿所在的社区到一个民族、一个国家乃至整个人类的发展需求。根据当代社会生活需求确立幼儿园课程目标时，至少要遵循三条原则：第一，民主性原则。在大众主义时代，幼儿园课程目标应体现社会民主和社会公平的原则。第二，教育先行原则。教育不仅要适应当下的社会需求，而且要超越当下的社会现实，走在社会发展的前面，预示新的社会状态。因此，幼儿园课程目标不仅要反映当前社会的需求，而且要着眼于反映社会的未来发展趋势。第三，民族性与国际性统一的原则。在全球化时代，幼儿园课程目标应具有国际视野，把本社区、本民族、本国家的需求与整个人类的需求统一起来。[②]

---

① 冯晓霞.幼儿园课程[M].北京：北京师范大学出版社，2001：27.

② 靳玉乐.课程论[M].北京：人民教育出版社，2015：181.

(三)学科知识的发展

幼儿园课程的一个重要职能是传递社会文化,使幼儿从一个自然人发展为掌握一定知识经验的社会人。学科知识是社会文化的集中体现,是课程不可或缺的重要内容,因此,在确定幼儿园课程目标时,理应对学科知识进行研究。学科知识既具有其学科本身的特殊功能,也具有一般的教育功能。由于幼儿园课程的对象主要为3~6岁的幼儿,其身心发展特点及幼儿园教育的性质,共同决定了幼儿园课程侧重的是学科知识对学习者一般发展的价值。也就是说,以学科知识发展为依据的幼儿园课程目标,注重的是学科知识与幼儿身心发展的关系,关注学科知识对幼儿的一般发展价值和长远影响,而非专门的学术特殊价值。例如,《3-6岁儿童学习与发展指南》中科学领域的目标是"激发探究兴趣,体验探究过程,发展初步的探究能力",并没有要求幼儿掌握系统、严密的科学知识。

从上述三个来源中获得的幼儿园课程目标是大量的甚至是相互冲突的,需要运用教育哲学、学习心理学、课程理论和教学理论这几把筛子进行过滤,从中选择少量真正重要的、相互一致的而且能够达到的目标。其一,教育哲学。幼儿园的教育哲学或办学宗旨制约着幼儿园课程目标的性质和方向。《幼儿园教育指导纲要(试行)》中明确指出,幼儿园教育是终身教育的奠基阶段,应为幼儿一生的发展打好基础。在遴选幼儿园课程目标时,要从幼儿终身发展的角度衡量课程目标对幼儿成长的价值与意义,只有这样才能选择出适合幼儿发展的课程目标。例如,艺术领域是关注幼儿获得艺术知识与技能,还是关注幼儿积极愉悦的体验与审美的情趣?知识、技能虽然具有很强的工具价值,但好奇、体验、兴趣是一个人长远发展的不竭动力,从符合幼儿终身发展和建构幼儿主体学习能力的角度来看,知识、技能的获得只是一种可能性目标。从可能性目标的内在价值进行遴选,这样筛选出的目标才能具有促进幼儿长远发展的意义与价值。其二,学习心理学。幼儿园课程目标必须通过幼儿的学习来达成,所以它必须同幼儿的心理规律相一致,否则就无法起到指导作用。幼儿的学习方式和特点与成人有所不同,他们的学习目的性不强,以无意学习为主;他们不易理解言语讲解的内容,往往是在操作、感受、交往、体验中学习,在活动中建构知识。幼儿园课程目标的制定要考虑幼儿的心理特点,制定的目标应该是通过幼儿适宜的学习方式能够实现的,而且是在适宜的时间和精力下可以达成的。其三,课程理论和教学理论。课程目标的选择是课程理论的一个重要问题,应遵循课程理论的指导,且课程目标的实现依赖于教学过程,因此课程目标的选择与确定也离不开教学理论的指导。

第二节　幼儿园课程目标的体系与结构

一、幼儿园课程目标的体系

目前，幼儿园课程目标的体系概括起来主要有两种：一是以学习内容领域为结构框架的目标体系；二是以儿童发展领域为结构框架的目标体系。

（一）以学习内容领域为结构框架的幼儿园课程目标体系

幼儿园课程目标是通过确立不同学习内容范畴的目标来体现的，以中国、日本等东方国家的幼儿园课程目标体系为典型代表（见表4-1、表4-2）。

表4-1　中国《幼儿园教育指导纲要（试行）》中以学习内容为结构框架的幼儿园课程目标体系

幼儿园课程目标	健康	身体健康，在集体生活中情绪安定、愉快
		生活、卫生习惯良好，有基本的生活自理能力
		知道必要的安全保健常识，学习保护自己
		喜欢参加体育活动，动作协调、灵活
	语言	乐意与人交谈，讲话礼貌
		注意倾听对方讲话，能理解日常用语
		能清楚地说出自己想说的事
		喜欢听故事、看图书
		能听懂和会说普通话
	社会	能主动地参与各项活动，有自信心
		乐意与人交往，学习互助、合作和分享，有同情心
		理解并遵守日常生活中基本的社会行为准则
		能努力做好力所能及的事，不怕困难，有初步的责任感
		爱父母长辈、老师和同伴，爱集体、爱家乡、爱祖国

续表

幼儿园课程目标	科学	对周围的事物、现象感兴趣,有好奇心和求知欲
		能运用各种感官,动手动脑,探究问题
		能用适当的方式表达、交流探索的过程和结果
		能从生活和游戏中感受事物的数量关系并体验到数学的重要和有趣
		爱护动植物,关心周围环境,亲近大自然,珍惜自然资源,有初步的环保意识
	艺术	能初步感受并喜爱环境、生活和艺术中的美
		喜欢参加艺术活动,并能大胆地表现自己的情感和体验
		能用自己喜欢的方式进行艺术表现活动

表4-2　日本以学习内容为结构框架的幼儿园课程目标体系

幼儿园课程目标	健康	有 良好的生活习惯与自我服务精神
		能防范危险
		能获得安全感
	人际关系	学会与教师、同伴友好相处
		遵守公共规则
		爱惜玩具
	环境	能认识、热爱大自然,关心、爱护动植物
		对周围环境有浓厚的兴趣
	语言	能认真听教师、同伴讲话
		用语言表达自己的思想
		对图书感兴趣
	表现	体会到生活中的美
		能通过绘画、唱歌、演奏乐器、手工制作、表演游戏等多种形式,将自己的感受充分地表现出来

(二)以儿童发展领域为结构框架的幼儿园课程目标体系

幼儿园课程目标是通过确立儿童不同发展领域的目标来体现的，以美国等西方国家的幼儿园课程目标体系为典型代表(见表4-3)。

表4-3　美国以儿童发展领域为结构框架的幼儿园课程目标体系

幼儿园课程目标	知觉与动作发展	喜欢并成功地用自己的身体表达情感
		发展写字与绘画所需要的肌肉控制
		增进感觉与动作系统的协调
		增进平衡与律动的活动能力
		利用各种感官探索世界
	认知发展	发展批判性、创造性思考和问题解决能力
		开始理解符号的意义
		探索外表与实质之间的关系
		发展计划、执行与评价的能力
		增进对因果关系的理解
		发展对人、对物的各种相似及相异的认识
		扩充对社会与自然环境及意义的认识
	社会与情绪发展	形成积极的自我概念(自信和自我价值)
		建立对父母及其他成人的社会依恋
		发展对自己行为的内在控制力
		与其他儿童共同游戏和工作
		了解他人的需要和情感
		表达并尝试创造
	语言发展	增进运用语言规则的能力
		发展运用语言表达需要、情感和思想的能力
		利用语言引导思想和行动
		扩大词汇范围和复杂性
		发展对词汇意义及发言的兴趣

二、幼儿园课程目标的结构

课程目标的结构是对课程目标体系的横向分析。国外学者关于教育目标的分类研究成果丰硕,这些研究在实质上非常接近课程目标的横向体系研究。美国学者布鲁姆等人在《教育目标分类学》中,以儿童身心发展的整体结构为框架,为建立教育目标体系提供了一个比较规范化和清晰化的形式标准,为课程的设计和评价提供了重要工具。

布鲁姆的教育目标体系包括三大领域:认知领域、情感领域和动作技能领域。认知领域主要包括知识的掌握、理解或回忆、再认,以及认知能力等方面的目标。按照由易到难、由简到繁、由低级到高级的顺序,可将认知领域的目标划分为六个层次,依次为:知识、理解、运用、分析、综合、评价。情感领域主要包括兴趣、态度、习惯和价值观等方面的目标,具体可划分为五个层次:接受、反应、价值的评定、价值的组织、价值或价值体系的个性化。动作技能领域主要包括神经肌肉协调的操作技能、动作技能和行动等方面的目标,具体可划分为五个层次:反射动作、基本动作、技巧动作、知觉能力(动觉、视觉、听觉、协调)、体能(耐力、力量、韧性、敏捷性)。布鲁姆等人的教育目标分类体现了对儿童全面发展的重视。

由于幼儿年龄小、身心发展迅速等特殊性,幼儿园课程目标应着眼于幼儿身心全面和谐发展。在建构幼儿园课程目标时,必须考虑三个方面的问题:其一,幼儿的心理结构,即幼儿认知、情感、动作技能等方面的发展;其二,幼儿园课程的内容结构,如健康、语言、社会、科学、艺术领域或其他分类方式;其三,幼儿的身心发展水平和特点。只有三个方面都兼顾,才能制定出适宜的幼儿园课程目标。因此,可以根据幼儿心理结构、课程内容结构、幼儿身心发展水平(以年龄水平衡量)建立幼儿园课程目标体系的三维立体模型(见图4-1)。

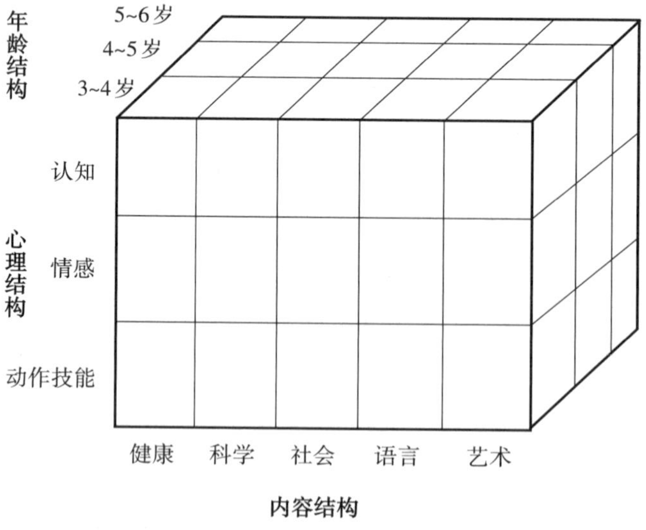

图4-1 幼儿园课程目标体系的三维立体模型

三、幼儿园课程目标的层次

幼儿园课程目标的层次是对幼儿园课程目标体系的纵向分析。以学习内容领域为结构框架的幼儿园课程目标体系和以儿童发展领域为结构框架的幼儿园课程目标体系，都可以自上而下分为四个层次：幼儿园课程总目标、年龄阶段（学年）目标、单元（时间单元或内容单元）目标、具体教育活动目标（见图4-2）。从时限上看，是从远期目标到近期目标；从表述上看，各级目标的表述从概括到具体。从上往下看，各级课程目标的操作性越来越强；从下往上看，每一级课程目标都受到上一级课程目标的制约。

图4-2　幼儿园课程目标体系的纵向层次

我国幼儿园采用以学习内容领域为结构框架的课程目标体系，现以我国为例，自上而下依次介绍各层级的幼儿园课程目标。

（一）幼儿园课程总目标

以学习内容领域为结构框架的幼儿园课程总目标，往往表现为幼儿园课程领域目标，即概括地罗列出几个具体的学习内容领域及提纲挈领的要求。这类目标一般比较宏观，表述也较为概括、抽象。例如，《幼儿园教育指导纲要（试行）》中把幼儿园课程分为健康、语言、社会、科学、艺术五大领域，每个领域都有提纲挈领式的明确目标。以健康领域为例，其目标为：

1. 身体健康，在集体生活中情绪安定、愉快；
2. 生活、卫生习惯良好，有基本的生活自理能力；
3. 知道必要的安全保健常识，学习保护自己；
4. 喜欢参加体育活动，动作协调、灵活。

（二）年龄阶段目标

年龄阶段目标是幼儿园课程目标落实到幼儿园小、中、大班三个不同年龄阶段的目标，故幼儿园的年龄阶段目标是由三个相互衔接、递进的不同年龄阶段目标构成的。

以学习内容领域为结构框架的年龄阶段目标，不仅要考虑幼儿年龄发展的维度，而且要考虑课程内容的维度，从这两个维度综合确定幼儿园课程的年龄阶段目标。例如，《3-6岁儿童学习与发展指南》中就对幼儿不同年龄阶段的学习与发展目标做了清晰划分。以社会领域人际交往的目标1“愿意与人交往”为例，其年龄阶段目标见表4-4。

表4-4　幼儿“愿意与人交往”的年龄阶段目标

3~4岁	4~5岁	5~6岁
1.愿意和小朋友一起游戏 2.愿意与熟悉的长辈一起活动	1.喜欢和小朋友一起游戏，有经常一起玩的小伙伴 2.喜欢和长辈交谈，有事愿意告诉长辈	1.有自己的好朋友，也喜欢结交新朋友 2.有问题愿意向别人请教 3.有高兴的或有趣的事愿意与大家分享

（三）单元目标

单元目标是年龄阶段目标的再分解，有两种划分单元目标的方式：一种是以时间单元的形式划分单元目标。根据教育目标及教育内容的特点，把年龄阶段目标分解为学期目标、月目标、周目标、日目标等。表4-5为某幼儿园大班3月的月计划。

表4-5　某幼儿园大班3月的月计划

内容	目标
健康领域	1.有良好的生活秩序，保持愉快的情绪，喜欢幼儿园有规律的生活 2.喜欢参与教师组织的户外活动，从中体会到快乐 3.养成主动饮水的好习惯 4.学会大小便自理，养成良好的习惯
语言领域	1.喜欢阅读图书，能够运用各种方法收集信息 2.愿意当众表现自己，不害羞，从容自信 3.能够复述、创编、模仿简单的儿童文学作品 4.对书写感兴趣，知道从上到下、从左到右等书写的规律
社会领域	1.能够运用适当的形式表达自己的感情 2.体验父母及亲人的爱，并能表达出自己对父母及亲人的爱 3.在生活中能够主动观察别人，关注他人，学会关心他人 4.通过对兴趣这个词的理解与认识，能够在做事情前喜欢这件事

续表

内容	目标
科学领域	1.对周围的新鲜事物比较敏感,有探究的欲望;能有目的地收集信息,并初步掌握收集信息的途径和方法,建立一定的分析和比较的能力 2.通过对各种材料的对比与比较,能够很好地排序 3.对感兴趣的事情能够结合自己的生活经验提出问题,收集信息,主动探讨
艺术领域	1.通过体验与欣赏,感知不同乐曲的明显差异,如欢快、轻柔等 2.愿意与同伴一同交流、欣赏、分享自己与他人的创作结果 3.能够主动发现和运用多种方式,如剪、贴、折、画等,装饰生活用品和美化环境

另一种是以内容单元的形式划分单元目标,即根据教育目标及相关教育内容的特点,把某一组目标及其相关内容有机组织起来,构成主题或单元。它涉及的范围相对小一些,相对时间单元目标也更具体一些。例如,某幼儿园小班单元主题活动“我”的目标为:

1.尽快适应幼儿园生活,融入幼儿园的生活中;

2.在幼儿园交到好朋友,享受与好友分享的乐趣,学会礼貌用语;

3.爱上幼儿园,体验幼儿园的快乐与温馨;

4.学习如何遵规守纪,尊敬师长;

5.建立起安全意识,学习一定的生活常识。

(四)具体教育活动目标

这是微观层面的课程目标,是指某一具体教育活动所期望达到的结果,或所引起的幼儿行为的变化。它是单元目标的具体化,是一种具有操作性的目标,一般要求具体、清晰。例如,大班语言教育活动“国王生病了”的活动目标为[①]:

1.能积极地参与文学活动,体验故事的诙谐有趣;

2.尝试想象故事情节和续编故事结尾;

3.理解故事内容,仔细观察画面人物的动作,并大胆讲述。

① 郭咏梅.幼儿园优秀语言活动设计70例[M].北京:中国轻工业出版社,2015:114.

第三节 幼儿园课程目标的表述

一、幼儿园课程目标的表述取向

课程目标是一定教育价值观在课程领域的具体化。由于学者们对学习者身心发展规律、社会需求的重点以及知识的性质和价值的看法存在着差异，因而就产生了不同的课程目标的取向。这里所讲的课程目标的"取向"，主要是指课程目标所采用的形式，而不是指课程目标的实质内容。在幼儿园课程目标的表述取向上，主要有行为目标取向、生成性目标取向和表现性目标取向。

（一）行为目标取向

行为目标是以儿童具体的、可操作的、可观察的行为的形式加以陈述的课程目标，它强调课程实施之后儿童产生的客观行为变化。行为目标的基本特点是客观性、具体性、可操作性。

行为目标最早是博比特在课程领域确立的，他在1918年出版的《课程》中提出了课程科学化的问题，认为课程必须科学化、标准化。在他随后出版的《怎样编制课程》一书中，他曾用"活动分析法"对人类经验和职业进行了系统分析，由此提出了10个领域中的800多个目标，为行为目标在课程领域的确立奠定了基础。

泰勒在博比特等人的基础上对行为目标进行了系统发展。泰勒认为，课程目标不应只是描述教师要做的工作，而忽视学习者行为发生的变化。课程目标应针对儿童、社会和学科三方面进行研究，并通过教育哲学和学习理论的筛选，分解为"行为"和"内容"两个维度。"行为"是指可观察到的学习者的行为，"内容"是指此行为可使用的领域。同时，应选择有助于指导学习者的行为的方式来进行表述，这强调了教师对儿童学习行为的关注。泰勒还认为，课程目标在概括化和具体化之间应有一个"度"，目标应该是清楚的，但不一定是具体的。[①]可以说，泰勒的这些见解对行为目标的进一步发展起到了促进作用，并有着深远的影响，他也因此被称为"行为目标之父"。

20世纪五六十年代，布鲁姆等人继承并发展了泰勒的行为目标理念，他们借鉴生物学中"分类学"的概念，在教育领域建立了教育目标分类学，从而把行为目标发展到

① 拉尔夫·泰勒.课程与教学的基本原理[M].施良方，译.北京：人民教育出版社，1994：136-137.

了新的阶段。20世纪六七十年代，梅杰、波法姆等人总结并发展了前人的行为目标理念，领导发动了“行为目标运动”。该运动把行为目标取向的发展推到了顶峰。梅杰认为，行为目标的表述必须包含三个部分：(1)表现学习者达到目标的行为；(2)学习者达到目标时所面对的条件；(3)可接受的最低的熟练水平。

行为目标的表述体现出其具体、精确、可观察的特点。行为目标对学习者的行为要达到何种程度有清晰的表述。例如，一幼儿园中班语言活动的目标为：(1)感受儿歌的韵律和节奏美，体验与同伴共同朗读儿歌的乐趣；(2)能正确使用量词“张”“把”“双”“个”“顶”；(3)学习有节奏地朗诵和表演儿歌。[①]其中，目标(2)是可以观察到的外显行为，属于行为目标。而目标(1)没有具体告知哪些行为是“感受儿歌的韵律和节奏美”“体验与同伴共同朗读儿歌的乐趣”的表现，目标(3)则较难判定怎样是“有节奏地朗诵和表演儿歌”，这两个目标属于概括性的要求。

由此可见，行为目标能够为教师提供具体、明确的评价活动效果的参照，其操作性强，教师容易把握。由于行为目标能够明确活动方向，对活动结果可进行观察和测量，因此，行为目标取向在我国幼儿教育实践中受到教师们的广泛认同，这与长期以来以结果为重的教育教学价值取向不谋而合。

应当注意的是，学习者的发展仅靠外显行为来衡量显然是不全面的。行为目标更容易凸显学习者对行为技能以及客观知识的掌握情况，而教育追求的是人的全面发展，不仅局限于知识和技能的掌握，人的情感、态度、价值观等很难用外显的、可观察的行为来度量，也就难以用行为目标来表述。课程目标对行为很难进行精细化的分解表述，同时，追求行为目标的精确性及具体性，可能会使教师忽视活动目标预设之外的隐性发展因素。

(二)生成性目标取向

生成性目标是在教育情境中随着教育过程的展开而自然生成的课程目标，强调学习者、教师与教育环境的相互作用，关注的不是教育活动开展之前根据课程相关文件预设的目标，而是在教育过程中基于学习者和教师的经验而生长出来的目标。与行为目标关注行为的结果不同，生成性目标关注的是课程实施过程。生成性目标认为，教育是一个动态发展过程，课程目标反映此动态过程中儿童经验的生长、问题的解决及发展的方向。

生成性目标的思想渊源可追溯至杜威。杜威反对把某种外在目的强加于教育，认为目的不是教育经验的预先具体化，而是教育经验的结果。他认为，“教育即生长”“教

① 郭咏梅.幼儿园优秀语言活动设计70例[M].北京：中国轻工业出版社，2015：77.

育即生活”“教育即经验的不断改造”，生长、生活及经验的改造本身即构成了教育的目的。因此，目的是在过程中内在决定的，而不是外在于过程的，只有将目的融入教育过程中，才能真正促进儿童的生长。英国学者斯腾豪斯是生成性目标的又一位倡导者。他认为，教育的目的是使人自由且更具有创造性，教育分为“训练”“教育”和“引导”三个过程，教育的本质在于“引导”，这种“引导”在教育过程中具有不可预测性，行为目标无法表达这一过程的变化。课程应以过程为中心，要根据学习者在这一过程中的具体表现而展开。课程可以规定教师所要做的事情，问题是教师不能把这些规定看作教育的目的或结果，以此评价儿童的学习结果，而应在处理这些所要做的事情的过程中，对儿童的发展持一种审视、研究和批评的态度，从而引导儿童不断的发展。①

生成性目标将过程与结果、手段与目的统一起来，课程目标被理解为在课程实施过程中产生的目标，而不是课程研制者和教师所强加的外在的目标。这一取向强调了儿童在学习上的自主性，会促使儿童在学习过程中产生与个体经验相联系的新的问题，使得他们有深入探究问题的机会。由于生成性目标并不是预期目标，因此，不需要在预设的活动方案中列举出来。但是，预先设计的活动方案必须要为活动过程留有创生空间，在目标表述上可以用诸如“尝试”“探索”“发现”等一些具有过程取向的用词。这么做是为了避免教师给幼儿的学习行为划定一个“框框”，应让幼儿在学习过程中更容易发挥自主性。另外，教师也要在课程实施过程中观察幼儿的变化，及时反思并调整活动，而不是机械地用预设的目标来检视幼儿的学习结果。生成性目标侧重于活动的过程性和即时性，目标是在不断地发现问题、解决问题的过程中产生的。这样的课程目标更关注儿童的个性与主体性。

需要注意的是，生成性目标在理论上具有开拓性，但在实践中难度较大。基于生成性目标的课程实施过于开放，对教师的专业素养要求非常高，既要求教师有把握生成性目标的意识，又要求教师对幼儿的身心发展规律了然于胸，及时根据幼儿的需要和特点对活动内容和过程进行调整，并与幼儿一起进行有意义的对话。一般教师很难对生成性目标进行把握。此外，生成性目标还需要教师额外付出很多时间进行计划和统筹，加大了教师的工作量，很多教师不愿意采用。

---

① 朱家雄.幼儿园课程论[M].北京：中央广播电视大学出版社，2007：77.

经典案例

瑞吉欧课例“影子”

光和影是常见的自然现象，并且是儿童能接触到的，但他们是否知道每个人都有自己的影子？儿童对影子的认识是怎样的？认识程度如何？由此，教师寻找的切入点是：如何认识自己与影子的关系？

首先，教师让孩子画一画“我和我的影子朋友”，以此为活动切入点，让孩子相互比较各自画的是否一样，判断谁对谁错；然后，让孩子去和自己实际的影子对比一下，由此引发了一系列的儿童“问题”研究。

比如，他们发现“影子和画中的不一样，它是躺在地上的（而不是站着的）”。他们思考“影子怎么总是和脚连在一起”，于是，他们尝试把脚都抬起来，但发现“它又和手连在一起了”。他们尝试跳起来，但一会儿就又掉下去了。

再比如，他们思考“用什么办法能让影子消失”。经过尝试，他们发现“用石子是盖不住的”，用布盖“影子就到布上来了”。有小朋友说：“我趴在地上，影子就消失了。”也有小朋友提出不同看法：“不！要让影子消失，就得让这个孩子消失！”后来，孩子们发现“躲在阴影里，影子就消失了”。

经过探究，小朋友们发现“月光下也有影子”，并学会了利用影子来制作闪烁的星星、画树叶画、表演影子戏等。[①]

“影子”是瑞吉欧经典课例之一。它体现出瑞吉欧提倡多样化的教师角色定位、重视人际互动合作、运用记录反思儿童行为、建立互动合作关系的环境平台等方案教学特点。它对我国幼儿教育改革的启示主要有以下五点：[②]

第一，转变教师的角色，增强角色意识；

第二，提倡“协商性”课程，与儿童共同建构；

第三，鼓励儿童多样的学习和表现的方式；

第四，提升教师行动研究和反思的能力；

第五，充分利用物质、人力和环境等资源。

① 根据瑞吉欧课例影子的相关图片整理而成，相关图片可参见网址：https://www.docin.com/p-2478963525.html。

② 蔡东霞，窦兰，左瑞红，等．瑞吉欧方案教学的特点及其对我国幼儿教育改革的启示[J].教育探索，2011(10).

（三）表现性目标取向

表现性目标是指儿童在与具体教育情境的相互作用中所产生的个性化表现。它关注的是儿童在活动中表现出来的某种程度上首创性的反应形式，而不是事先规定好的结果；它追求的是学生反应的多样性、个体性，而不是一致性。

表现性目标来自美国学者艾斯纳对行为目标的批评。他认为，行为目标可能适合某些教育目的，但不适于用来概括我们所珍视的大多数教育期望。因此，在设计和评价课程时，应该准备三类目标：行为目标、解决问题的目标和表现性目标（见图4-3）。

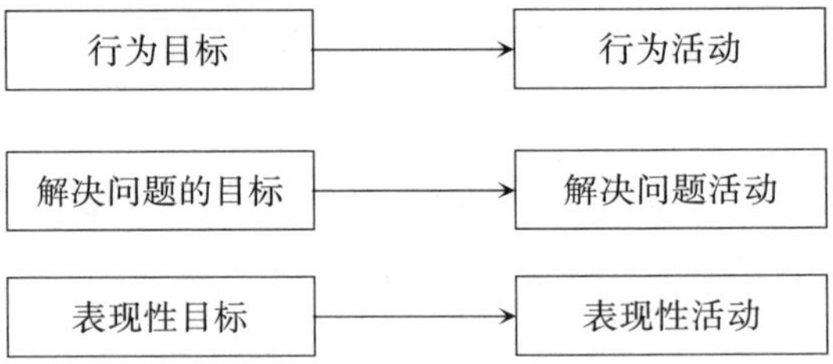

图4-3 艾斯纳的三类目标①

行为目标是在课程计划中预先规定好的，这种规定明确了儿童在完成一项或几项学习活动后所应习得的具体行为。不同于行为目标聚焦于特定行为，解决问题的目标是将重点放在认知灵活性、理智探索和高级心理过程上。由于解决问题的方式多种多样，解决问题的目标难以事先予以确定。表现性目标是指人们在从事某种活动结束时有意或无意得到的结果，是课程活动的结果，重在儿童的创造性，强调个性化。表现性目标描述教育“际遇”：它辨别孩子们作业的环境、处理的问题、从事的任务，但它不指明他们从际遇、环境、问题或任务中学习了什么。②例如，中班语言活动“秋叶的舞会”的活动目标之一是“大胆想象和表达故事内容”；大班科学活动“找种子”的活动目标之一是“寻找和发现几种蔬菜、水果的种子，观察其外形特征”。这些都属于表现性目标。表现性目标并不期望指明儿童在参加教学活动后能做什么，而是给儿童提供适切的学习情境。每个儿童对事物的认识都有所不同，课程应该鼓励儿童这种认知的独特性。也就是说，表现性目标要求教师在制订活动计划时要关注幼儿在活动过程中的多样化表现而非同质性表现。

表现性目标本质上是对“解放理性”的追求，强调儿童的自主性和主体性，关注儿童的个性发展和创造性表现，尊重儿童的个性差异，指向人的自由与解放，体现的是人

① 施良方．课程理论——课程的基础、原理与问题[M].北京：教育科学出版社，1996：88.
② 张华．论课程目标的确定[J].外国教育资料，2000(1).

本主义的教育价值观。它不像行为目标那样封闭，而是开放的，便于儿童去探索、发现他们自己感兴趣的问题或课题。然而，表现性目标过于模糊，较难起到课程指南的作用。

综上所述，行为目标取向追求“科技理性”，是控制本位的，注重目标设置的技术性。生成性目标取向与行为目标取向存在本质区别，它追求“实践理性”，强调学习者与具体情境的交互作用，对学习者、教育者在课程与教学中的主动性给予充分尊重。表现性目标取向是对行为目标取向的根本反动，它追求“解放理性”，强调学习者和教育者在课程与教学中的主体精神和创造性表现，以人的解放为根本目的。由此可见，生成性目标取向和表现性目标取向更加注重人的主体性发展，表明了课程目标取向的发展趋势。而生成性目标取向和表现性目标取向虽然是基于对行为目标取向的批判发展起来的，但两者并不否定行为目标取向的合理性，而是基于更高的价值追求对行为目标取向的超越。三种课程目标取向各有其特点和优势，可以互为补充，而不是相互对立。在制定课程目标时，教师要深入了解各种取向的优势和不足，在对幼儿身心发展特点、兴趣及不同的活动特点的把握基础上，灵活、合理地使用各种目标取向。课程若涉及幼儿发展中的一些关键经验（基本知识和技能），课程目标宜采用行为目标取向；课程若是顺应幼儿当前的兴趣需要而生成的，重在培养幼儿解决问题的能力，则宜采用生成性目标取向；课程若是鼓励幼儿的创造精神，则宜采用表现性目标取向。①

二、幼儿园课程目标的表述角度及注意事项

（一）幼儿园课程目标的表述角度

幼儿园课程目标可以从不同的角度进行表述，在很长一段时间内，从教师的角度表述课程目标占据着主导。随着幼儿主体地位的确立，从幼儿角度表述课程目标逐渐成为主流。从幼儿角度表述课程目标，能促使教师的注意力向幼儿转移，改善以往教育过程中教师较多注意自己“教”的行为，而相对忽视幼儿“学”的行为以及“学”的效果的倾向。从幼儿角度表述课程目标，即直接指明幼儿通过学习应该达到的发展程度，比较常用的动词有“感受”“感知”“愿意”“乐意”“喜欢”“理解”“了解”“知道”“懂得”“能/能够”“尝试”等。例如，中班语言教育活动“小老鼠的魔棒”的活动目标为：②

1.初步理解故事内容，尝试讲述小老鼠使用魔棒的有趣情节；

① 高敬.幼儿园课程[M].杭州：浙江教育出版社，2010：141.

② 郭咏梅.幼儿园优秀语言活动设计70例[M].北京：中国轻工业出版社，2015：38.

2. 体验魔棒的神奇，体会帮助别人带来的快乐；

3. 创编故事结尾，感受创作的乐趣。

（二）幼儿园课程目标表述的注意事项

不同层次、不同取向的幼儿园课程目标有不同的表述方法。首先，就不同层次的幼儿园课程目标而言，一般来说，总目标表述得比较概括，通常是提纲挈领式地指出目标涵盖的范围和方向；其余各层次目标是总目标的具体化，目标层次越低，表述越具体，操作性越强。通常而言，对幼儿园单元目标有如下三点要求：其一，表述要明确，与上层目标的关系要密切，要比较直接；其二，目标的涵盖面要广，应包括知识的学习、能力的培养、操作技能的训练、情感态度的发展等；其三，目标要有代表性，每一条均是独立的内容，不可交叉重复。对于幼儿园具体教育活动目标的表述，则要求具有较强的可操作性，具体包括三点：一是教学活动目标应具体，核心目标要突出；二是教学活动目标要符合幼儿的年龄阶段特点，满足幼儿的已有经验；三是表述角度要一致，应遵循幼儿优先原则。[①]

其次，不同取向的课程目标也有不同的表述方式，即行为目标取向、生成性目标取向、表现性目标取向的表述方式有所不同。行为目标的任务往往是比较简单、浅显的，多是针对幼儿的基本知识和基本技能，因此，在表述行为目标时，用语应当比较准确、具体，以便教师考察和评估幼儿的学习结果。如“能区分圆形、三角形、正方形与长方形的不同”“能区分几种急救电话——110、119、120”“知道孔明灯是诸葛亮发明的”“会唱2/4拍的歌曲”等。与行为目标不同，生成性目标和表现性目标是比较宽泛的、非特定性的目标，描述的是幼儿作为学习者通过学习后身心的一般变化，较难通过具体测量幼儿的行为表现来衡量，一般适用于那些难以用具体行为来表达的情感、态度等。如“乐意与人交谈，讲话礼貌”“适应幼儿园集体生活，情绪愉快、稳定”“喜欢参加艺术活动，并能大胆地表达自己的情感和体验”等。因此，在设计幼儿园课程目标时，应先明确幼儿园课程目标的取向，然后再采用相应的表述方式。[②]

① 冯晓霞. 幼儿园课程[M]. 北京：北京师范大学出版社，2001：44.

② 王春燕. 幼儿园课程概论（第2版）[M]. 北京：高等教育出版社，2014：65-66.

学习研究

不同取向的幼儿园课程目标怎么写？

20世纪，行为目标几乎成为课程目标的同义语。20世纪是科学的世纪，行为目标取向适应了课程领域科学化的需求，加之行为目标取向的直接心理学基础——行为主义心理学在20世纪大行其道，所以，该取向在20世纪的课程领域一度占据主导地位。而随着杜威、斯腾豪斯等学者的推动，生成性目标取向越来越受到人们的重视。正如课程专家塔巴所言："教育基本上是一个演进过程。而且，它是渐进生长的，它扎根于过去又指向未来，从这个意义上说，它又是一个有机的过程。在此过程中的任何阶段，我们能提出的目的，不管它们是什么，都不能看成最终目的；也不能武断地将它们插到后面的教育过程中去。目的是演进着的，而不是预先存在的。"还有以艾斯纳为代表的学者们在批评行为目标取向的基础上，提出了表现性目标取向，强调学生的自主性和主体性。艾斯纳强调，每个儿童对事物的认识都有所不同，课程应该鼓励学生这种认知的独特性。

行为目标取向是随着课程领域独立与科学化而产生的，主要盛行于20世纪初至20世纪六七十年代，至今仍被广泛采用。生成性目标取向早在20世纪初杜威的思想中即已诞生，但真正在课程领域流行开来是在20世纪70年代。表现性目标取向是最新的，流行于20世纪80年代以后的课程领域。三种课程目标取向各有其特点和优势，可以互为补充，而不是相互对立的。①

那么，在幼儿园教育活动设计中，如何根据活动主题确定活动目标取向？不同取向的教育活动目标又应当如何措辞呢？请你收集大量优秀幼儿园的教育活动方案，重点查看这些优秀活动方案的目标部分；然后将这些活动目标按照行为取向、生成性取向、表现性取向进行分类整理；在此基础上，归纳总结出不同取向活动目标的表述特点、常用词汇等。

本章小结

幼儿园课程目标是根据幼儿园教育目标，幼儿园课程力图促进幼儿身心发展所要达到的预计结果。幼儿的需要、社会生活的需求、学科知识的发展是幼儿园课程目标的

① 靳玉乐.课程论[M].北京：人民教育出版社，2015：172-181.

三个主要来源。目前，幼儿园课程目标的体系概括起来主要有两种：一是以学习内容领域为结构框架的目标体系；二是以儿童发展领域为结构框架的目标体系。前者以中国、日本等东方国家为典型代表，后者以美国等西方国家为典型代表。课程目标的结构是对课程目标体系的横向分析。布鲁姆的教育目标体系包括三大领域：认知领域、情感领域和动作技能领域。幼儿园课程目标的层次是对幼儿园课程目标体系的纵向分析。以学习内容领域为结构框架的幼儿园课程目标体系和以儿童发展领域为结构框架的幼儿园课程目标体系，都可以自上而下分为四个层次：幼儿园课程总目标、年龄阶段（学年）目标、单元（时间单元或内容单元）目标、具体教育活动目标。幼儿园课程目标的表述取向主要有行为目标取向、生成性目标取向和表现性目标取向。幼儿园课程目标可以从不同的角度进行表述，随着儿童主体地位的确立，从幼儿角度表述课程目标逐渐成为主流。不同层次、不同取向的幼儿园课程目标有不同的表述方法。一般来说，目标层次越低，表述越具体，操作性越强；不同取向的课程目标也有不同的表述方式。

思考与实训

1. 请结合实际分析教育目标、课程目标、教学目标三者之间的关系。

2. 试比较幼儿园课程目标的结构和幼儿园课程目标的层次之间的差异。

3. 自选幼儿园教育活动设计实例，结合本章所学知识对该活动目标的表述角度、取向、适切性等进行分析和评价。

专题探讨

背景资料：幼儿园阶段的教育是人生最基础的教育，该阶段的教育对儿童的学习与发展具有关键作用。然而，幼儿园教育"小学化"却是一个由来已久的问题。"小学化"违背了教育规律和儿童的成长规律，有损儿童健康成长和学前教育事业的发展。但是，"小学化"倾向依然存在，有些幼儿园甚至出现了"空巢"。家长们纷纷将幼儿送至"幼小衔接班"，一味地让其接受"揠苗助长"式的教育，"起跑线"变成了"抢跑线"。可见，杜绝"小学化"现象的蔓延仅仅依靠政策、纲要和行政命令难以彻底奏效。

探讨：那么，幼儿园教育应该如何去"小学化"呢？

第五章

幼儿园课程内容

学习目标

- 了解幼儿园课程内容的概念，明确幼儿园课程内容的来源；
- 了解幼儿园课程内容的范围及类型；
- 掌握幼儿园课程内容的选择与组织。

学习重难点

- 重点：区分幼儿园课程内容的范围及类型，掌握幼儿园课程内容的选择与不同组织方式。
- 难点：在综合考虑目的性、适宜性、生活化、基础性的基础上，学会设计幼儿园课程内容。

案例破冰

“雨”引发的教学活动

周一上午，幼儿被窗外的雨声所吸引，有的在模仿下雨的声音，有的在观察雨的形状，有的在聆听下雨的声音……他们发现有时雨下得很大，有时雨又下得很小；有时雨像白糖一样洒在头顶，有时雨像无数粒豆子掉落在地……雨停了，幼儿还在很兴奋地谈论着……由此，晶晶老师灵机一动，设计了小班语言活动“快乐的小雨点”，幼儿在其中体会到了下雨的乐趣。

请思考：晶晶老师是如何设计幼儿园课程的？这样的课程内容来源于什么？这样的课程内容属于什么课程？应该如何选择幼儿园的课程内容？本章的学习将帮助你解答以上疑问。

第一节 幼儿园课程内容的概念与来源

课程内容要解决的是“教什么”或者“学什么”的问题，说到底是设置什么内容的问题，这个问题可以说是课程设计中的关键。幼儿园课程内容与幼儿园课程目标紧密相连，它是实现幼儿园课程目标的手段，为实现课程目标服务，课程目标指导着课程内容的选择与组织。因此，探讨幼儿园课程内容及其来源问题时必须考虑：什么内容最适合幼儿学习？学习哪些内容最有利于实现课程目标，使幼儿达到预期的发展？

一、幼儿园课程内容的概念

对课程内容的理解往往取决于怎样理解课程，通常人们把课程解释为学科或者科目、计划或者目标、学习者的学习经验。各教育阶段的课程有一定的共性，但幼儿园课程与其他阶段的课程有一定的区别，主要源于儿童早期发育的速度比其他任何时期都要快，而且儿童的学习能力在很大程度上取决于他们自身的发展。因此，以幼儿为教育对象的幼儿园课程应充分考虑每个幼儿的发展水平。几乎所有的早期教育工作者都认为，儿童的教育应适宜儿童的发展。幼儿教育的方法和材料也不同于其他各级各类教育，在儿童早期，更多采用的是具体的材料和活动，课程较多地采用活动而不是加以组织的上课形式。[①]基于此，国内外多从儿童视角去界定幼儿园课程的内涵，从儿童的发展能力、各种经验和活动两个方面去理解幼儿园课程内容。

在对幼儿园课程内容的认识上，有人倾向于认为它是教材，有人倾向于认为它是幼儿的学习经验，还有人倾向于认为它是幼儿的学习活动。幼儿园的教育内容是全面的、启蒙性的，可以相对划分为健康、语言、社会、科学、艺术等五个领域，也可做其他不同的划分。各领域的内容相互渗透，从不同的角度促进幼儿情感、态度、能力、知识、技能等方面的发展。[②]虞永平从幼儿园课程内容的价值及幼儿认知心理结构的角度对幼

① 朱家雄.幼儿园课程[M].上海：华东师范大学出版社，2003：12.

② 中华人民共和国教育部.教育部关于印发《幼儿园教育指导纲要（试行）》的通知[EB/OL].[2021-11-25].http://www.moe.gov.cn/srcsite/A06/s3327/200107/t20010702_81984.html.

儿园课程内容进行了定义，他认为，幼儿园课程内容通常是依照幼儿园课程目标选定，并通过一定的形式表现和组织的基本知识、基本态度、基本行为。[①]一方面，从幼儿园课程内容的价值来看，幼儿园课程内容与幼儿园课程目标紧密相连，它是实现幼儿园课程目标的手段，为实现课程目标服务；另一方面，从幼儿的认知心理结构来看，认知过程包含情感、认知、动作技能几个方面，如果缺失任何一个方面，都将违背幼儿认知发展的客观规律，不利于幼儿的认知发展。因此，幼儿园课程内容必须涵盖知识、态度、行为三方面的内容，缺一不可，且这三方面应组成相互联系、协调有序的幼儿园课程内容，以保证幼儿获得全面发展。[②]我国大多数学者采用或沿用此概念对幼儿园课程内容进行定义。基于"幼儿园课程是实现幼儿园教育目的的手段，是帮助幼儿获得有益的学习经验、促进其身心全面和谐发展的各种活动的总和"这一课程定义，幼儿园课程内容是根据幼儿园的课程目标和相应的学习经验选择的、蕴含或组织在幼儿的各种活动中的基本态度、基本知识、基本技能和基本行为。[③]

二、幼儿园课程内容的来源

依据幼儿园课程及幼儿园课程内容的定义，结合各种先进教育思想等，我们认为幼儿园课程内容主要来源于外部环境、幼儿生活及教育目的三大方面。

（一）外部环境来源

陈鹤琴在其活教育思想中明确提出："大自然、大社会都是活教材。"儿童是在周围的环境中进行学习的，这里的环境一是指自然的环境，二是指社会的环境。这两种环境是儿童每天都接触的，理应成为幼儿园课程内容的核心。[④]由此可见，自然环境及社会环境是儿童学习的来源，也就是幼儿园课程内容的来源。应该以儿童的两个环境——自然环境和社会环境——为中心来组织幼儿园课程，把儿童能够学并且应该学的东西有选择地组织成系统。与自然环境有关的各种动植物、自然现象，社会环境中的个人、家庭等都可以作为幼儿园课程内容。如春桃、夏荷、秋菊、冬雪等自然应时物，传统节气、纪念日、庆祝日等社会性事件，都可以成为幼儿园课程内容的来源。

---

① 虞永平.学前课程价值论[M].南京：江苏教育出版社，2002：196.
② 王春燕.幼儿园课程概论[M].北京：高等教育出版社，2007：67.
③ 冯晓霞.幼儿园课程[M].北京：北京师范大学出版社，2001：49.
④ 北京市教育科学研究所.陈鹤琴教育文集（下）[M].北京：北京出版社，1985：660.

经典案例

幼儿园中班诗歌欣赏活动“秋天的颜色”

活动目标：

1.理解散文诗的内容，感受诗中所表达的色彩美；

2.结合关于秋天事物的已有经验，根据散文诗的句式结构进行仿编；

3.在诵读、仿编散文诗的过程中，体验散文诗独特的情感表达方式。

活动准备：

物质准备：“秋天的颜色”课件（内有秋天的小草、枫叶、白菊等散文诗里事物的图片）；山楂、香蕉、梨等秋天常见的水果。

经验准备：请家长周末与幼儿去自然环境中观察秋天的景色。

活动过程

1.谈话导入。

教师播放课件，引导幼儿观察课件前几页秋天景色的照片。

师：小朋友们，你们知道现在是什么季节吗？如果让你选一种颜色送给秋天，你会选哪种颜色呢？为什么？（鼓励幼儿大胆地表达自己的想法）

秋天是成熟的季节，秋天是收获的季节，有很多水果和农作物都成熟了，你知道的有哪些？

2.教师朗读散文诗，利用课件里的图片帮助幼儿理解诗的内容。

教师有感情地诵读散文诗，同时播放与散文诗内容相应的课件图片。诵读之后提问：

你听到诗歌里秋天是什么颜色的？

是谁告诉我们秋天是什么颜色的？他们是怎么说的？

为什么小草说秋天是黄色的，枫叶说是红色的，白菊说是白色的，松树说是绿色的，大地说是绚丽多彩的？

师小结：秋天到了，小草经过秋风的吹拂，变成了黄色；白色的菊花在秋天开放；松树是常绿树，秋天仍是绿色；大地因为有了这么多的颜色，所以变得绚丽多彩。原来它们都是根据自己的颜色来告诉我们秋天的颜色的。

3.教师再次播放PPT，配乐朗读散文诗，幼儿跟读。

教师慢速诵读，利用图片引导幼儿跟读。跟读后通过以下提问引发幼儿关注“轻轻地告诉”“沙沙地告诉”等句式。

师：小草轻轻地告诉我，秋天是黄色的。小草为什么要轻轻地说呢？枫叶是怎么告诉我的？松树是怎么告诉我的？大地又是怎么说的？它为什么骄傲地说？

教师再次带领幼儿诵读散文诗，感受散文诗的美。

4. 教师出示秋天常见的水果，唤起幼儿的已有经验，引导幼儿仿编散文诗。

教师出示秋天常见的水果，如山楂、香蕉、梨等，请幼儿描述水果的特点。

师：小朋友们朗诵得真好听，刚才散文诗里告诉了我们许多秋天的颜色，我知道还有许多水果、蔬菜、农作物，他们也要告诉我们秋天是什么颜色的（出示山楂、香蕉、梨）。这些水果是什么味道的呢？

教师引导幼儿说出：山楂酸酸地告诉我，秋天是红色的；香蕉甜甜地告诉我，秋天是黄色的；梨脆脆地告诉我，秋天是白色的……

教师带领幼儿完整朗诵改编的散文诗。

附：散文诗《秋天的颜色》

秋天是一幅美丽的图画，美在哪儿呢？

我乘上一片落叶做的小船，要去看看美丽的秋天。

我问小草，小草轻轻地告诉我："秋天是黄色的。"

我问枫叶，枫叶沙沙地告诉我："秋天是红色的。"

我问白菊，白菊微笑地告诉我："秋天是白色的。"

我问松树，松树大声地告诉我："秋天是绿色的。"

我问大地，大地骄傲地告诉我："秋天是绚丽多彩的。"

此外，依据自然主义教育家卢梭的观点，我们还应该利用自然环境、空气、水等各种自然因素，去磨炼身体，锻炼一切感官，遵循自然的生长。我国学者虞永平认为，文化引领幼儿园课程的未来。[①]由此可见，我国幼儿园课程内容还来源于中华传统文化及民间文化的精髓部分。

（二）幼儿生活来源

美国教育学者布鲁巴克认为："无论是返回埃及人、巴比伦人那里，还是返回到古代的中国人那里，情况似乎都是一样的——课程，无论是正式的还是非正式的，都是起源于人们的日常生活。"[②]这表明，古代学校教育课程的设置主要反映了社会生活的需

① 虞永平. 文化引领幼儿园课程的未来[J]. 教育导刊，2008(12).

② 瞿葆奎. 教育学文集·课程与教材（上册）[M]. 北京：人民教育出版社，1988：43-44.

要，课程内容来源于社会生活。从广义上讲，早期幼儿教育课程的含义远不只是目标、评价和日常课业方案。课程贯穿幼儿从入园到回家的全过程，包括幼儿一日生活的方方面面。[①]例如，在英国，课程是指幼儿在机构中所做、所见、所听或所感受到的任何事情，包括经过计划和未经计划的内容。由此可见，幼儿园课程内容来源于幼儿一日生活的方方面面，包括在幼儿机构、家庭或社区等与幼儿生活直接相关的空间范围内发生的各种事宜。

受杜威的影响，我国学者大多将幼儿园课程理解为幼儿的学习经验。陈鹤琴、张雪门、张宗麟等学前教育的先驱，把幼儿园课程看作幼儿的经验、活动与生活等，幼儿园课程内容应来源于幼儿的生活。幼儿园课程是为幼儿设计和组织实施的，幼儿处在身心发展的特殊时期，他们的思维是感性的、直观的。对于幼儿来说，最有效的学习就是他们感兴趣的学习，最有效的学习内容就是他们可以感知的、具体形象的内容。这种学习内容主要源自幼儿的现实生活，对复杂、多层次的现实生活进行过滤，并以生活的逻辑而非知识的逻辑组织起来的多样化、感性化、趣味化的活动。[②]

值得注意的是，幼儿园课程内容来源于生活这一观点注重兴趣的重要性。皮亚杰强调兴趣和需要在儿童心理发展中起着动力作用，我们应该考虑每个年龄阶段幼儿的特殊兴趣和需要，将幼儿的兴趣作为幼儿园课程内容的来源之一。

经典案例

幼儿园中班健康教育活动“不要吃冷饮”[③]

活动目标：

1.认识多种不同种类的冷饮，能用较完整的语言说出冷饮的名称、形状，感知冷饮的基本特点；

2.了解夏季食用冷饮的常识，懂得不能贪吃冷饮。

活动准备：

多媒体教学资源《冰激凌小猪》、少量冷饮食品、各种冷饮包装袋、盘子与餐巾。

① Rae Ann Hirsh. *Early Childhood Curriculum: Incorporating Multiple Intelligences, Developmentally Appropriate Practices, and Play*[M]. Boston: Allyn & Bacon, 2004.

② 虞永平，原晋霞.幼儿园课程[M].北京：高等教育出版社，2014：33.

③幼儿园健康教育教案：不贪吃冷饮[EB/OL].[2021-11-24].https://www.jy135.com/jiaoyu/192066.html.

活动过程：

1.教师首先向幼儿展示准备好的各种冷饮，引导幼儿用较完整的语言说出不同冷饮的名称和外形特征。展示各种冷饮的包装，引导幼儿说一说自己认识哪种冷饮。请个别幼儿到前面向大家介绍自己喜欢吃的冷饮。

2.幼儿分组品尝冷饮，感知冷饮的特点。

(1)教师引导幼儿自己打开包装，慢慢地品尝。

(2)教师提出问题，引导幼儿说出吃的是什么冷饮，是什么味道，吃冷饮时有什么感觉，冰激凌在自己的嘴里有什么变化。

教师小结：不同口味、不同名称的冷饮所需要的原料也不一样，各种冷饮随着温度升高会慢慢地化掉。

3.教师借助多媒体教学资源中的图片或结合幼儿用书讲述故事《冰激凌小猪》，引导幼儿理解故事内容，懂得吃冷饮要适量。

教师讲述故事后提问：小猪胖胖喜欢吃什么？它变成了什么？为什么？小动物是怎样帮助他的？小动物们为什么也冻得浑身发抖？

4.通过讨论，了解夏季食用冷饮的常识。

教师引导幼儿说一说：食用冷饮时要注意什么？为什么不能多吃冷饮？让幼儿懂得吃冷饮要适量，身体才会健康。

教师小结：冷饮虽然好吃，但吃多了就会刺激我们的肠胃，会肚子疼，还会营养不良，吃冷饮要适量。

(三)教育目的来源

幼儿园课程内容是实现幼儿园课程目标的手段，课程目标指导着课程内容的选择与组织，课程目标通常是各个国家依据国情制定的较为具体的教育目的。《幼儿园教育指导纲要(试行)》中指出，幼儿园的教育活动，是教师以多种形式有目的、有计划地引导幼儿生动、活泼、主动活动的教育过程，并明确提出健康、语言、社会、科学、艺术五大领域的教育内容。在社会领域的内容与要求中提出："充分利用社会资源，引导幼儿实际感受祖国文化的丰富与优秀，感受家乡的变化和发展，激发幼儿爱家乡、爱祖国的情感。"这说明为实现激发幼儿爱家乡、爱祖国的教育目的，达到课程目标，幼儿园课程内容可来源于社会文化，以培养幼儿的情感与价值观。

经典案例

幼儿园大班主题活动“蓝印花布”①

在“我爱我的家乡——南通”主题活动中，孩子们对家乡特产——蓝印花布产生了浓厚的兴趣。老师带领幼儿欣赏了一系列蓝印花布的图片后，孩子们对它的兴趣更加浓厚了。

为了让孩子们更加直观、深入地了解蓝印花布，老师带领孩子们一起去蓝印花布厂一探究竟。进入厂区后，首先映入眼帘的是挂在长架子上晾晒的一排排成品，每块蓝印花布上的花纹都不一样。欣赏到真正的成品后，孩子们叹为观止，原来每一匹布都这么长、这么大。

蓝印花布厂的吴叔叔给孩子们介绍蓝印花布的制作工序：刻板、做防染剂、刮浆、染布、晒布、刮灰等。孩子们边看边思考。小A联想到我们以前玩过的“扎染”：“如果我用蓝色在白布上扎染，也可以变成一块蓝印花布呀！”为了证实她的猜想，吴叔叔给我们提供材料进行操作试验。

扎染的布和蓝印花布有什么不一样呢？孩子们展开了激烈的讨论。老师问孩子们是否想自己动手染一块真正的蓝印花布。“想！”孩子们都很期待。

在征得园领导的支持后，幼儿园购买了一批制作蓝印花布的材料放在美工室，孩子们有了亲自动手体验的机会。

当完成染制后，老师把染好的蓝印花布带回教室，问：“这些可以用来做什么呢？”“做衣服、帽子。”“做包。”“做装饰。”孩子们畅所欲言，准备利用自制的蓝印花布将教室改造一新。

老师告诉孩子们，蓝印花布是国家级非物质文化遗产。豆豆问：“什么是非物质文化遗产？”于是，老师引导孩子们围绕非物质文化遗产展开了讨论。讨论后，我们决定深入这个话题，调查了解除了蓝印花布以外的南通的其他非物质文化遗产。

① 本案例由江苏省南通市通州区实验幼儿园季赢莉老师提供。

第二节　幼儿园课程内容的范围及类型

一、幼儿园课程内容的范围

目前，幼儿园课程内容的范围概括起来主要包含三类：一是基本知识；二是基本态度；三是基本行为。

（一）基本知识

知识是智慧和文化的结晶，知识具有多种价值，它不仅能帮助幼儿认识自己生活的环境，还可以通过这种认识影响他们的行动，比如避开危险、节约资源、从事有利于自己和他人健康的活动等。在选择幼儿园课程内容时，一方面，我们不能过分强调知识的作用，不能由成人强行给幼儿灌输他们不需要也不理解的知识，这种知识不仅不具有促进幼儿发展的意义，还会给幼儿带来很大的学习压力，进而降低幼儿对学习的兴趣，甚至造成一种所谓的“习得性愚蠢”，即对学习的无能感和自信心丧失，这对幼儿的持续发展是极其不利的；另一方面，我们也不能忽视必要的知识学习，既要考虑哪些知识是幼儿必须掌握的，也要考虑如何帮助幼儿整理、扩充、提升其自然且零散的日常经验，使之概括化、系统化。关于幼儿应该学习的“基本知识”，我国学者冯晓霞认为应包括以下几种：①

第一，生命活动必需的知识，如与幼儿的健康、安全有关的知识；

第二，有利于幼儿解决基本生活、交往问题的知识，如基本的社会行为规则、规则的意义等；

第三，帮助幼儿认识自己生活环境的知识，如自然环境和社会环境中常见事物的名称、属性，幼儿能理解的事物之间的关系和联系等；

第四，为今后学习系统的学科知识打基础的知识，如基本的数、量、形、时间、空间概念等；

第五，为成长为未来社会中高素质公民奠基的知识，如简单的环保知识等。

---

① 冯晓霞.幼儿园课程[M].北京：北京师范大学出版社，2001：51.

（二）基本态度

一个人对人、对事、对己都会有一种倾向性，这种倾向性就是态度。态度是伴随着活动过程而产生的体验，它的形成是潜移默化的结果。同时，态度是学习的驱动器，良好的态度对幼儿学习知识、增强能力、获得适宜的行为方式都有促进作用。因此，在幼儿园课程内容中，我们必须考虑那些有助于幼儿发展的基本态度。一方面，我们需要在活动中捕捉有利于幼儿发展的基本态度，充当隐性课程内容；另一方面，我们也可以针对基本态度的范围，选择一些显性的课程内容，通过显性和隐性的相互补充，将基本态度的相关内容贯穿于幼儿园的课程内容之中。[①]除此之外，我们还可以通过模仿、同化、强化、体验等多种方式逐步引导幼儿形成和发展对人、事、物的情感态度；自觉或不自觉地重复他人（榜样）对人、事、物的行为方式是幼儿学习基本态度的方式之一。[②]

所谓"基本态度"，可以理解为人作为一个社会成员所应该具有的心理品质，如基本的情感和个性品质方面的内容。幼儿阶段应着重培养诸如兴趣、自信、自我价值感、责任感、归属感、关心、友好、尊重、同情之类的态度。[③]

（三）基本行为

行为是指受思想支配而表现出来的活动。人类的活动大体有几种基本类型，如生产劳动、社会交往、科学实验等，每一类活动都有各自的一些基本方式和方法。基本行为是一些基本方式、方法的综合体。掌握一些必要的基本行为方式，不仅可以提高人的生存能力，还可以让人体验到成功的乐趣。那些有助于幼儿发展的基本行为，其作用在于使幼儿获得有益的基本方式和方法。

幼儿的日常活动包括生活、交往、学习等几种类型，具体又可分为自我服务、锻炼身体、游戏、观察、探索、交流、表达等，每种活动都包含着一些基本的方式和方法，因此，掌握基本的活动方式和方法，有利于幼儿的日常生活顺利进行。

游戏作为幼儿园的基本活动，对幼儿发展的促进作用是全方位的。游戏活动对幼儿的作用指向身体、认知、情感和社会性等多个方面，通过游戏，幼儿可以习得相应的活动方式和方法。例如，科学游戏可以将抽象的科学知识转化为具体的、有趣的操作；亲子游戏可以增强亲子间的情感联系。[④]当期望幼儿能够获得某些基本行为时，通常可以游戏的形式来组织活动，如期望幼儿获得躲避行为，可以组织幼儿玩老鹰捉小鸡的游戏。

---

① 王春燕.幼儿园课程概论[M].北京：高等教育出版社，2007：70.

② 虞永平，原晋霞.幼儿园课程[M].北京：高等教育出版社，2014：49.

③ 王春燕.幼儿园课程概论[M].北京：高等教育出版社，2007：70.

④ 王春燕，秦元东.幼儿园课程概论（第3版）[M].北京：高等教育出版社，2019：69.

案例探讨

幼儿园小班健康活动“帮布娃娃穿衣服”

一、故事导入，引起兴趣

师：天亮了，太阳公公露出了笑脸，布娃娃也起床了。“妈妈，你在哪里？”布娃娃哭了起来，“妈妈不在，我怎么穿衣服呢？”

师：小朋友们，布娃娃不知道穿什么衣服，该怎么办呀？

二、探讨：帮帮布娃娃

师：小朋友们，你们怎么帮助布娃娃呢？今天是晴天，给布娃娃穿什么衣服合适呢？如果下雨了，你又会给布娃娃穿什么衣服呢？为什么呢？（引导幼儿根据天气的变化，选择合适的服饰，鼓励幼儿积极思考并大胆表述）

三、演示、指导穿衣方法

请一名幼儿帮布娃娃穿衣服，教师指导正确的穿衣方法。

四、游戏：我来帮帮布娃娃

教师出示“天气记录板”，选择不同的季节和天气，引导幼儿给布娃娃穿合适的衣服。

请分析这个案例，分别体现了什么样的基本知识、基本态度和基本行为。

二、幼儿园课程内容的类型

（一）学科课程

学科本义是指对人类积累的科学知识的分类。学科课程又称为分科课程，是指根据科学发展顺序和学校培养目标，分别从各门学科中选择适合学生发展水平和年龄特征的知识来组成教学科目。这种形式的主要特点就是不同门类之间的知识相对独立，各自形成有自身逻辑的知识体系。因此，学科课程的倾向就是知识逻辑。

在幼儿园课程中，分科教育就是一种典型的学科课程。例如，1981年10月，我国教育部颁发的《幼儿园教育纲要（试行草案）》将课程内容分为语言、常识、计算、音乐、美术、体育六科。随着我国学前教育的发展，幼儿园的学科课程不再是严格的分科，而是广义的学科，即广域课程，例如，幼儿园的“艺术”囊括了美术、音乐、戏剧等多个科目的内容。学科课程的特点在于：通过对成人生活的分析来为儿童未来的生活做准备，有明确的目标;通常是按照一定的学科顺序和逻辑,结合学生的发展水平来循序渐进地进行教学;强调课程以及教材的智能训练和内在伦理精神价值,对学生的发展有定向和潜在的要求。

(二)经验课程

经验课程又称活动课程,它以学生的需要、兴趣、能力以及经验为基础,突破学科逻辑系统的界限,通过引导学生自己组织的、有目的的活动而形成的课程。

一些欧美国家的幼儿园课程,根据幼儿的主要活动形式,把内容分为游戏、工作、唱歌、律动、故事、感觉训练、实物观察等。经验课程的特点在于:强调幼儿的需要、兴趣、经验和能力,重视幼儿在活动过程中的内在动力和自我指导作用;通过探究、合作、交往等使幼儿的经验得到改组或改造,注重引导幼儿从做中学,使其品德与智能在过程中得到培养;不先预定目标,强调解决问题的动态过程,同时把课程资源作为解决问题的工具。

一些以皮亚杰理论为指导的学前教育活动方案,还通常把课程内容视为能提供给幼儿关键经验的各种活动。例如,凯米方案以皮亚杰的前运算阶段的三类经验,即物理经验、社会经验、数理逻辑经验为标准,将包含着三类经验的日常生活、传统活动和来自皮亚杰理论启示的活动作为课程内容。而幼儿园经验活动的主要代表是区域活动,它是以幼儿的需要和兴趣为主要出发点,兼顾幼儿园的其他教育目标和活动,将活动空间划分为多个区域,并在区域中投放相应的材料,供给幼儿自主选择,使幼儿通过在区域中进行活动,以获得多样化且有益身心的发展。

拓展阅读

凯米—德芙里斯课程[①]

一、课程的目标

凯米认为,幼儿教育的最终目标是儿童的“发展”。“发展”是获得高层次的认知和道德的唯一方法。由此,她把课程目标分为长期和近期两种。

1.长期目标

发展儿童的“自律或自主性”,培养未来的具有批判性、创造性思维能力,不盲从既成的权威和价值的人。

①何媛,张丽.认知理论的学前课程模式[J].学前教育研究,2003(2).

2.近期目标

近期目标分为认知和社会性/情感两大部分。认知方面即具备主动学习、积极探索的态度;会发现并敢于提出各种问题,产生有趣的想法;注意并能发现事物间的关系和异同。社会性/情感方面即在人际关系环境中情绪安定;尊重他人的感情和权利,会协调自己与别人的看法(去中心化与合作);独立、敏感、好奇,能运用创造性来满足自己的好奇心;自信地考虑问题并自信地表达自己的思想。

二、课程的内容

1.日常生活

日常生活中蕴含着巨大的教育价值,应该自觉而自然地用来进行教育。比如,饭前摆碗碟、配刀叉的活动能够帮助幼儿获得"分类""对应"等数理逻辑知识。教师巧妙的问题如"盘子正好够一人一个吗""刀和叉一样多吗",往往有极好的教学效果。

2.传统活动

凯米课程中吸收了许多幼儿教育中被经验证明有教育价值的活动,并赋予了其新的意义。凯米指出,团体游戏,包括捉迷藏、猜谜语、各种比赛、合作游戏等虽然不是新东西,但其教育价值远不限于人们平时的理解。来自皮亚杰理论的洞察力,使人们能从新的角度利用传统活动来促进幼儿的发展。

3.来自皮亚杰理论启示的活动

为了使幼儿获得更多的物理经验,凯米设计了许多以幼儿自身的推、拉、投、摆弄作为基础的活动;为了让幼儿获得数理逻辑经验,凯米设计了各种需要分类、排序、计数的活动和教学游戏。

(三)核心课程

核心课程强调以人类社会的主要功能和社会问题为核心组织课程要素,即核心课程是一种围绕某个社会话题而设计的课程。①

核心课程实现了不同层面幼儿园课程的综合,其特点在于:围绕一个主要问题开展,使课程具有一定的生成性;活动的形式多样,学生学习具有建构性;以问题为基础营造情境,使课程更具有探究性和趣味性。

在幼儿园课程中,核心课程的典型代表即主题活动。主题活动通常是围绕一个中

① 虞永平,原晋霞.幼儿园课程[M].北京:高等教育出版社,2014:119.

心话题,幼儿与教师在一定时间内进行探索、学习和游戏。它符合幼儿的学习特点,使幼儿的意愿得到满足,但这样的活动对教师的要求较高。如前文出现的经典案例"幼儿园大班主题活动'蓝印花布'"中,师生围绕蓝印花布的起源、制作工艺、用途进行探索,就属于核心课程。

第三节 幼儿园课程内容的选择与组织

一、幼儿园课程内容的选择

幼儿园课程内容是幼教工作者希望幼儿学到的东西，包括基本知识、基本态度和基本行为方式。幼儿通过参与课程活动接触这些内容，最终通过内化而积累学习经验，促进自身发展。[①]我们应该科学地选择与组织幼儿园课程内容。怎样的内容才具有科学性呢？以下几个原则可以作为课程内容选择的依据。

（一）目的性

幼儿园课程内容作为实现课程目标的手段，它的选择必须要与课程目标紧密相关，有利于促进课程目标的实现。可以说，课程目标是课程内容选择的重要标准。

如何才能使课程内容的选择与课程目标紧密相关呢？首先要树立目标意识，在选择课程内容时需要对内容进行分析，看看哪些内容具有教育价值，具体思考何种内容可以实现何种目标、通过怎样的内容来实现这个目标等，通过具有目标意识的思考和分析，保证在内容的选择上不偏离目标，促进目标的实现。

在具有目标意识的基础上，我们还要正确理解目标与内容的关联。通过对“何种内容可以实现何种目标、通过怎样的内容来实现这个目标”的具体思考，理解目标的实现并不是一个内容就可以的，有可能需要多个内容的融合并且进行连续、较长时间的影响。因此，我们需要考虑实现该目标与内容的关联，看看是否一个内容就能实现该目标，还是需要多个内容融合才能实现。

我们可以根据《3–6岁儿童学习与发展指南》中3~6岁幼儿的学习与发展目标，从认知、能力和情感三维目标中来选择相应的课程内容，并将内容进行整合，以此促进幼儿体、智、德、美、劳全面协调发展。需要特别注意的是，除了“全面发展”，还要“优先发展”。所谓“优先”，是指课程设计者对某些内容和活动做价值比较，决定是否纳入课程、纳入比重和先后次序。其核心内容是课程要特别注意为幼儿理想发展所需要的、现实中又特别缺乏的品质提供学习经验，即缺失优先。[②]

① 冯晓霞.幼儿园课程[M].北京：北京师范大学出版社，2001：49.

② 王春燕.幼儿园课程概论[M].北京：高等教育出版社，2007：76.

(二)适宜性

幼儿园课程内容的适宜性主要是指课程内容贴合幼儿的直接经验、符合幼儿的年龄特点以及处于幼儿的“最近发展区”水平。

其一,幼儿主要是通过直接感知事物来进行学习并获得经验的,因此,课程内容不能过于抽象,要尽可能地让幼儿亲身体验、直接感知。幼儿可以通过与各种事物进行接触来感知事物的特征,了解事物发展的规律等,因为只有在直接感知的基础上,幼儿才能够更好地发展其基本认知、基本行为和基本态度。同时,即使一些事物不是幼儿马上能理解到的,但经过一个学习的过程,幼儿便能逐渐感知。

其二,由于幼儿属于低年龄段,他们的认知发展有其特点。根据皮亚杰的认知发展理论,该年龄段的幼儿主要是具体形象思维,因此我们不能要求幼儿马上掌握过于抽象的事物,在选择内容时应先对幼儿进行精心观察,了解和掌握幼儿的年龄特点后遵循其身心发展规律,由易到难、由简到繁,循序渐进地来组织和展开内容。同时,我们不仅要注重幼儿的整体发展水平,也要关注个别幼儿的发展水平,对不同的幼儿要有针对性地进行教育,做到因材施教,让课程内容适宜每一位幼儿的发展。

其三,还可以根据维果斯基的“最近发展区”理论来选择相应的幼儿园课程内容。选择课程内容时不能仅停留在幼儿的现有发展水平上,而是应基于幼儿的现有发展水平,着眼于幼儿未来可发展的水平来选择。总之,课程内容要在幼儿的“最近发展区”内。

除此之外,我们还应注意不同民族、不同地区以及不同家庭中幼儿的个性化特点,课程内容也需要在了解本民族、本地区以及家庭的实际情况之上进行选择,做到因地制宜。

经典案例

幼儿园大班主题活动“我和蛋的故事”①

1.与蛋结缘

阅读时光,小A突然指着书上的小鸡问我:“世界上第一只小鸡是怎么来的呢?”我把这个问题抛给了孩子们。小B说:“小鸡是从蛋里出来的,鸡妈妈会孵蛋。”“可是第一颗蛋从哪里来呢?”小A继续问。“鸡妈妈生出来的吧!”小C

① 本案例由江苏省南通市通州区实验幼儿园季赢莉老师提供。

说。“可是第一只小鸡没有鸡妈妈！”看着他们对这一颗小小的鸡蛋这么感兴趣，我们准备开展有关鸡蛋的活动来满足他们的需求。

我们经过多次研讨，初步预设活动方案，并筛选出幼儿感兴趣的、合适的问题，绘制成思维导图。

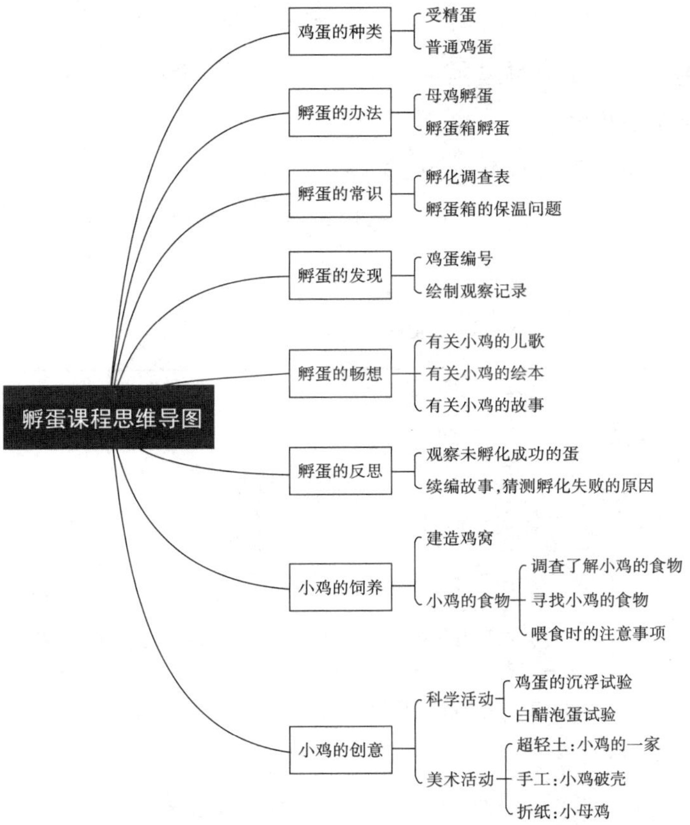

教师在梳理幼儿感兴趣的话题后绘制的思维导图

2. 孵蛋知多少

“小鸡是怎么孵出来的？”为了回答这个问题，我们和孩子们一起搜集资料、向有孵蛋经验的人请教，完成“鸡蛋孵化问卷调查表”。我问他们想不想亲眼看看小鸡的孵化过程，“想！当然想！我们想看孵小鸡！”孩子们都说。经过讨论，大家一致认为，相比于母鸡孵化，购买孵化箱孵化更适合在班级孵蛋。

3. 我的孵蛋计划

为了每个孩子都能积极参与观察，在孵蛋实验中，孩子们用做标记的方式每人领养了一颗鸡蛋。

在孵蛋实验进行到第五天的时候，小E突然跑过来对我说：“季老师，为什么上面显示的温度和下面设定的温度总是不一样啊？”我仔细一看，我们设定了38℃,可是孵蛋箱的实际温度却只有31℃。我们围绕孵蛋箱的温度展开讨论,观察交流后,幼儿发现孵蛋箱是塑料做的,保温性能差,还要借助其他工具才能保温。结合大家的意见,我们将绒布盖在孵蛋箱上,温度终于恢复了正常。

实验第七天,他们用手电筒观察蛋,可以清晰地看到蛋壳内的血管和蛋壳表面的花纹。为了更准确地记录实验过程,我们讨论观察记录格式,并决定每天坚持制作观察记录。

在所有人的等待与期盼中,21天悄然过去了。其间,我们一起畅想过小鸡孵出来后的样子,一起制订了初步的饲养计划。孩子们在不同区角生成不同活动。

在等待孵小鸡的过程中生成的区域游戏

美工区	绘画想象中的小鸡
	用超轻黏土制作小鸡
	设计小鸡的新家图纸
建构区	搭建小鸡的新家模型
阅读区	阅读关于小鸡的绘本,如《溜达鸡》《母鸡萝丝去散步》等

等到第23天的时候,我们的孵蛋箱里还是没有一点儿动静。在咨询卖孵化器的专业人士后,了解到因为孵蛋时间太长,这批鸡蛋都孵不出来了。孩子们自责而又不解,大家纷纷猜测小鸡孵不出来的原因。

我们请了在农场工作的曹伯伯在线进行答疑。会上,有一个小朋友问:“孵蛋过程中我们可以把蛋宝宝拿出来观察吗?可以观察多长时间?”曹伯伯告诉我们:“孵蛋前期需要经常翻蛋,避免蛋液沉淀。夏天可以把鸡蛋拿出来观察,冬天就不能把鸡蛋拿出来观察太久。”

回到教室后,孩子们的心情还是有些低落。小A说:“它们为什么会死呢?”我们敲开了几个蛋壳,原来,这些蛋里都出现了一个小黑点,这是不完全受精的蛋,还有的蛋里已经有了小鸡的雏形,可能是因为后期孵化温度太高缺氧而死。在幼儿了解了为什么孵不出蛋后,我们在阅读区提供了绘本《孵不出来的小鸡》。

现在,孩子们接受了这个现实。经讨论后,我们决定更换掉这批蛋,重新进行孵化实验。

在此案例中，幼儿理解和探知生命的方式，就是直接感知、实际操作、亲身体验。他们全程参与了小鸡的孵化过程，坚持探索，积极思考，遇到问题后主动寻找答案，真切感受到生命的奇妙，领悟到生命的珍贵。在获得知识的同时，他们也逐渐懂得了热爱、尊重和保护每一个生命。教师尊重幼儿的好奇心和探索欲，选择有关孵小鸡的内容开展课程，符合幼儿的年龄特点，实施过程采取适宜幼儿的方式，才会收到良好的课程成效。

（三）生活化

我国著名的教育家陶行知、张雪门、陈鹤琴等人都非常重视在生活中对幼儿进行教育。一日生活皆是课程，生活就是教育。幼儿园课程内容的生活化主要是指以幼儿的实际生活为切入点，通过精心观察，对有助于幼儿发展的各种内容进行整合。但值得注意的是，课程内容并不是生活本身，课程内容基于生活而高于生活。

幼儿园课程内容并不只是局限于集体教学活动、游戏活动，还包括幼儿从入园到离园的一日生活活动。由于幼儿的年龄较小，无意注意和直接学习是主要的学习方式，只要教师乐于观察、善于观察，就能发现幼儿每天丰富且有趣的日常生活，如盥洗、进餐以及午睡等日常生活事件也可以是课程内容。

幼儿是以自我为中心的，对自己的生活非常关注，因此，课程内容应该关注和贴近幼儿的实际生活，只有如此，才能够让幼儿通过接触事物或事件来获得直接经验，不断进行学习和思考。需要注意的是：我们不能狭隘地将幼儿的生活仅仅理解为现在的生活，随着新时代的到来，科技、信息技术和大众传媒不断发展，幼儿的生活经验可能已经超过我们认为的传统范围，很早以前的事物也能够成为幼儿经验的重要组成部分。比如，幼儿可以通过参观博物馆来切实感受历史的发展，获得对历史时期各种事件的初步了解。

课程内容只有贴近幼儿的实际生活，才能让幼儿有熟悉感和归属感，从而激发他们的兴趣，使他们更加容易接受和学习。比如，通过采访清洁工甚至亲自体验清洁工的工作，了解清洁工工作的不易，幼儿能够更好地知道爱护环境的重要性。又如，幼儿经常进行的角色扮演游戏，是幼儿根据自己的实际生活经验，按照自己的意愿来创造性地反映现实生活的活动。在这样的活动中，幼儿并不认为自己在被动地接受和学习，而是置身于愉悦的生活之中进行主动的创造和探索。

因此，我们要善于在幼儿的生活中挖掘课程内容，让幼儿能够亲身感受、自然学习，然后再通过生活化的课程内容，引导幼儿整理、提升自身经验，促使幼儿更进一步的发展。[1]在进行课程内容的选择时，如果没有紧贴幼儿的实际生活，远离他们的实际生活经验，是不利于他们进行学习的。

经典案例

幼儿园小班幼儿自主进餐记[2]

1. 午餐大难题

午餐时间到了，小四班的教室里状况百出。看着碗里的青椒，小T嘟着嘴说："我不想吃碗里的这种菜。"有的孩子说："老师，我碗里的饭太多了，我吃不完。"也有孩子直接捂住了碗口，不让老师盛菜，只想吃白米饭。经过班级老师的讨论，我们准备将这些问题逐个击破。

2. 盛饭小能手

在谈话活动中，我问孩子们："老师不知道你的饭量，给你盛太多了怎么办呢？"小D说："我把多的饭倒掉。"小E说："我们可以自己盛！"她的话得到了其他孩子的赞同，大家都想尝试自己盛饭。我们在家长群中发起问卷调查，了解孩子在家中的盛饭情况。统计结果显示，我班37名幼儿中，没人在家自己盛饭，3人能熟练地使用饭勺盛饭，5人会使用饭勺盛饭，2人不会使用饭勺盛饭，27人从未尝试过自己盛饭。家长们了解了我们即将开展的自主进餐课程后，大部分家长表示愿意支持班级开展此次活动；也有个别家长担忧宝贝盛饭时被烫伤，或不会排队盛饭。

为了让幼儿学会正确使用饭勺，教师提供支持，利用儿歌《小饭勺》，帮助幼儿掌握正确拿饭勺的姿势；通过表演儿歌，锻炼幼儿拿饭勺盛饭的动作。

温馨的用餐环境可以帮助幼儿愉悦心情、增进食欲。餐前环节，小T给大家介绍了他最喜欢的餐厅场景，他提议："我们的餐桌上可以铺上漂亮的桌布，中间还可以放一些花。"小F说："还有一些饭店里会放好听的音乐。"我们听取了他们的建议，通过铺桌布、播放舒缓动听的餐前音乐，创设温馨舒适的进餐环境，让幼儿真正享受午餐时光。

在集体活动时间，我们通过分享故事《樱桃和辣椒》，让幼儿了解每种食物的营养价值；通过学唱歌曲《大馒头》《悯农》，让幼儿知道粮食来之不易，使其萌发爱惜粮食、尊重劳动者的情感；通过健康活动"多多什么都爱吃""吃饭不

---

① 王春燕.幼儿园课程概论[M].北京：高等教育出版社，2007：78.

② 本案例由江苏省南通市通州区实验幼儿园季赢莉老师提供。

挑食”，让幼儿知道要多吃蔬菜、水果等，尽量不吃垃圾食品。

吃完午饭后，进餐速度快的幼儿迫不及待地给大家展示他们干干净净的餐盘。为了表扬他们良好的进餐表现，鼓励其他幼儿像他们一样不浪费粮食，我们在教室前面设置了一面表彰墙。越来越多的“干饭小达人”产生啦！

在上述案例中，教师通过对幼儿进餐情况的观察，以幼儿为中心，选择贴近幼儿实际生活的进餐活动作为课程内容。通过活动，幼儿掌握了拿饭勺的正确姿势，了解了食物的营养价值，知道了食物来之不易……教师选择幼儿的生活事件展开活动，幼儿非常感兴趣，全身心投入其中，活动取得了良好的效果。

（四）基础性

幼儿园课程内容最基本的特点——基础性，是指课程内容对幼儿的成长具有基础性作用，为幼儿未来的发展夯实稳固的基底。因此，幼儿园课程内容应立足于幼儿发展中最基本的问题。课程内容是否具有基础性，我们可以从“是否与幼儿当前的生活、学习有直接的关系；是否必须现在学，以后再学就失去最佳时机；是否是文化或人类知识中的最基本成分，而且是今后学习所必需的基础”等方面来进行判断。①

我们除了应让幼儿了解和掌握相应的知识和技能以外，更应注重幼儿从中获得的情感体验。幼儿现在所学所得的，应具有很大的应用性和迁移性，能够最大限度地促进他们未来更加有效地学习和发展，如果错过了最佳时期便会事倍功半。在幼儿园五大领域的活动中，比起让幼儿了解保健常识、掌握动作技能、学习读书写字、能够对数学进行应用、画出漂亮的画等，我们其实更应注重在集体活动中培养幼儿安定、愉快的情绪，养成良好的生活卫生习惯；乐意与人交谈、讲话礼貌；学习互助、合作和分享，爱父母长辈、老师和同伴，爱集体、爱家乡、爱祖国；有好奇心和探索欲，爱护动植物，保护大自然；喜欢参加艺术活动，并且大胆地表现自己的情感和体验等。这些才是促进幼儿未来乃至终身学习的重要基础。

除此之外，基础性还必须涵盖课程内容的文化性。课程内容应反映和传递中国优秀的文化传统。幼儿园课程应该着眼于培养与中国社会文化相适应的人、传承与发展中国优秀文化的人。②研究表明，文化对于幼儿的教育影响十分重要，不同文化底蕴下的教育是具有差异性的，因此，我们要立足于中国的优秀文化来选择课程内容。

---

① 冯晓霞.幼儿园课程[M].北京：北京师范大学出版社，2001：58.

② 王春燕.幼儿园课程概论[M].北京：高等教育出版社，2007：80.

二、幼儿园课程内容的不同组织方式

（一）逻辑顺序与心理顺序

1. 逻辑顺序

按逻辑顺序组织是指按照知识本身的内在逻辑联系来组织编排课程内容的一种方式。该组织方式强调知识本身的逻辑顺序，有利于幼儿接受系统的知识。遵循逻辑顺序组织的课程内容能够保持知识本身的逻辑性与系统性，有利于学习者获得系统的知识经验，此种课程的计划性也有利于教师完成预设目标。但该组织方式也存在缺点，比如容易忽视学习者的兴趣和实际需要，难以照顾到学习者的个体差异（如已有经验、学习能力等）。①

2. 心理顺序

按心理顺序组织是指根据学习者的身心发展特点，以及学习者的经验、能力、爱好和需要来组织编排课程内容的一种方式。该组织方式强调幼儿的身心发展特点、能力、需要，有利于调动幼儿的积极性。例如，在认识水果的内容安排上，先认识水果的外部特征，再认识水果的内部结构，最后认识水果的外部特征、内部结构与其生长环境之间的关系；在科学课程中认识水果，在语言课程中阅读与水果相关的绘本，在艺术课程中绘制或者制作水果。这些都属于遵循心理顺序组织课程内容。遵循心理顺序组织的课程内容能够贴近幼儿的生活经验，课程内容有较大的灵活性和变通性。但该组织方式也存在缺点，比如课程内容难以形成系统的知识经验，教师难以把握等。

遵循逻辑顺序组织的课程内容与遵循心理顺序组织的课程内容是对立统一的，一些课程内容可以兼顾逻辑顺序与心理顺序，但并不是所有课程内容都可以兼顾两种顺序。

（二）纵向组织与横向组织

1. 纵向组织

按纵向组织是指根据知识、技能由浅入深、由易到难，以先后顺序排列课程内容的一种方式。此组织方式重视知识、技能的层次性，根据幼儿的学习特点，将课程内容依次展开。例如，以数学活动为例，小班幼儿需要了解“1”和“许多”的概念，能够辨别就可以；中班幼儿需要形成5以内数的概念，理解数字的实际意义，这是建立在对数字“1”认识的基础上才获得的经验；大班幼儿需要形成10以内数的概念，了解10以内序

① 虞永平，原晋霞．幼儿园课程[M]．北京：高等教育出版社，2014：54.

数的关系。这就是按照由浅入深、由易到难的顺序逐渐递进的。

需要注意的是，纵向组织方式的组织排列不是直线式的，而是螺旋递进的，即课程内容会重复出现，但是这些重复出现的内容在深度和广度上都有所增加。[①]纵向组织的方式有利于幼儿获得整合性经验和更加深刻的认识，也有利于幼儿的持续性发展。

2.横向组织

按横向组织是指打破传统的知识体系，强调按各种知识之间的有机联系排列课程内容的一种方式。该组织方式在知识与技能的逻辑基础上，关照幼儿心理的整体发展水平，即幼儿的心理逻辑，帮助幼儿整合和贯通知识与经验。

案例分析

幼儿园大班综合活动“买菜”

活动目标：

1.会10以内的加减运算，能够准确算出菜价；

2.能有礼貌地和对方交流、询问菜价；

3.买菜后能够主动排队付款，自觉遵守社会规范。

第一个活动目标体现了数学领域的教育价值，第二个活动目标体现了语文领域的教育价值，第三个活动目标体现了社会领域的教育价值。三个目标都围绕着“买菜”的经验，贴近幼儿生活，打破了学科的界限，成为一个融合的整体。

需要注意的是，横向组织方式与幼儿的发展特征和学习方式较为接近，有利于幼儿学习，但是，切忌不顾逻辑性的极端做法，避免出现“大拼盘”式的课程内容。[②]

（三）直线式组织与螺旋式组织

直线式课程与螺旋式课程是布鲁纳结构主义课程理论的重要思想之一，两者对幼儿的发展都具有一定的内生动力与学习效果累积效应。

1.直线式组织

直线式组织即把一门课程的内容组织成一条逻辑上前后相互联系的直线，且前后的内容不重复，具体指一门课程在学生的不同年级以及深度、广度和难度上有一定的

① 朱家雄.幼儿园课程[M].上海：华东师范大学出版社，2003：154.

② 王春燕.幼儿园课程概论[M].北京：高等教育出版社，2007：91.

变化。布鲁纳曾提出“任何学科都能在智育上以正确的方式有效地教给任何发展阶段的儿童”的大胆的假设。

直线式组织课程内容的优点是可以较好地反映一门学科的逻辑顺序，避免课程内容中不必要的重复。缺点是不能恰当地体现学生的认知与发展特点，不利于将学科发展的前沿成果尽可能早地应用到教学中。例如：幼儿园进行绘画课程的教学，小班幼儿只需要会简单涂鸦即可；中班幼儿需要在涂鸦的基础上学会画出简略的线条与色彩的搭配；到了大班，幼儿还需要在掌握一定的绘画技巧的基础上，通过自身的想象与创造，有针对性地画出一幅完整的画。在这个过程中，我们可以看到，幼儿经历了“简单涂鸦—简略线条与色彩搭配—完整图画”三个不同的阶段，每一个阶段都有各自所要学习的内容且前后不重复，这就是幼儿园的直线式课程。

2. 螺旋式组织

螺旋式组织也是由布鲁纳提出的，其基本假设是任何教材都能用一种合理的方式来教给某一发展阶段的学生。螺旋式课程在不同的阶段，课程内容会不断重复出现，内容的深度和广度都有所提升，有别于内容不会重复的直线式课程。也就是说，在不同的学习阶段，螺旋式课程具有反复出现的特性。在此基础上，利用学生身心发展的成熟性，使学科内容不断得到拓展与加深，呈现出螺旋上升的趋势。

此类课程的优点是能够将学科课程的学科逻辑与学生的心理逻辑相互配合，从而更好地实现教学目标。但缺点是容易造成学科内容的臃肿与不必要重复。而幼儿园阶段的螺旋式课程，就是在幼儿园教学中教师使用符合某一年龄阶段幼儿身心发展的教学方式来进行教学，使学科逻辑与幼儿的心理逻辑相互匹配，达成一致。例如：大、中、小班的课程内容都有“认识动物”这样一个主题，幼儿在小班时，是认识身边常见的动物（如猫、狗、鱼、鸟等），知道常见动物的特点；中班时，幼儿就需要根据动物的异同将其进行分类，从类型上来整体性地认知动物的特点；到了大班，幼儿就需要理解动物与环境、人类之间的关系，更深入地理解自然规律。这就是一种螺旋式课程。

实践发现，只有将两种课程融合，直线式课程中有螺旋式课程，螺旋式课程中有直线式课程，才能真正促进幼儿的发展与教师教学的进步。

（四）预设课程组织与生成课程组织

1. 预设课程组织

预设课程的理论基础是泰勒原理。泰勒原理主要呈现的是教育者用事先预定好的方案去套教育中的每一个步骤，并去除教育中的不利因素，从而有效地控制幼儿，实现教育目标。幼儿园预设课程组织方式主要是指各个省与地区在执行国家统一的指导纲要基础上预先建立一定的课程方案，幼儿园与教师遵照这些预定的课程方案来指导幼儿进行活动。

虽然现在全国都在推行自主创设课程，但大多数幼儿园还是会施行预设课程。例如：幼儿园在进行体育游戏时，还是会对照《幼儿园教育指导纲要（试行）》与《3-6岁儿童学习与发展指南》进行。这在无形中也让我们看到了预设课程的弊端，即常常会出现课程的设计与儿童的兴趣、需要并不吻合，但教师又将幼儿限制在预定的、具体的教育目标中，过分注重教育目标的确定性与准确性，最终使得教育过程呈现“走过场”的形式，这不利于“以幼儿为本”的理念的实施，使得幼儿的主体性得不到发挥，也不利于教师的专业成长。①

2.生成课程组织

生成课程最早是由美国太平洋橡树学院的贝蒂·琼斯提出的。同时，约翰·尼莫教授也指出，生成课程不是“罐头式课程”，不是“木乃伊式课程”，也不是偶然的、随意的、老师牵着鼻子走的课程。生成课程是师幼互动过程中，教师通过对幼儿的需要与感兴趣事物的价值判断，不断调整活动，促进幼儿更有效学习的课程发展过程；是师幼共同学习的动态过程；也是共同建构对世界、对他人、对自己的态度与认识的过程。②

生成课程也有一定的特点，从课程存在形态来看，没有预先准备好的静态方案；从方案设计来看，没有精密的设计与粗略的框架；从课程设计与实施来看，两者统一于一个过程中，是一边活动一边设计的，课程是在师幼互动中不断形成的，更加重视幼儿的经验表征。同时，生成课程力图从根本上消除现代主义课程范式的预设性与确定性，提倡课程是活的，而不再是固定的程序与模式。而且在整个课程生成过程中，更多的是从幼儿感兴趣的事物中考虑目标的实现，真正做到以幼儿为本。例如：当前的户外自主游戏就是生动的例子，其主张教师实行“放手政策”，让幼儿自己玩耍、自己探索。基于此，就对教师的教学有了一定的要求，教师在教学过程中应该以原预设内容为基础，为幼儿创设良好环境，鼓励幼儿自主探索，经常对幼儿活动进行反思。与此同时，教师还应该具有敏锐的观察与判断能力，不拘泥于预设，时刻保持“活教育”。

---

① 许圆圆.陶行知教育思想指引下幼儿园主题活动的预设与生成[J].好家长（教学与管理），2020(4).

② 冯晓霞.生成课程与预成课程[J].早期教育，2001(8).

学习研究

"安吉游戏"课程内容组织

安吉，浙江北部一个山区县城，在进行了长达20年的幼儿教育实践探索之后，自2016年起，"安吉游戏"声名鹊起，甚至走出国门，在美国拥有了多家"试点园"。安吉"以游戏为基本活动"的幼儿教育模式，在自由自主的游戏与生活中培养学前儿童积极的自我意识、自主行动、自我管理，以及批判性思维、问题解决、交流合作、积极创造等能力。安吉幼儿园课程将真游戏精神渗透到幼儿园一日生活的各种活动中，实行一日生活时间的弹性安排，将大量时间留给幼儿自主游戏，支持幼儿自由自主地在自己的已有水平上发展。

如今的期刊文献、网络视频等中有许多安吉游戏的案例，也有专门介绍安吉游戏的书籍，如《放手游戏 发现儿童》等。请查阅安吉游戏相关资料，结合部分游戏案例来分析安吉幼儿园课程内容的组织方式。

本章小结

幼儿园课程内容与幼儿园课程目标紧密相连，它是实现幼儿园课程目标的手段，为实现课程目标服务，课程目标指导着课程内容的选择与组织。具体而言，幼儿园课程内容是根据幼儿园的课程目标和相应的学习经验选择的、蕴含或组织在幼儿的各种活动中的基本态度、基本知识、基本技能和基本行为。外部环境、幼儿生活及教育目的是幼儿园课程内容的三个主要来源。目前，幼儿园课程内容的范围概括起来主要包含三类：一是基本知识；二是基本态度；三是基本行为。幼儿园课程内容的类型有三种：学科课程、经验课程及核心课程。幼儿园课程内容的选择应遵循四大原则，即目的性、适宜性、生活化和基础性。在此基础上，幼儿园课程内容有四大不同的组织方式：逻辑顺序与心理顺序、纵向组织与横向组织、直线式组织与螺旋式组织、预设课程组织与生成课程组织。总之，没有最好的课程，只有最适宜的课程。幼儿园课程是"预设"与"生成"循环往复的过程，需要教师充分发挥自身的创造性，处理好计划与变化的关系，以求得幼儿园课程的高质量发展。

思考与实训

1. 请结合实际分析课程内容中基本知识、基本态度、基本行为三者之间的关系。

2. 试比较幼儿园学科课程、经验课程和核心课程之间的差异。

3. 自选幼儿园教育活动设计实例，结合本章所学知识分析该课程内容的选择原则，以及该课程内容是以何种组织方式进行的。

专题探讨

背景资料：

“我爱卡通”①课程内容特点探讨

教师根据幼儿的兴趣，设计“我爱卡通”系列活动，开展“我们的卡通城”“我最喜欢的卡通娃娃”“卡通娃娃影集”“卡通大串烧”等活动，引导幼儿感知卡通形象的艺术美，通过自己喜欢的方式表达对卡通形象的认识，并在此基础上了解不同民族、不同国家卡通的艺术表现形式。

活动过程

（一）我们的卡通城

活动目标：丰富幼儿对卡通的认识，让幼儿能自由谈论“卡通城”中的卡通物品。

活动准备：幼儿、家长、教师共同收集卡通物品，布置“卡通城”。

活动步骤：

1. 幼儿收集卡通片、卡通玩具、卡通图片、卡通书籍，以及带有卡通形象的生活用品。

2. 幼儿与家长、教师一起收看有关卡通的节目，谈论卡通，丰富幼儿对卡通的认识。

3. 将所收集的卡通物品陈列在“卡通城”中，引发幼儿对卡通的关注、喜爱。

（二）我最喜欢的卡通娃娃

活动目标：学会归纳卡通娃娃的特征，引导幼儿发现卡通娃娃的造型美、色彩美等，体验美的感受。

活动准备：不同材料做成的各种形象的卡通娃娃；幼儿、教师共同布置卡通娃娃展；游戏音乐磁带。

---

① 杨晓萍，杨丽雅．“我爱卡通”活动设计的思考——回归生活视野下幼儿园艺术课程内容的选择[J]．学前教育研究，2003(2)．

活动步骤：

1. 卡通娃娃展。幼儿自由参观，看一看有哪些卡通娃娃。

2. 我最喜欢的卡通娃娃。幼儿进行游戏，在音乐中寻找自己最喜欢的卡通娃娃；幼儿自由组合，分组讨论我最喜欢的卡通娃娃。

3. 我是卡通娃娃。幼儿将自己装扮成喜欢的卡通娃娃，在卡通片主题曲伴奏下自由模仿、表演。

4. 大胆想象、设计自己的卡通娃娃。

（三）卡通娃娃影集

活动目标：引导幼儿欣赏卡通娃娃的可爱、滑稽，鼓励幼儿用动作、语言、表情表现卡通娃娃。

活动准备："卡通片大串烧"、自制影集。

活动过程：

1. 欣赏"卡通大串烧"。

2. 谈论卡通片中卡通娃娃的形象特点。

3. 我给卡通娃娃画张像。

（四）卡通大串烧

活动目标：让幼儿了解不同民族、国家卡通的艺术表现形式，激发幼儿关注其他民族与国家的卡通艺术的兴趣。

活动准备：选择具有代表性的卡通片：《蓝猫淘气三千问》《猫和老鼠》《哆啦A梦》。

活动过程：

1. 幼儿观看具有代表性的卡通片片段：蓝猫淘气三千问、猫和老鼠、哆啦A梦。

2. 教师引导幼儿谈论三部卡通片的特色。幼儿先自由谈论，教师根据幼儿的谈论内容，引导幼儿重点讨论三部卡通片中主角的造型艺术特征。

3. 了解不同文化背景下的卡通片：蓝猫—中国，汤姆—美国，哆啦A梦—日本。

4. 机智抢答：不同国籍的卡通娃娃。

探讨：

1. 此课程案例内容来源于什么？范围包含了什么？属于哪些课程类型？

2. 教师选择开展这些教育活动的依据是什么？组织方式有哪些？

第六章

幼儿园课程实施

学习目标

- 了解幼儿园课程实施的内涵与取向，学习用辩证法的观点看待各种课程实施取向；
- 掌握幼儿园课程实施的基本途径；
- 了解幼儿园课程实施中的教学策略；
- 了解幼儿园课程实施的影响因素及常见问题。

学习重难点

- 重点：幼儿园课程实施的基本途径。
- 难点：幼儿园课程实施中的教学策略、影响因素及常见问题。

案例破冰

幼儿园的课程要不要按照计划如实开展？

夏老师为了让小班的小朋友养成良好的刷牙习惯，设计了“宝宝爱刷牙”的主题活动，还精心布置了班级环境，贴上了刷牙过程的图片。在课程进行过程中，有个小朋友突然说：“老师，我妈妈说我的牙齿上有个小洞洞。”孩子们一下子全部都围过来，对他的牙齿非常感兴趣，想要看他的牙齿，还不停地问他各种问题。夏老师发现后面设计的活动没有办法开展下去，但她发现孩子对龋齿的产生过程比较感兴趣，因此顺势而为，创生出“龋齿是如何产生的”主题活动，还用蛋壳设计了小实验让孩子们观察。在孩子们弄清楚龋齿产生的原因后，再用儿歌的方式教孩子们正确刷牙的方法，并开展家园合作活动，让家长在家监督和引导孩子用正确的方法刷牙。虽然孩子们掌握了正确的刷牙方法，但夏老师觉得自己的课程没有完全按照预先设计的方案开展，内心有些担心，认为自己没有很好地完成相应的教学目标。

假如你是夏老师，你会如何看待整个课程实施过程？夏老师的做法是否正确？本章内容会给我们带来一定的启示，帮助我们解答上述问题。

第一节 幼儿园课程实施的内涵与取向

一、幼儿园课程实施的内涵

(一)课程实施的内涵

关于课程实施的内涵,不同学者提出了不同的见解。比如,有学者认为课程实施是将编制好的课程计划付诸实际的过程,是实现预期的课程理想、达到预期课程目标的基本途径。[①]

孟凡丽等学者从广义和狭义两个角度总结了课程实施的含义:广义的课程实施是把编制好的课程具体化,并使之发生效用的过程。它包括三个阶段:第一阶段是做出使用课程计划的决定;第二阶段是实施或最初使用阶段;第三阶段是常规化或制度化阶段。狭义的课程实施仅指第二阶段,其实质就是教学。[②]

关于课程实施的内涵,钟启泉认为,现今主要有两种观点影响较大:一种观点认为,课程实施问题就是研究一个课程方案的执行情况;另一种观点则认为课程实施是作为一个动态的过程而存在的。课程实施是把一项课程改革付诸实践的过程。实施的焦点是实践中发生改革的程度和影响改革程度的那些因素。因此,课程实施问题不只是研究课程方案的落实程度,还要研究学校和教师在执行具体课程的过程中,是否按照实际的情况对课程进行了调适以及影响课程改革程度的因素。

可以说,对课程实施的不同认识,导致了课程实施策略、课程实施取向以及实施过程中问题解决方式的不同。尽管人们对课程实施的认识不一,但至少在三个方面已形成共识:

第一,课程实施是将编制好的课程计划付诸实践的过程,是实现预期的课程理想、达到预期的课程目的、实现预期教育结果的手段;

第二,课程实施是通过教学活动将编制好的课程付诸实践;

第三,课程实施的焦点是实践中发生改革的程度和影响课程实施的那些因素。[③]

① 朱家雄.幼儿园课程(第二版)[M].上海:华东师范大学出版社,2011:182.

② 孟凡丽,于海波.课程实施研究二十年[J].西北师大学报(社会科学版),2003(2).

③ 阮素莲.幼儿园课程概论[M].北京:高等教育出版社,2014:79.

政策解读

《3-6岁儿童学习与发展指南》对幼儿园课程的要求[①]

课程要素	基于指南的课程特征描述
课程哲学	促进儿童个体的全面和谐发展
儿童观	儿童是主动的学习者
教师观	儿童学习的支持者、促进者
课程决策	园本的、协商参与的
课程文化	以儿童为中心、师幼共同建构
内容	生活化、整体化
实施	在游戏和日常生活中进行
学习方式	探究、体验为基础的经验建构

(二)幼儿园课程实施的内涵

关于幼儿园课程实施,我们也发现不同专家有不同的看法。有学者认为,幼儿园课程实施是将课程设计方案付诸实践的过程,是实现预期课程目标的基本途径,是通过教师专门组织的教育活动、游戏、日常生活与常规性活动、学习环境、家园合作等途径来实现的。幼儿园课程实施的本质是一个课程的“再设计”过程,其中需要教师富有创造性的劳动。[②]幼儿园课程实施是把课程设计的方案付诸实行,是教师根据课程设计方案对幼儿实施影响的过程。[③]

从以上描述我们不难发现,因在教育学领域对课程实施的认识不同,导致了在学前教育领域对幼儿园课程实施的看法也是多样的。

二、幼儿园课程实施的取向

课程实施的取向是指对课程实施过程本质的不同认识以及支配这些认识的相应的课程价值观。[④]在课程实施过程中,由于不同的人所持的教育价值观的不同,对课程

① 姚慧.幼儿园课程能力建设的内涵与路径探索——基于《3-6岁儿童学习与发展指南》对幼儿园课程的要求[J].上海教育科研,2015(7).

② 冯晓霞.幼儿园课程[M].北京:北京师范大学出版社,2001.

③ 曹能秀.课程实施过程中幼儿教师应处理好的四种关系[J].学前教育研究,1998(1).

④ 钟启泉,张华.课程与教学论[M].沈阳:辽宁大学出版社,2007:274.

实施也有不同的认识，并会直接影响课程实施的具体环节。一般来说，学界关于课程实施存在三种基本取向，即忠实取向、相互适应取向和课程创生取向。[①]

（一）忠实取向

忠实取向即视课程实施为忠实地执行课程方案的过程。衡量课程实施成功与否的基本标准是课程实施过程中实现预定的课程方案的程度。实施课程愈接近预定的课程方案，则愈为忠实，课程实施程度也愈高；若与预定的课程方案差距愈大，则愈不忠实，课程实施程度愈低。

这种观点强调课程设计的优先性与重要性，强调事前规划的课程方案具有示范作用，教师应当不折不扣地执行。倘若课堂中的教师不能忠实地实施课程，则认为投入可观的资源、时间与精力以及规划最佳的学校课程便是前功尽弃。课程实施的忠实取向不给教师留下太多的弹性与自由发挥的空间，不鼓励或允许个别教师在自己的课堂情境中因变革而修改课程内容。其基本假设是：倘若教师的课程实施选择权不多，则课程实施的方法愈明确，课程实施就愈“忠实”。忠实取向强调课程专家在课程变革中的重要地位，把课程变革看成实施预定课程计划的机械、线性的过程，对课程实施者的主动性认识不足，容易陷入机械主义和教条主义的泥潭。

忠实取向的课程实施适用于某些特定的课程情境，特别适用于课程内容极为复杂、困难且不容易掌握精熟的新课程方案，或是学生的理解有赖于配合课程内容的特定安排，因此，课程实施的顺序有必要在事前加以规定。然而，课程的规范说明与行政命令规定可以规范课程科目知识的最小范围与最低标准，但无法硬性限制师生的最大选择范围与最高成就标准，更不应该限制师生对学习方法的选择。

（二）相互适应取向

相互适应取向即把课程实施视为课程设计人员与课程实施者双方同意进行修正调整，采用最有效的方法以确保课程实施之成效的过程。相互适应取向强调课程实施不是单向的传递、接受，而是双向的互动与改变。课程方案有必要因学校教育的实际情境而加以弹性调整。事实上，所有的课程方案在实施过程中都必须经过修正与调整才能适用于特定而变化的课堂情境。

相互适应取向认为，一项课程方案付诸实施之后，可能会发生两方面的变化：一方面，既定的课程方案发生变化，以适应各种具体实践情境的特殊需要；另一方面，既有的课程实践发生变化，以适应课程方案的特定要求。课程实施中的相互调适现象是必要的，也是必然的。

---

① 钟启泉，张华．课程与教学论[M]．沈阳：辽宁大学出版社，2007：274-281.

相互适应取向倾向于把课程变革视为一种复杂的、非线性的和不可预知的过程，而不是预期目标与规划方案的线性演绎过程。因此，应关注对课程实施过程中的社会情境因素的分析，借以揭示课程变革的深层机制。相互适应取向考虑了具体的实践情境，如社区条件、学校情境、师生特点等对课程实施的影响，反映了师生的主动性以及课程实施的复杂性、不确定性和过程性。与忠实取向相比，更符合课程实施的实际情况。

（三）课程创生取向

课程创生取向即把课程实施视为师生在具体的课堂情境中共同合作、创造新的教育经验的过程。真正的课程并不是在实施之前就固定下来的，它是情境化、人格化的。课程实施本质上是在具体的课堂情境中“创生”新的教育经验的过程。既有的课程方案不过是一种供这种经验创生过程选择的工具而已。课程创生取向强调“课程是实践”。课程不是被传递的教材或课表，不是理所当然的命令与教条，而是需要加以质疑、批判、验证和改写的假设。

在学前教育领域，课程创生是对我国传统课程“忠实取向”的颠覆与超越。学前课程创生指幼儿园教师主动根据儿童的兴趣、需要和发展实际，结合幼儿园现状，创造性地开发和实施课程，以促进儿童多方面经验有效增长和建构、实现儿童全面又富有个性的发展的过程。[①]瑞吉欧体系、方案教学、儿童的探究性活动等都是典型的创生取向的课程实践。向海英认为，学前课程创生虽然强调过程性和情境性，但作为教育活动，它的实现不可避免地要遵循一定的路径，即问题聚焦—可行性分析—主题方案的设计—环境创设—主题方案的实施—反思评价（如图6–1）。

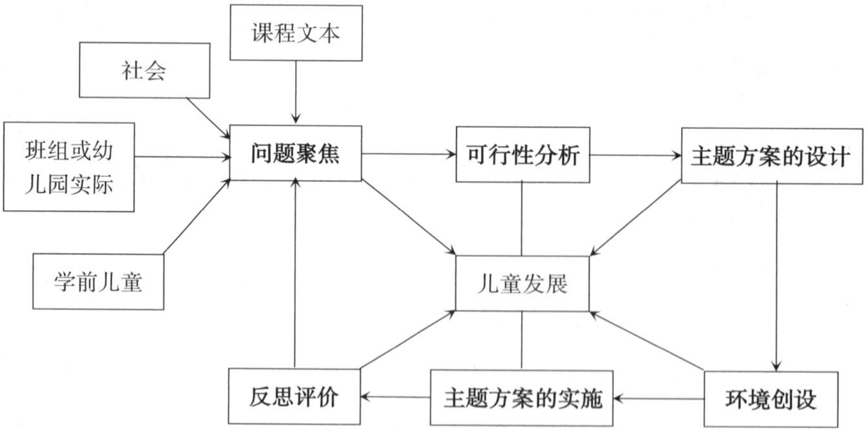

图6–1 学前课程创生模式的实现路径[②]

① 向海英.学前课程创生的内涵与特质[J].当代教育科学，2010(9).
② 向海英.学前教育课程创生研究[D].济南：山东师范大学，2010.

（四）三种取向的权衡

课程实施的三种取向揭示了课程实施的本质，各有其存在的价值，我们需辩证地看待，结合实际情况选择合适的实施取向。从忠实取向到相互适应取向，再到课程创生取向，也意味着课程变革的发展趋势。

钟启泉、张华等学者认为，课程实施的三种取向构成了一个连续体，连续体的一端是“计划的课程”，对应的是课程实施的忠实取向。课程实施为一丝不苟地实现“计划的课程”的过程。制订课程计划的课程专家和行政人员是课程变革的核心和主体。连续体的另一端则是“创生的课程”，对应于课程实施的创生取向。创生取向把课程变革视为变革的参与者——学生与教师的个性变化、发展与成长的过程。因此，个性发展才是课程实施的标准，课程实施的过程是教师与学生共同创造适合其个性发展需要的积极的教育经验的过程。具体教育情境中的教师和学生是课程变革的核心和主体。连续体的中间是“修改的课程”，对应于课程实施的相互适应取向。该取向把课程变革视为计划者与执行者之间相互改变、相互适应的过程。因此，根据具体的教育情境，将“计划的课程”变为“修改的课程”是课程实施的关键。课程专家、行政人员及具体实施的教师共同推动课程变革进行。相互适应取向兼容了忠实取向与课程创生取向的因素。这三种取向各有其存在的价值，在不同的教育情境中，三种取向的价值都可能得以体现。①

我国学者朱家雄用拍照来比喻三种取向在幼儿园课程实施中的现状：拍照需要相机，一般有几种选择：一是傻瓜相机，现在已被手机所代替；二是专业相机；三是自己做的相机。傻瓜相机简单易操作，携带方便，随着拍照功能的提升，拍摄质量也在提高，但要拍摄高质量的照片可能有难度，还是需要专业相机。使用专业相机拍好照片也并不是一件容易的事情，若缺乏专业技能及相应的人文、艺术素养，并不一定比使用傻瓜相机的人拍得好。自己制作相机可能是一件不可思议的事情，除非是专业的研究项目。对于大多数幼儿园教师，特别是新手教师来说，使用傻瓜相机比较现实，即以忠实取向实施幼儿园课程比较现实，那就是选择高品质、易操作的幼儿园课程，以专家编制的课程为主要实施依据。而部分已经具有丰富实践经验且具有一定研究能力的幼儿园教师，可以以相互适应取向，甚至以创生取向实施幼儿园课程。对于绝大部分幼儿园教师来说，自己编制课程没有意义，除非他们想自娱自乐。②

我国学者严仲连认为，一方面是体现忠实取向的现实，但在理论上遭受专家、学者

---

① 钟启泉，张华．课程与教学论[M]．沈阳：辽宁大学出版社，2007：281-282.

② 朱家雄．俗话幼儿园课程[M]．上海：华东师范大学出版社，2021：226-227.

的批判；另一方面是受理论界欢迎的创生取向，在实践中却又遭遇师资困境。在此两难情况下，适应取向的课程与教学应该比较适合国内当前的情况。①

如今，随着幼儿园自主游戏的推进，由孩子的自主游戏生发出游戏课程的实践案例也越来越受到教师的欢迎，并慢慢在幼儿园中推广，课程创生取向也是未来幼儿园课程实施的发展方向，但这势必对未来的教师提出了更高难度的挑战。

在实践中，不同的幼儿园、不同的幼儿教师还需分析本园、本身的能力与实施水平，辩证地看待各种取向，选择适合本园、适合本人的课程实施取向才最适宜。

① 严仲连.幼儿园课程实施适应取向的内涵、特点及影响因素[J].学前教育研究，2010(2).

第二节　幼儿园课程实施的途径

幼儿园课程实施的途径表现形式非常多样化，但整体上来看，分为园内课程实施和园外课程延伸。幼儿园园内课程实施，我们一般分为生活活动、游戏活动和教学活动三种。园外课程延伸比较常见的是家园共育活动、社会实践活动等形式。

一、园内课程实施

（一）生活活动

“生活即教育”，如果将课程从广义的角度来理解，即把课程理解为幼儿园所发生的一切活动，那么生活活动也必然是幼儿园课程的重要组成部分。①我们一般对生活活动有如下界定：生活活动是与幼儿日常生活直接联系，满足幼儿入/离园、进餐、睡眠、如厕和盥洗等基本生活需要的活动。②幼儿的学习是在游戏和生活中进行的，生活活动的有效组织与实施，体现了幼儿园课程把幼儿的身体发展、良好生活与卫生习惯的养成、基本生活自理能力的培养放在了非常重要的位置。幼儿园科学、合理地安排和组织幼儿的一日生活，也是幼儿园教育质量的体现，符合《幼儿园教育指导纲要（试行）》与《3-6岁儿童学习与发展指南》的相关要求。一般来说，幼儿园生活活动的实施需要：坚持保教结合的原则、建立科学的日常生活制度、建立合理的生活常规。③

具体来说，生活活动一般包括入园、餐点、饮水、如厕、盥洗、午睡、整理、离园、过渡九个环节。这些活动中蕴含着丰富的教育价值，对幼儿的发展具有重要的意义。生活活动在小、中、大班的目标是层层递进的，体现着幼儿身心发展的规律，教师的精心组织与实施，是教育价值实现的重要保证。

1.入园

入园是幼儿一日生活的开始，也是幼儿园常规活动的重要组成部分，可以了解幼儿的身体健康状态，一般有晨检和晨间活动两个环节。在活动中，环境和教师会发挥

① 胡娟.幼儿园课程概论[M].上海：复旦大学出版社，2015：64-65.
② 王春燕.幼儿园课程概论（第2版）[M].北京：高等教育出版社，2014：106.
③ 王春燕.幼儿园课程概论（第2版）[M].北京：高等教育出版社，2014：107-108.

隐性指导作用，协助幼儿养成良好的自我服务能力，学习社会交往礼仪，同时以积极愉快的情绪参与到一天的活动中。具体的活动实施可以参考表6-1。

表6-1　幼儿园入园活动的组织与实施①

入园活动	入园活动的组织与实施
晨检	晨检前： 1.值班教师和保健医生提前到达，做好准备 2.安保人员把好出入关，防止幼儿自行离园和外来人员随意出入
	晨检中： 1.主动、亲切地问候幼儿，拥抱、安抚个别情绪不良幼儿 2.保健医生按程序晨检 3.注意生病或有特殊需求的幼儿
	晨检后： 1.护送或目送幼儿到达教室 2.保健医生及时与教师沟通异常情况
晨间活动	晨间活动前： 1.根据幼儿年龄特点做好活动设计和活动准备 2.热情迎接幼儿进班，协助幼儿逐步学会管理个人物品 3.开展晨间谈话，安抚情绪不良幼儿
	晨间活动中： 1.组织幼儿进行晨间活动，注意活动的安全性 2.协助幼儿学习遵守活动规则，回应幼儿的个别需求 3.培养幼儿的自我服务能力，逐步学习为他人服务的内容及要求 4.根据气候和幼儿体质协助幼儿学习添减衣物
	晨间活动后： 做好活动场地及器材的整理、清洁工作

2.餐点

调查显示，幼儿在饮食方面容易出现偏爱零食、挑食和偏食、进餐不专注、无法独立进餐、进餐时间长等问题，这些不良习惯将会影响幼儿的正常生长发育，对其一生的健康都有较大影响。②幼儿园的进餐和点心环节是渗透饮食及营养教育的良好契机，在一日生活活动中占的时间也多，教师可以对此环节进行精心设计，协助幼儿养成良好的进餐习惯。具体目标及实施路径可参考表6-2。

① 深圳市投资控股有限公司幼教管理中心.幼儿园一日生活实施指引[M].北京：北京师范大学出版社，2015：4-6.
② 管梦雪，周楠.国内学前儿童饮食行为研究进展[J].中国公共卫生，2020(5).

表6-2　幼儿园餐点活动的组织与实施[①]

餐点活动的组织与实施
餐点前： 1.提醒幼儿进餐前如厕、洗手；为小班幼儿提供必需的帮助与指导 2.提供温度适中的食物，避免烫伤幼儿；将食物摆放在安全位置 3.向幼儿介绍餐点的名称及所含营养，激发幼儿进餐兴趣 4.开展听故事、音乐等餐前活动，协助幼儿愉快进餐 5.根据天气情况做好餐后活动计划并提前告知幼儿
餐点过程中： 1.营造愉快的进餐氛围，餐前、餐中不批评幼儿，不催食 2.鼓励中、大班幼儿自主取食，逐步增强自我服务能力 3.根据幼儿的食量为其盛饭，少盛勤添 4.引导幼儿不挑食、不偏食，养成良好的用餐习惯 5.观察幼儿的进餐情况，及时满足幼儿的特殊需求
餐点后： 1.指导或观察幼儿餐后擦嘴、漱口，为小班幼儿提供必要的帮助 2.指导中、大班幼儿做好餐具、桌椅、地面等的清洁和整理工作 3.按计划组织幼儿有序进行餐后活动

3.饮水

幼儿园里的饮水环节虽然只是幼儿园日常生活中非常细小的一个环节，却是不可或缺的重要环节，良好的饮水习惯有利于幼儿的身体健康，使其养成适度取水、节约用水的好习惯。教师需对此环节进行正确引导，安排不得当可能会发生幼儿在排队时消极等待、拥挤、打闹的现象。《3-6岁儿童学习与发展指南》中提出，3~4岁儿童"愿意饮用白开水，不贪喝饮料"；4~5岁儿童"常喝白开水，不贪喝饮料"；5~6岁儿童"主动饮用白开水，不贪喝饮料"。从表述来看，《3-6岁儿童学习与发展指南》并没有要求幼儿必须大量饮水。对于饮水量的问题，可结合季节特点和幼儿的个体情况来决定。[②]因此，幼儿园既要有定时喝水的规定，也应视环境变化和幼儿、个体需要而灵活变化。具体实施目标及要求可参考表6-3。

① 深圳市投资控股有限公司幼教管理中心.幼儿园一日生活实施指引[M].北京：北京师范大学出版社，2015：10-11.
② 宿春梅.饮水，不只是量的问题[J].幼儿教育，2015(Z4).

表6-3　幼儿园饮水活动的组织与实施[1]

饮水活动的组织与实施
饮水前： 1.用适宜的方式强调喝水的重要性，帮助幼儿了解喝水与身体健康之间的关系，引导幼儿根据身体需要及时调整自己的喝水量 2.指导幼儿认识自己的杯子和摆放位置，根据幼儿的能力指导幼儿掌握喝水的程序和规则
饮水中： 1.组织幼儿轮流喝水，允许幼儿按需喝水 2.关注幼儿的喝水情况，特别是小班幼儿的喝水情况 3.根据季节、气候及个体需要灵活调整幼儿的喝水量
饮水后： 1.地面若有水迹要及时擦干，幼儿衣服若有水迹要及时擦干或更换 2.按要求清洗饮水设备和水杯，并消毒

4.如厕

如厕是幼儿园一日活动中非常重要的环节，能反映孩子最基本的生活自理能力和卫生习惯。因此，幼儿如厕能力的培养是幼儿园生活教育的重要内容，对提高幼儿的生活自理能力、独立性、克服困难的能力等都具有重要意义。幼儿在如厕过程中常常会出现的问题有：不会擦屁股、便后依赖成人擦屁股、便后忘记冲水、不会正确洗手、尿床等。在幼儿园如厕教育中，教师不仅要从卫生健康的角度来看待这些问题，协助幼儿养成良好的卫生习惯，还应从幼儿身心发展的视角谨慎对待这些问题，以免给幼儿带来心理压力。在生活教育过程中，教师应注重家园合作，与家长一同帮助幼儿养成良好的如厕习惯。教师也可参考表6-4的内容，帮助孩子形成良好的如厕习惯。

表6-4　幼儿园如厕活动的组织与实施[2]

如厕活动的组织与实施
如厕前： 1.向幼儿介绍男女厕所环境、器具，帮助幼儿学习使用器具，培养幼儿不随地大小便的习惯 2.用接纳、平和的态度对待幼儿不同的如厕习惯，营造宽松、安全的氛围，及时满足幼儿的如厕需求

① 深圳市投资控股有限公司幼教管理中心.幼儿园一日生活实施指引[M].北京：北京师范大学出版社，2015：14-15.
② 深圳市投资控股有限公司幼教管理中心.幼儿园一日生活实施指引[M].北京：北京师范大学出版社，2015：18-19.

续表

如厕活动的组织与实施
如厕中： 1.根据活动需要和幼儿的个别需要，灵活安排如厕时间，不得硬性要求统一如厕；在集体活动、户外活动、午睡、进餐等活动前，可适当提醒幼儿有序如厕 2.关注幼儿如厕过程，保证安全，根据幼儿能力指导幼儿学习便后擦屁股、整理衣服 3.对有特殊需要的幼儿给予特别关注和引导；帮助弄脏衣物、身体的幼儿擦洗，及时更换衣物；发现排便异常情况报告保健医生 4.用多种方式鼓励幼儿养成节约手纸、便后冲水的好习惯 5.适时对幼儿进行性别认知和认同的引导，帮助幼儿建立保持身体私密部位卫生及安全的意识，学会自我保护的方法
如厕后： 1.随时保持厕所的干净、通风、安全，避免幼儿摔倒 2.每天对厕所按要求进行清洁和消毒

案例探讨

老师，我不敢上厕所

中班的幼儿小欣在午餐后蹲在活动室，面部表情有点儿难受、紧张。老师发现后过去询问："宝贝，你怎么了？是不是有些不舒服？"小欣不说话，一直捂着肚子。老师抱着她，继续问："小欣，是不是肚子疼？想要上厕所吗？"小欣这时才点点头，说："老师，我想便便，可是我不会擦屁股，怕把手弄脏，所以我不敢上厕所。"说完就开始小声哭起来。老师抱着她马上来到厕所，陪伴她如厕，并且再次教她折纸和正确的擦屁股的方法。小欣的情绪慢慢稳定，说："老师，我在家还是不会擦屁股，怕把手弄脏了，是奶奶帮忙擦的。"因为小欣在家如厕都有奶奶帮忙擦屁股，怕弄到手上，所以在幼儿园她就经常憋着不去上厕所。孩子因为不会擦屁股而憋着不去上厕所，这种现象说明了什么问题？我们作为老师应该怎么办？

5.盥洗

幼儿园的盥洗活动是幼儿一日生活的重要环节，让幼儿养成和习得良好的盥洗习惯，是保障幼儿身体健康的重要防线。盥洗活动一般包括洗手、漱口、梳头等环节。幼儿在盥洗环节常常存在以下问题：经常弄湿衣袖、边洗手边玩水、不会控制水流大小、不会用正确的方法洗手、不主动洗手、不会或不愿饭后漱口等。作为教师，我们必须首先明确盥洗环节的内容有哪些、各个环节中幼儿应达到什么目标、幼儿常见的盥洗问题是什么，这样才能在盥洗活动中给予幼儿有效的帮助和指导。教师可以通过儿歌、游戏等方式，帮助幼儿养成良好的生活习惯。同时，注重家园合作，鼓励家长正确引导幼儿形成良好的盥洗习惯。具体做法可参考表6-5。

表6-5　幼儿园盥洗活动的组织与实施

盥洗活动	盥洗活动的组织与实施
洗手	1.用有趣的儿歌、游戏帮助幼儿学习正确的洗手法 2.用动作示范和语言提示等方式教会幼儿洗手挽衣袖、不玩水、节约用水 3.让幼儿知道洗手的好处，饭前、便后、手脏时能及时洗手 4.协助幼儿养成认真有序洗手的良好习惯
漱口	1.让幼儿知道漱口能清洁口腔、保护牙齿，喜欢漱口 2.教会幼儿用鼓漱的方法漱口 3.协助幼儿养成餐后坚持漱口的好习惯 4.引导幼儿餐后自己接水、安静有序地漱口
梳头	1.帮助幼儿学习梳头的基本方法 2.梳头结束后，学习清洁梳子和地面，将梳子放回指定位置 3.让幼儿知道起床后、头发凌乱时要及时梳头，保持仪表整洁

6. 午睡

午睡是幼儿园生活活动的重要环节，孩子们在经过一上午的活动之后，身体开始感到疲劳，通过午睡，孩子们能缓解疲劳，为下午活动的顺利开展提供身体保障。同时，幼儿午睡活动是培养幼儿知、情、意、行的重要契机，教师能否合理有效地组织幼儿的午睡活动关系到幼儿的健康成长和幼儿园教学、游戏活动的正常开展，也是衡量一所幼儿园保教质量的关键指标。[①]研究发现，在幼儿园午睡活动中存在的问题有：睡前睡后活动组织状态不理想；在午睡环节中部分教师存在负面行为，责任意识差；部分幼儿未形成良好的午睡习惯；片面强调午睡物质环境的创设而缺乏对精神环境的营造；等等。[②]为了保证幼儿生活常规的有效实施，促进幼儿身心健康发展，午睡活动的组织

① 肖燕.教师组织幼儿午睡活动的研究——以武汉市A园为例[D].武汉：华中师范大学，2014.
② 韩冰.幼儿园午睡活动现状及对策研究——以河北省石家庄市某幼儿园为例[D].石家庄：河北师范大学，2016.

我们可以参考表6-6中的做法。

表6-6 幼儿园午睡活动的组织与实施①

午睡活动的组织与实施
午睡前： 1.睡前不组织剧烈活动，帮助幼儿保持平静的心情 2.提醒幼儿睡前如厕 3.提醒幼儿安静有序地脱衣服、鞋袜；协助幼儿折叠衣物、及时上床，避免着凉
午睡中： 1.认真巡视，按相关要求做好记录，确保午睡安全，发现异常情况立即采取相应措施处理 2.为蹬被子的幼儿盖好被子，协助幼儿学习良好睡姿 3.关注并轻声提醒易尿床的幼儿如厕，发现尿床及时换洗衣物和寝具 4.耐心安抚入睡困难、易哭闹的幼儿，采取陪伴、延缓上床时间等方式帮助其入睡，使其逐步养成良好的午睡习惯 5.尊重个体差异，对早起或不午睡的幼儿有适当的安排，并提醒幼儿不影响同伴
午睡后： 1.播放音量适中、轻松欢快的音乐，提醒幼儿按时起床 2.开窗通风，指导幼儿有序穿衣服、鞋袜，给有需要的幼儿梳头 3.协助幼儿整理床铺，发现尿床现象及时处理 4.组织并提醒幼儿如厕、盥洗和喝水 5.幼儿离园后做好寝室的清洁及消毒工作

7.整理

在幼儿园的一日生活中，整理活动可能会发生在许多环节。整理能力是良好生活习惯的重要内容，有助于幼儿形成爱整洁、生活有序、做事有始有终的良好习惯。整理活动也能促使幼儿动手能力和动作的发展。培养幼儿的整理能力还可以使环境保持整洁，有利于培养幼儿的责任感。好的整理习惯可能伴随孩子的一生，对其影响长远。由此可见，协助幼儿形成良好的整理习惯非常重要。

整理环节常见的问题有：玩教具、图书等杂乱无章，没有分类整理；不主动整理，需提醒或者监督才整理；整理的时候没有方法，耗时较长；在幼儿园会整理自己的物品，但回家就不会整理；等等。针对这些问题，我们可以参考表6-7的内容，开展相关活动。

① 深圳市投资控股有限公司幼教管理中心.幼儿园一日生活实施指引[M].北京：北京师范大学出版社，2015:26-27.

表6-7　幼儿园整理活动的组织与实施①

整理活动的组织与实施
1.鼓励幼儿参与清洁、整理班级公共物品及个人物品的活动，帮助幼儿养成整理习惯，并逐步引导其学会自主整理
2.用直观、形象、有趣的方式（如歌谣、口诀等）帮助幼儿学习整理技巧
3.根据幼儿的个体差异，设置整理目标和要求，适时提供帮助
4.幼儿整理物品出现混乱、遗失或损坏的情况时，教师及时将物品调整、补充或修整到位
5.与幼儿商讨并确定具体的整理范围和内容，目标清晰
6.开展家园合作，争取家长的支持与配合
7.家长和教师做好榜样，以身示范

8.离园

离园活动是幼儿园一日生活的重要组成部分，它是幼儿一日生活的结束，是让幼儿身心放松、整理的阶段，蕴含丰富的教育价值，是不可忽视的教育环节。离园时间虽然较为短暂，但涉及内容较多，需要教师精心进行组织，在活动中彰显教育价值。我们可以参考表6-8中的做法。

表6-8　幼儿园离园活动的组织与实施②

离园活动的组织与实施
离园前： 1.组织幼儿如厕、自主整理穿戴，引导幼儿互相帮忙或检查，发展幼儿的生活能力与社会性 2.引导幼儿参与教室环境及个人物品的整理活动，培养责任感 3.和幼儿回顾一天的生活，着重回忆一天中快乐、重要的事情，培养幼儿归纳、整理的良好习惯和语言表达能力 4.根据幼儿的年龄发展特点，布置家庭小任务，如阅读、手工、游戏等活动，帮助幼儿逐步建立任务意识，鼓励幼儿用喜欢的符号、图画记录小任务，协助前书写能力的发展 5.在等待的过程中，引导幼儿参与安静活动，使其保持情绪愉快、稳定
离园中： 1.引导幼儿学习在排队离园的过程中遵守规则，不打闹，不随意跑动 2.确认家长身份，与家长做好交接，特殊情况及时和家长沟通 3.引导幼儿学会主动和老师说再见，学习良好的社交礼仪
离园后： 1.对于家人不能准时接回的幼儿，耐心陪伴，疏导情绪，避免给幼儿施加压力 2.做好第二天的教育教学准备工作

① 深圳市投资控股有限公司幼教管理中心.幼儿园一日生活实施指引[M].北京：北京师范大学出版社，2015：30-31.
② 裘指挥.幼儿园课程与活动设计[M].天津：南开大学出版社，2017：176-181.

9. 过渡

过渡环节是衔接一日生活各环节的枢纽，将幼儿从一种活动状态转向另一种活动状态，起着承上启下、调节身心节奏和各种活动更替的作用。一日生活中的过渡环节有许多教育契机，可以促进幼儿各方面的发展。目前，幼儿园的一日生活过渡环节存在一些比较突出的问题，主要表现在：总耗时长，教师缺乏过渡环节的预知意识；过渡内容不够丰富，组织形式单一，以集体行动为主；教师对过渡环节控制较多，参与度较高；幼儿自我管理、服务集体的行为较少，无所事事的行为较多；等等。研究表明，教师对过渡环节的教育价值与自身在过渡环节中的职责的认识及其预知意识、过渡环节的数量与时长等，是影响当前幼儿园过渡环节安排与组织适宜性的主要因素。①

（二）游戏活动

游戏权是《儿童权利公约》确定的儿童基本权利之一。《幼儿园教育指导纲要（试行）》与《3–6岁儿童学习与发展指南》也明确指出，游戏是幼儿的基本活动，是幼儿园课程实施的重要途径。游戏已经引起了国内外幼教工作者的广泛关注，国内各种优秀的游戏实践案例，如安吉游戏、利津游戏等纷纷涌现出来，并形成了一定的社会影响力。

对游戏的界定本身就是一个较为复杂的过程，刘焱教授认为，作为一种跨文化和年龄的人类行为，游戏是自主自由、使个体获得愉快满足的非功利性行为的总称，所包含的行为非常广泛。②

大量研究表明，游戏对儿童的身体、认知、社会性、情感、个性等各个方面的发展都具有积极的意义和作用。③在幼儿园课程实施过程中，教师必须“以游戏为基本活动”，这既是以幼儿为本的要求，也是对幼儿游戏权利和身心发展规律的尊重。

拓展阅读

安吉游戏与幼儿园课程④

“安吉游戏”是如今全国各级各类幼儿园学习的重点内容，其发展经历了以下三大步。

---

① 王春燕，白小绵，杨瑒．幼儿园过渡环节安排与组织的适宜性——基于H市三所幼儿园半日生活视频的分析[J]．学前教育研究，2018(3)．

② 刘焱．幼儿园游戏与指导[M]．北京：高等教育出版社，2012：5．

③ 乔·L．佛罗斯特，苏·C．沃瑟姆，斯图尔特·赖费尔．游戏与儿童发展(原书第4版)[M]．唐晓娟，张胤，史明洁，译．北京：机械工业出版社，2015：114–138．

④ 程学琴．放手游戏 发现儿童[M]．上海：华东师范大学出版社，2019：12–15．

●放手游戏，发现儿童，改变儿童观

安吉游戏对教师提出了“闭上嘴，管住手，睁大眼，竖起耳”的要求，鼓励教师用谦逊的态度去发现儿童的游戏需求。其中，“闭上嘴，管住手”的目的是要消除对儿童的管控和无效指导；“睁大眼，竖起耳”的目的是要发现儿童的了不起。

放手后，教师们在观察儿童游戏、回忆自己童年游戏的过程中，发现了“了不起的儿童”。他们发现，儿童在游戏中对玩法的创新是自己无法企及的，每个儿童都是游戏高手，从而由衷地认识到儿童是主动的、有能力的学习者，儿童是值得被爱、被尊重、被崇拜的。

●看懂游戏，理解儿童，改变教育观

在树立正确的儿童观后，教师对游戏与儿童发展的关系产生了强烈的好奇心和探究欲。于是，我们要求教师从观察游戏出发，进一步思考和分析儿童的游戏，努力发现儿童游戏背后的学习与发展。

在这个阶段，对儿童在游戏与生活中学习的研究，让我们重新认识师幼关系，重新定位教师角色，重新思考教育目的和手段。对儿童在游戏与生活中的学习的认识越深，我们越意识到自己已知的有限。我们开始向儿童学习，深刻反思自己的教育观。儿童在游戏中发现世界，教师在放手让儿童游戏和观察儿童游戏的过程中发现儿童的发现，教师和儿童共同学习、相互促进、共同成长，这是我们在这个阶段形成的新型的师幼关系。

●回应游戏，追随儿童，改变课程观

教育观的转变和新型师幼关系的建立，让园长、教师开始主动反思传统的集体教学和“教材”(幼儿用书)的有效性问题。教师开始真正明白游戏和生活中的点点滴滴都是宝贵的课程资源，课程观发生了真正意义上的改变。我们断然扔掉了“教材”，建立了“一日生活皆课程”的观念。

教师通过创设适合儿童探索的环境，将课程目标隐含在游戏与生活环境中，支持儿童自发地“学”。教师追随儿童的“学”，引导儿童由“做”到“思”，儿童在反思中诞生精彩观点。这种改变突破了传统意义上的“我教你学”，教师以多种方式提供儿童自主学习的环境、时间、机会和工具，教师支持儿童自发学习、主动建构知识。教师相信知识经验来源于儿童的主动学习，相信儿童有掌控自己学习的能力；教师也意识到自己的想法有一定的局限性，可能会妨碍儿童的发现和探索，所以需要退后，以免自己的观点干扰儿童学习。教师改变视角，根据儿童的兴趣决定课程的内容、修正课程的架构。

以上在“真游戏”阶段迈出的三大步也是教师成长的三个阶段。园长、教师逐步更新了对儿童、儿童学习、环境价值、教师角色、教育生态的认知，教师从被动转为主动，不断在反思自己和研究儿童中挑战自我，获得专业自信，进而达到更高的专业发展水平。在这三大步中，每一位园长、教师都全程参与课程建构，理解每个行动的原因，用实践探索问题的答案，从而成为课程的真正领导者和建设者。正是这三大步让我们悟到了教育的真谛，自下而上地建构了安吉游戏，明白了研究儿童、理解儿童才是教师的专业基本功。我们陆续突破了形式主义和功利主义，回归了“真游戏”，最终收获了儿童、教师、家长的共同成长。

当前，重视开展各种幼儿游戏活动的幼儿园越来越多，但是，长期以来在教育实践中“重上课，轻游戏；重教师编制的教学游戏，轻幼儿自发的自由游戏”的倾向尚未得到根本的扭转，具体表现在以下几个方面：一是游戏场地小，材料不足，区域(设施)设置不合理；二是游戏活动教学化、功利化，流于形式；三是游戏活动编导多、干扰多；四是有组织的集体游戏多，幼儿自主、自愿的游戏少。[①]在自主游戏推进过程中，我们只有找准这些根本性问题，才能真正做到将游戏还给幼儿。具体来说，幼儿园自主游戏活动的组织与实施可以着重从三个环节开展：游戏前提供游戏资源，创设游戏环境，引导幼儿做好游戏计划；游戏中做好观察记录，适当给予支持；游戏后总结与反思游戏经验。

1.游戏前

(1)游戏准备

一般来说，游戏前我们可以从时间、空间、材料及经验四个方面做好准备。这些准备既是幼儿顺利进行游戏的必需条件，又能影响幼儿的游戏品质，间接实现对幼儿的隐性指导。游戏活动的开展，首先，要保证幼儿有充足的游戏时间，满足幼儿游戏的需要。随着自主游戏的推进，现在越来越多的幼儿已经基本满足了自主游戏时间的需要。比如，贵阳市从2021年开始就明文规定幼儿园每天户内外自主游戏时间不少于3小时。其次，要提供足够的游戏空间，保障各类游戏场地的大小能够满足幼儿开展游戏的需要，对游戏空间进行规划，科学布局各区。再次，要精心投放游戏材料，保证材料数量充足、类型丰富、具有难度层次，且易于幼儿自主整理与收纳，支持幼儿开展游戏。最后，幼儿游戏是其生活经验的反映，在组织幼儿游戏之前，教师应根据幼儿年龄

① 王晶，刘思妤，沈建洲.“安吉游戏”与“利津游戏”比较及启示[J].陕西学前师范学院学报，2018(1).

和游戏类别，丰富幼儿的相关经验。[①]

（2）根据幼儿年龄特点，引导幼儿学习制订游戏计划

在自主游戏开展之前，我们还可以根据幼儿的年龄特点，引导幼儿自主规划游戏，引导幼儿思考玩什么、怎么玩、和谁玩等问题，并鼓励幼儿将自己的游戏计划用自己喜欢的方式记录下来，便于游戏结束后进行反思。

2. 游戏中

（1）游戏的观察与记录

观察是教师了解幼儿游戏行为的最佳途径。对游戏活动而言，教师的观察具有重要的价值：一是观察能帮助教师更透彻地了解班级内幼儿的真实情况，了解他们的兴趣、需要、已有经验、认知风格、个性差异，获得幼儿活动中最真切、最全面、最生动的信息；二是观察能够帮助教师找准介入幼儿活动的最佳时机，进行适宜的指导。观察的内容大致包括：幼儿使用材料的情况、幼儿的玩耍情况、师幼互动的情况、幼儿的人际交往情况等。记录观察内容的常见方式有文字记录、图片记录和影像记录等。这些方式通常结合使用。记录必须客观，如实记述所看到的情景和听到的语言，不应出现判断、评价、假设等内容。

（2）游戏中的参与

在游戏开展时，教师可以利用游戏介入法、材料提供法、语言指导法来参与游戏，了解幼儿游戏的情况和需要，给予有针对性的指导，以提高幼儿游戏的水平。

游戏介入法是指教师以游戏者的身份利用平行式介入或交叉式介入的方法参与幼儿游戏，从而起到指导游戏的作用。平行式介入是指教师在幼儿的旁边，和幼儿玩相同的材料或游戏情节，给幼儿提供榜样，起示范作用，从而达到指导的目的。交叉式介入是指教师主动参与或接受幼儿邀请参与游戏，通过与幼儿的互动，达到指导游戏的目的。

材料提供法是指通过提供材料来促进游戏情节的发展。教师可以视游戏的需要分别提供替代材料或辅助材料。提供替代材料——废旧物品或半成品，可以解决幼儿因成品玩具不足而妨碍游戏顺利开展的问题，促进幼儿创新能力的发展。辅助材料似乎可有可无，但有了它游戏情节会更加丰富，能起到画龙点睛的作用，帮助幼儿进一步完善和迁移经验，提高游戏的水平。

语言指导法是指教师在游戏中运用建议式、鼓励式、澄清式、邀请式、角色式、指令

① 邵小佩．幼儿园课程与教学[M]．北京：北京师范大学出版社，2020：62-64．

式等不同形式的语言，达到指导游戏的目的。[①]

3. 游戏后

自主游戏中的分享活动，是指教师以幼儿在自主游戏中所表现出来的具有代表性或者亟待解决的问题为主要内容，组织幼儿以观察、交流、分析等多种形式进行分享，以提高幼儿自主游戏质量的一种活动。适宜的游戏分享活动形式，能最大限度地吸引幼儿的注意力，激发幼儿的兴趣。我们可以采用游戏图片、游戏视频、游戏情境再现等形式进行分享。适宜的游戏分享内容，是自主游戏分享活动有效性的关键因素。我们可以选择幼儿在自主游戏中自己创设的有价值的游戏内容、明显有进步的游戏成果、社会交往能力的发展、幼儿行为习惯、创造性思维等方面的内容进行分享。[②]

研究发现，目前游戏分享环节存在着教师对分享活动的价值认识不足、重视不够，分享活动方法较为单一等问题。客观上来说，不同游戏类型的分享活动在不同方面促进幼儿发展，同时不同年龄阶段的游戏分享活动对幼儿发展的影响各有侧重。在游戏分享中教师需要通过大量提问引发师幼互动，在讨论、交流中提升幼儿的游戏经验与水平。[③]

（三）教学活动

教学活动是幼儿园课程实施的重要途径之一，是教师有目的、有计划地对幼儿施加影响的活动，一般是指集体教学活动。

教学活动游戏化或幼儿心理化，是幼儿园教学活动的基本规定性。教学活动通常具有以下特征。

1. 教学情境生活化

教学情境生活化的本质是改变以成人的逻辑为教学的起点的传统路线，努力对幼儿可能有的与新学内容有关的经验做一番了解，基于此设置生活化的教学情境，让幼儿在生活或类似生活的情境中学习。因为这种情境设置是在幼儿已有经验范围内的，是生活化的，所以比较容易激发幼儿的本能与兴趣，吸引幼儿自发地进入新学习的内容中去。只要认识到把教学的逻辑起点放到幼儿身上的重要性，教学活动的生活化情境布置就一定会变得迫切起来。所以，教学从幼儿的已有经验入手，让幼儿在情境中学习是教学情境生活化的理论原点。[④]

---

① 邱学青．幼儿园自主性游戏指导策略的研究[J]．幼儿教育，2004(11)．

② 黄学连，万雪梅．自主游戏中分享活动有效性策略[J]．现代交际，2017(22)．

③ 汪天水．幼儿园自主游戏分享环节的教育功能研究[D]．上海：华东师范大学，2013．

④ 王春燕．幼儿园课程概论(第2版)[M]．北京：高等教育出版社，2014：114．

例如：在Z学院附属实验幼儿园，H园长探索构建了一套适宜中国儿童学习与发展的生活化课程体系，遵循中国传统文化的基本脉络，应着大自然的节奏，“春耕夏耘，秋收冬藏”，按月设计了生活化课程，如10月开始收获，11月开始进行艺术创造，12月制作各种美食，迎接新年的到来。中班的孩子对“餐桌上的食物”进行了探索，观察、记录、分享每个家庭的故事，了解南北饮食的差异，探索“食物金字塔”的奥秘，在生活中习得健康的饮食观，并为幼儿园的所有小朋友制订菜谱。教师带领大班孩子们从丰收开始展开，感恩自然给予我们的食物，了解食物储藏的条件和方法，不仅动手腌制食物，还观察和学习研磨、压榨等食物加工方式。最后，教师带领孩子们通过制作馒头、酒酿、豆腐等食物，让孩子们知道食物是怎么发酵的。①

2. 教学内容的连续性与整体性

幼儿的经验是整体的，对于幼儿来说，最好的活动是在教师引导下的主动探索活动，而不是具有分领域性质的教学活动。比如，有幼儿园在大班第二学期主要开展了两个紧密联系的主题活动“大家来写信”和“心愿地图”，充分反映出教师对幼儿经验连续性和整体性发展的思考。在“幼儿园里的邮筒”环节，通过让孩子们亲手参与绘制幼儿园地图，让他们在真实的游戏活动中感知地图的功能和价值；通过制作和粘贴门牌号，让孩子们真切体会到数字在生活中的作用，并对数学产生了浓厚的兴趣；通过送信活动，促进了幼儿空间关系和逻辑推理能力的发展。在制作“心愿地图”过程中，孩子们对“地图”的概念有了新的认识，而且做事的计划性不断发展；通过安排不同心愿的实现顺序，学习分配与利用时间，幼儿对时间概念有了更为深入的认识，这有利于大班幼儿计划性的发展。在整个过程中，教师一直有意识地培养幼儿解决问题的能力，幼儿通过解决活动中的真实难题，大大提升了解决问题的意识和能力。②这样的教育活动充分考虑了经验的连续性和整体性，促进了幼儿各方面能力的发展。

3. 教学过程操作化

按照皮亚杰的理论，直觉行动思维是指思维活动离不开幼儿自身对物体的感知，也离不开幼儿自身的动作。幼儿的思维还不能脱离自身的动作和感知觉而单独依赖词语来进行。幼儿总是一边行动一边思考，还不能脱离动作来思考，所以他们无法计划自己的行为和预见行为的结果。而幼儿的思维正处于从直觉行动思维向具体形象

① 胡华.从生活到“生活化课程”的距离到底有多远？[EB/OL].[2022-01-25].https://www.sohu.com/a/212199655_655451.

② 王岚，茅晓燕，华冬梅，等.关注主题活动下幼儿经验发展的连续性和整体性[J].学前教育，2020(2).

思维过渡的阶段，其形象化思维也需要在动作的帮衬下才能更好地发挥出来，所以幼儿园教学过程操作化是一种必需的规定，是基于幼儿思维发展特点而需重点考虑的。

例如：在S市X幼儿园里有一座“花果山”，孩子们平时可以在山上自由玩耍。有一天，孩子们发现通往山上的路中有一条是只到半山坡的泥沙路。“只有半条路可怎么行呢？”教师没有给予孩子们直接答案，而是鼓励孩子们充分发挥自己的想象力，提出不同解决方法。孩子们想出了铺轮胎、跳蹦床、挂绳子等办法，之后他们通过亲自尝试搭建了不同的上山方式，并通过讨论投票选出了最合适的方式。①

4. 教学活动游戏化

游戏化的教学在幼儿教育活动当中占有非常重要的地位。游戏化学习理念下的幼儿园教学活动设计，是将非游戏的学习活动设计成“游戏”，体现为一种游戏化思维或游戏思维。②

例如：在“落叶”的语言教学活动中，教师可以扮演大树，幼儿可以扮演小树叶，开展儿歌朗诵的游戏活动。在游戏中，幼儿可以自由与教师进行互动，如抱一抱教师，表达出孩子离开母亲不舍的情感等，加强幼儿对语言的感悟能力，促进幼儿语言综合能力的发展。③

我们还可以通过有趣的游戏让幼儿积极参与到体育活动中，促进幼儿的身心健康，完成幼儿体育教学目标。例如：在“老鹰捉小鸡”的游戏中，由一名教师扮演老鹰，一名教师扮演保护小鸡的母鸡，孩子们扮演小鸡排在扮演母鸡的教师后面，扮演老鹰的教师依次抓住排在倒数第一、第二、第三……的小鸡，一直到把小鸡都抓到才能完成这个游戏。在游戏情境中，幼儿不仅能够在追赶、奔跑中锻炼身体，也能较好地养成团队协作意识。

拓展阅读

课程与游戏的关系④

游戏与课程存在两种关系：一是作为课程本身或课程的一部分；二是作为课程实施的一种手段和方式。从“一日生活皆课程”的理念出发，游戏活动作

---

① 公众号“深圳市宝安幼教集团”，ID：SZ-BYJT.

② 虞永平. 课程游戏化的意义和实施路径[J]. 早期教育(教师版)，2015(3).

③ 贺可可. 幼儿语言教学活动中的游戏化分析[J]. 科学咨询(教育科研)，2019(34).

④ 宋梅. 幼儿园课程游戏化：游戏精神的回归[J]. 陕西学前师范学院学报，2018(1).

为三大活动之一，是课程的一部分或课程本身。此外，虞永平指出："游戏的确是学前课程内容经验化的重要形式，同时，还应该通过特定领域的课程内容来支持和丰富相应的游戏。"课程能够生成游戏，游戏也能够生成课程。前者表明以教师为启动者，考虑到幼儿的身心发展特点和学习方式，可将课程内容以游戏的方式展现给幼儿，游戏便作为课程实施手段而存在；后者表明以幼儿为启动者，从幼儿的兴趣和需要出发，将幼儿在游戏中的兴趣点发展成为课程，即游戏化课程。如瑞吉欧的项目活动就是将幼儿的兴趣和需要发展成为可持续数月的项目课程，此处游戏作为课程内容的一部分或课程本身。因此，不管是作为课程还是作为手段而存在的游戏，都有其存在的价值。

二、园外课程延伸

（一）家园共育活动

家园共育是促进幼儿发展的重要手段，强调对家长的教育和家长对幼儿园教育教学工作的支持与配合。它让幼儿个体成长初期两种最重要的力量通过沟通、协作来消除彼此之间的分歧，并共同制定和绘制幼儿整体成长的目标，努力为幼儿提供有准备的成长环境。

《幼儿园教育指导纲要（试行）》中明确指出："幼儿园应与家庭、社区密切合作，与小学相互衔接，综合利用各种教育资源，共同为幼儿的发展创造良好的条件。"《中华人民共和国家庭教育促进法》的公布，更是从法律层面上来引领家长参与到幼儿的教育活动中。幼儿园应积极探索、组织多种形式的活动，如家访、家长会、幼儿园亲子活动、家长沙龙、亲子共读活动、家长义工、野外活动、家庭互助、家长技能展示等，让不同职业的家长都能积极地参与到家园合作当中来。

第一，可以请家长当助教，增进教育资源共享。幼儿园可以把当医生的家长请进课堂，请他们给幼儿讲解简单的卫生常识；把当交警的家长请进幼儿园，请他们给幼儿讲解交通规则，教会幼儿辨识交通信号、遵守交通规则和学会自我保护……请家长当助教，不仅充分利用了家长的专业和资源优势，使家长和幼儿园之间的联系更为密切，还让幼儿对各项事务获得了更为全面和深刻的理解。

第二，通过亲子手工制作，形成幼儿园、家长和幼儿共同参与的活动格局。在幼儿园亲子制作活动中，材料的准备和提供可以由幼儿园、家长和幼儿三方共同来完成，在制作方式上则由教师引领、家长示范和幼儿参与。

第三，开展郊游活动，充分利用自然和生活资源，深化生活化教育理念。郊游活动可以分季节组织，其开展的内容也不尽相同。春天万物生发，可以组织家长和幼儿去亲近和了解大自然，去认识生命的起始。秋天则可以组织家长和幼儿去体验生命成熟的美丽，并收集诸如树叶、果实等自然物品用来辅助幼儿园的各项教育活动。

第四，利用节日活动，培养幼儿的活动兴趣和积极情感。各种节日活动具有重要的文化和教育内涵，它向人们传递一种积极向上的情感能量。在六一儿童节和元旦等节日，可以组织幼儿表演节目，或者开展诸如包饺子、制作水果拼盘等活动，激发幼儿的活动兴趣。在三八妇女节和重阳节，可以组织幼儿向妈妈和老人表示尊敬和感恩，帮助幼儿发展积极的情绪情感，使其能够在一种更为亲密的互动环境中发展所需要的信任感和安全感。①

当家长参与到幼儿的教育过程当中时，就会真正地融入幼儿的生活，了解幼儿，而幼儿也会因为父母积极的参与而以父母为骄傲，更加幸福快乐地成长。美国的家园合作发展相对完善，美国针对家园合作的计划有美国家长-教师联谊会、永远启航计划、阿旺斯计划等。我们可以学习相关理念与实施路径，深化我们的家园合作。

（二）社会实践活动

陶行知提出了生活教育的三大原理："生活即教育，社会即学校，教学做合一。"社会环境可以给幼儿提供更真实的教育素材，帮助幼儿理解真实的社会环境、感知社会文化、了解社会的多样性。教师将幼儿园社会领域拓展课程搬到广场、商场、图书馆、大学、文化建筑等公共环境，有目的、有计划、有组织地引导幼儿在真实的环境中学习、体验、完善行为，教育效果是显著的。幼儿园可以借助家长和社区资源，有目的地选择一些单位，建立"幼儿园社会实践基地"，邀请不同行业的从业人员带领幼儿参观单位环境，帮助幼儿了解不同职业的工作性质和劳动成果，知道各行各业与自己生活的关系，对各行各业的工作人员产生敬畏之情，懂得珍惜别人的劳动成果，从心理上接受和养成良好的社会行为，更加爱劳动、爱他人、爱社会、爱祖国。

① 孙芳龄，雷雪梅，张官学，等.家园共育的实践意义与开展策略[J].学前教育研究，2018(7).

第三节 幼儿园课程实施中的教学策略

一、幼儿学的方式和特点

一般来说,幼儿的学习方式和教师的教育行为是影响幼儿学习效果的两个最重要的因素,而幼儿的学习方式又是教师教育行为及评价方式变革的出发点与依据。那么,最适合幼儿的学习方式是什么?幼儿的学习有何特点?这是我们在幼儿课程实施过程中需要思考的核心问题。

(一)幼儿的学习方式

《3-6岁儿童学习与发展指南》中关于幼儿的学习方式的具体表述为:幼儿的学习是以直接经验为基础,在游戏和日常生活中进行的。要珍视游戏和生活的独特价值,创设丰富的教育环境,合理安排一日生活,最大限度地支持和满足幼儿通过直接感知、实际操作和亲身体验获取经验的需要,严禁"拔苗助长"式的超前教育和强化训练。由此可见,直接感知、实际操作和亲身体验是幼儿学习的最主要途径。

学者邹晓燕认为,从具体的学习方式的角度概括说来,最适合幼儿的学习方式主要有三种:观察比较、操作体验及同伴合作。①

1.观察比较

观察是运用感觉器官直接去接触客观世界;比较是在观察的基础上,分析两个或两个以上事物的异同。观察比较是最适合幼儿的一种学习方式。从幼儿心理年龄特点来看,幼儿主要是通过感知、表象来认识世界的。在感知的基础上,比较对幼儿辨别差异、加深印象有着非常重要的作用。幼儿只有在对相似的事物进行细心的观察,并找出其异同的基础上,才能更准确地掌握不同事物的特点。

2.操作体验

操作是幼儿摆弄物体并进行探究的过程;在操作探究的基础上,幼儿会产生对事物本质的理解及相应的情感上的反应,而其中的情感上的反应就是体验。好奇、好动、好问是幼儿期典型的特点,而操作体验的方式最适合幼儿心理的这一特点,这种方式

① 邹晓燕.幼儿的学习方式及理论依据——《3-6岁儿童学习与发展指南》解读[J].辽宁师范大学学报(社会科学版),2013(1).

不仅满足了幼儿的心理需求，更重要的是有助于他们在获得真正的理解基础上的记忆。在探究过程中，幼儿会亲身经历学习的整个过程，并经历挫折与失败、成功与喜悦等感受，这比他们通过听别人讲授获得的对事物的理解更深刻，同时也能够有更快乐的体验。综上可以发现，操作体验对幼儿学习具有非常重要的价值。

3. 同伴合作

同伴合作是指幼儿通过与同龄伙伴之间的相互交往（这个交往强调的是幼儿间的积极相互作用，即共同做事，相互交流、讨论），形成对事物的正确认识。在幼儿的学习活动中，教师应该充分重视同伴合作的价值，充分利用小组学习的方式，促进幼儿思维的发展。重视同伴间的合作学习也是当今世界教育的发展趋势，这是由于幼儿在与他人的交往过程中会产生认知冲突（意见不一致），认知冲突又必然会引发争论，而争论则会使孩子对问题的认识越来越清晰、准确。因此，充分利用合作学习可以使孩子的学习达到更好的效果。

（二）幼儿的学习特点[①]

要想让孩子轻松快乐、高效率地学习，必须尊重孩子学习的特点和规律。袁爱玲教授认为，幼儿的学习主要有以下几个特点：

第一，幼儿总是在积极主动、不断地适应着日益复杂的自然环境和社会环境，适应就是学习；

第二，幼儿是好奇的，对感官刺激十分敏感，因而幼儿的学习也是敏感地进行着；

第三，幼儿常常是积极地、自发地进行游戏，对于幼儿来说游戏就是学习；

第四，幼儿学习是靠物质（刺激）定位或调节的，幼儿操作就是学习，而且是一种幼儿深感快乐的学习；

第五，幼儿学习是兴趣和情绪主导而不是目的主导的，他们有兴趣就学，没兴趣就学不好，因此，幼儿教育中内容吸引人最为重要；

第六，幼儿对人、对交朋友颇感兴趣，他们与人交往就是学习，因此，人与人的互动对孩子更为重要；

第七，幼儿学习的内容不仅仅是知识技能，而且需要学习形成习惯、态度和价值观，需要学习自控、自信、自尊、独立等大量非智力品质；

第八，幼儿学习的过程是富有想象力和表现力的；

第九，幼儿的学习方式是多种多样的，主要有游戏学习、探索学习、交往学习、观察模仿学习、操作学习、阅读学习（绘本）等。

---

① 袁爱玲. 尊重幼儿学习特点 让教学更有效[J]. 中国教育信息化，2015(6).

二、教师教的方式与策略

（一）教师教的能力要求

在幼儿园，广义的课程存在于幼儿园的一日生活各个环节，教师的教育行为也时刻在对孩子产生着影响。为促进幼儿园教师专业发展，建设高素质幼儿园教师队伍，教育部于2012年颁布出台了《幼儿园教师专业标准（试行）》。贯穿《幼儿园教师专业标准（试行）》的基本理念是：师德为先、幼儿为本、能力为重和终身学习。《幼儿园教师专业标准（试行）》对幼儿园教师必须具备的教育教学能力提出了明确要求，特别强调幼儿园教师要具有观察了解幼儿、掌握不同年龄幼儿身心发展特点和个体差异的能力；要具有环境的创设与利用、一日生活的组织与保育、游戏的支持与引导、教育活动的计划与实施、对儿童的激励与评价等基本专业能力；能根据幼儿的特点和需要，给予适宜的指导，并能引发和支持幼儿的主动活动，引导幼儿在游戏活动中获得多方面的发展。同时，《幼儿园教师专业标准（试行）》也强调幼儿园教师要具有不断进行专业化学习、实践、反思和提高的意识与能力。这既是现代社会发展、教育改革对教师的必然要求，也是幼儿不断成长的必然要求。

我们在参考部分省市的示范园评估细则[①]的基础上，对幼儿园教师专业能力提出如下要求。

1.教的态度

（1）教师以关怀、接纳、尊重的态度与儿童交往，教师与儿童之间情感融洽，儿童有心理安全感。

（2）对待工作认真负责，积极主动，勤于学习，不断进取。

2.教的能力

（1）能根据《幼儿园教育指导纲要（试行）》和《3-6岁儿童学习与发展指南》的相关要求，结合本园实际，合理、有序安排一日活动。

（2）充分利用当地资源和现有条件，创设与儿童发展相适应的环境。空间和材料有利于引发儿童的主动探索和同伴间的交往。

（3）坚持保教结合，悉心照料儿童的日常生活，将教育灵活渗透到一日生活中。

（4）支持儿童主动地、创造性地开展游戏，引导儿童在游戏中学习与发展。

（5）科学开展幼小衔接，无小学化倾向。

（6）合理设计和组织教育活动，支持和促进儿童主动学习。

---

①《贵阳市市级示范园评估细则（2021年版）》。

(7)有正确的评价理念和方法,全面客观地评价儿童,适时为儿童提供适宜的帮助和指导。

(8)能对自己的教育教学进行审视、分析、反思,并调整教育计划和教育策略。

通过解读《幼儿园教师专业标准(试行)》和具体执行的评估细则可以看出,幼儿园教师必须具备的教育教学能力主要集中在七个方面:环境的创设与利用、一日生活的组织与保育、游戏活动的支持与引导、教育活动的计划与实施、激励与评价、沟通与合作、反思与发展。

(二)教师教的方式与策略

教师是课程的实施者,就像菜谱编制得再好,若厨师能力不行,还是不可能烧出上好的饭菜来。[①]教师的教学就像烹饪一道菜品,有各种各样的方式,但选择最适合食材的方式才能做到色香味俱全。冯晓霞教授认为,针对不同的教育内容,需采用不同的教学方式与策略,并且各种教学方法的结合和互补是比较适宜的方式。一般来说,常见的教学方式与策略有以下几种。

1.直接教学

直接教学表现为教师直接、明确地传递教育意图,这是一种明确、简洁、有序、迅速的教学方式。幼儿在其中的学习基本是一种接受学习。直接教学在以下几种情况下多为教师采用,也比较有效。

第一,对幼儿进行人类优秀文化传统的教育,使幼儿能在短时间内获得人类用漫长时间创造的大量精神财富;

第二,社会的观念、行为规范、约定俗成的规则等的教授,让幼儿能更快地适应社会生活,向社会要求的方向发展;

第三,必需的社会知识或概念,与健康生活有关的安全、卫生等常识,与周围环境有关的信息等的传递,不仅能使幼儿高效率地获得比较系统的、有条理的知识,不必事事由自己亲自尝试,而且还能使幼儿免遭尝试可能带来的危险;

第四,某些技能的传授,如工具、物品的使用方法的讲解和指导。

但是,我们必须意识到,直接教学主要是借助于语言讲解进行的,不太符合幼儿的学习特点,对幼儿情感的发展、认知经验的获得、动作技能的形成效果不佳,也较难发挥幼儿的主体性、培养他们成为主动的学习者,因此,有较大的局限性,不宜滥用。运用时要特别注意直观性原则,并与间接教学方式相互配合。[②]

---

① 朱家雄.俗话幼儿园课程[M].上海:华东师范大学出版社,2021:215.

② 冯晓霞.幼儿园课程[M].北京:北京师范大学出版社,2001:99.

2. 间接教学[①]

间接教学是教师通过适当的中介，迂回地传递教育意图的方式。教育意图不直接通过教师，尤其是不直接通过教师的语言而借助于教学环境的中介作用传递给幼儿，是间接教学的最大特点。在间接教学中，幼儿的学习方式以发现学习为主。幼儿可能意识不到教师的意图，感觉不到“学习任务”，但只要他们进入了教师精心创设的教学环境，在其中游戏，主动而自主地操作、探索、交往，那么，就会于不知不觉中获得教师希望他们获得的学习经验，向着教育目标规定的方向发展。这种方式使教育十分接近幼儿的生活，甚至与幼儿的生活完全融合在一起。在这种情况下，无意学习、发现学习是幼儿运用的主要学习方式。

间接教学经常借助的中介环境有两类：物质环境和人际环境。以物质环境为中介和以人际环境为中介这两种手段不是截然分开的，实践中它们常常交织在一起，并相得益彰，创造出 1+1>2 的效果。比如，为了培养幼儿团结、合作的优良品质，教师可以在活动区投放一个人玩不起来，需要几个人合作才可以玩的玩具和材料，让幼儿通过实践活动感受合作的意义，体验合作的快乐。

间接教学虽然比较符合幼儿的学习方式和特点，有利于幼儿的主动学习，但它也有明显的不足：幼儿通过这一方式进行的学习往往难以深入，所获经验一般也比较零碎、表面，甚至会产生错误的认识，学习的有效性难以保障。因此，教师的引导是非常重要的，但这种引导对教师的要求很高，比直接教学困难得多。一旦教师不能把握好引导的“度”，间接教学就可能会走向两端，要么放任自流，要么高度控制，难以取得理想的效果。为了弥补间接教学的缺陷，一方面需要与直接教学适当结合，另一方面需要提高教师的引导策略。

3. 支架式教学

支架式教学是指通过教师的帮助，把管理学习的任务逐渐由教师转移给幼儿自己，最后撤去支架。这是根据维果斯基的最近发展区理论提出来的教学模式，这种教学的本质在于以最近发展区作为教师介入的空间，为幼儿的学习提供支持，促进幼儿主动而有效地学习。[②]

幼儿园支架式教学包括五个环节：(1)创设问题情境。教师创设幼儿有兴趣参与的、处于其最近发展区中的问题情境。(2)搭建支架。教师提供不同的“支架”，如榜样、暗示、激励、提示、给予部分答案、出声交流、直接教学、讲解、示范、启发式提问、开放式的讨论，以及对幼儿独立学习的支持，包括情感的回应、环境的设置、增加兴趣、额外的

---

① 冯晓霞. 幼儿园课程[M]. 北京：北京师范大学出版社，2001：99-101.

② 于冬青，王艳玲. 幼儿园教学应为儿童发展服务——维果茨基理论对幼儿园教学的启示[J]. 外国教育研究，2008(3).

鼓励等,引导幼儿进入问题情境。不同的支架方式体现了教师控制幼儿学习的不同水平。这些方式往往依据幼儿的不同需要灵活使用,从而有效支持与引导幼儿探索。(3)幼儿独立探索。教师放手让幼儿积极主动地与环境、材料相互作用,自己决定探索问题的方向,选择自己的方法独立进行探索,不断进行自我建构、自我发展。不同的幼儿可能会探索不同的问题。(4)协作学习。通过幼儿与幼儿之间、幼儿与教师之间的协商讨论,共享独立探索的成就,共同解决独立探索过程中所遇到的问题。在共享集体思维成果的基础上,达到对当前所学知识和所探索事物的比较全面、正确的理解,最终完成对所学知识和所探索事物的意义建构。(5)效果评价。包括个人的自我评价和集体对个人学习的评价,评价与问题探索过程融为一体。①

各种教学方法都有其适宜的场合和条件,在选择教学方法时我们主要是看其能否促进幼儿主动而且有效地学习,而且多种方式的结合与互补,可能会取得更好的教学效果。

经典案例

幼儿园大班教学活动“音乐故事火车”②

在大班教学活动中,教师用“火车”暗示“故事的结构”,同时赋予其“音乐”的外衣,创设了以下四个难度逐渐加大的问题情境。

问题情境1:教师只讲述故事的开头与结尾,中间用一段音乐代替,提问:“这个故事特别在哪里?”以此让幼儿发现故事具有“开头、中间与结尾”的逻辑结构。

问题情境2:通过观察图片,幼儿理解了故事的首尾内容,教师适时抛出问题:“中间这节车厢里到底藏着一个什么有趣的办法,让伤心的破皮鞋变成了一只开心的皮鞋呢?”以此让幼儿能够根据故事的首尾关联,创编故事的中间情节。

问题情境3:“怎样才能让这列故事火车变成一列音乐故事火车?”通过让幼儿为故事首尾选配适宜的乐曲,促进幼儿进一步感知和理解作品的情绪色彩。

问题情境4:“这列故事火车能变得更长吗?”以此引导幼儿产生继续编构故事的浓厚兴趣。

---

① 邵小佩.幼儿园支架式教学模式探讨[J].天津市教科院学报,2007(3).

② 胡剑红.支架幼儿语言学习的教学策略[J].学前教育研究,2010(1).

第四节 幼儿园课程实施的影响因素及常见问题

一、幼儿园课程实施的影响因素

课程实施会受多种因素的影响,既有积极方面的影响,对课程实施起促进作用,也有消极方面的影响,对课程实施会起阻碍作用。

朱家雄教授认为,影响幼儿园课程实施的因素主要有以下几个方面:[①]

其一,幼儿园课程与社会、文化的适切性。幼儿园课程的变革和教育活动的实施不可能脱离社会、文化而进行,社会、文化的价值观会通过各种渠道影响幼儿园课程的实施。

其二,教育行政部门的推动和支持。各级教育行政部门对幼儿园课程实施的导向,可以通过对课程的审定、推行、监督和评估等措施和途径得以实现,会对幼儿园课程的实施起到重大的影响作用。

其三,幼儿园课程变革的需要。幼儿园课程变革的需要主要指的是课程实施者对课程变革的需要。实施者的需要越迫切,课程实施的程度就越高。

其四,幼儿园课程计划本身的状况。如若新编的幼儿园课程本身具有较高的质量,具有可传播性、可操作性,与现实需求和公众认识相吻合,那么,课程实施的有效性就会增加。

其五,幼儿园课程实施的管理和运行机制。各级教育行政部门和幼儿园管理人员对幼儿园课程计划的实施负有领导、组织、支持和监督等责任,他们可以通过建立各种规章制度和其他各种管理与运行机制,促进幼儿园课程实施的成功。在所有的管理和运行机制中,最为重要的是对直接进行课程实施的人员——教师的管理。幼儿园园长要为教师创造良好的工作氛围,而人性化的管理才能在幼儿园内形成良好的环境氛围,才能让教师在受尊重的情况下自愿地去进行课程变革,在课程实施过程中克服因“习惯性”而造成的惰性以及对新课程计划的排斥,从而使课程实施得以顺利进行。

其六,幼儿园课程编制者与实施者之间的沟通。幼儿园课程编制者与实施者之间的沟通情况对课程实施能否成功往往具有关键性的作用。

---

① 朱家雄.幼儿园课程(第二版)[M].上海:华东师范大学出版社,2011:184-185.

其七，幼儿园课程实施者本身的水平和能力。幼儿园课程实施者——教师的水平和能力，也在相当程度上决定了幼儿园课程实施的可行性和有效性。

幼儿园课程实施的理想状态一般被认为是教师从实际情境出发进行课程生成的过程。但在实际教学中，教师的适应更具有现实性。教师根据自身的情况、幼儿园的条件、幼儿的经验，对所选定的课程计划或方案进行部分改动，使课程实施更适合幼儿园和幼儿的实际。幼儿园课程实施主要通过幼儿园教师来进行，教师的课程权利、教师的素质直接影响着课程的实施效果。幼儿园的文化传统也是通过教师这一中介来影响幼儿园的课程实施的，这些因素直接影响着适应取向课程实施的有效性。[①]

二、幼儿园课程实施的常见问题

（一）游戏与教学的关系

幼儿园课程中既有游戏也有教学，游戏与教学会产生关系，处理好游戏与教学之间的关系就成了编制幼儿园课程以及设计和实施幼儿园教育活动的要点和难点。对于幼儿园“教”与“玩”的难题，朱家雄教授用“绿豆”跟“大米”的关系来举例说明：单纯的绿豆会做出绿豆汤，单纯的大米能做出大米粥，绿豆与大米混合能做成绿豆粥。幼儿园的“教”与“玩”的关系要根据幼儿园的实际来确定，幼儿园如果强调活动结果，就选择以教学为主的活动，教学占主体；如果强调活动过程，就选择以游戏为主的活动。幼儿教育主要是为了“顺应儿童的自然发展，让儿童快乐地玩，同时又要有效地将儿童发展纳入合乎社会需要的轨道，让教师有效地教”。总之，玩要像玩，教要像教。幼儿园课程有千千万万种，但所有课程都是“大米”和“绿豆”的组合。过度关注哪种幼儿园课程是最佳的，其实意义不大，而“条条大路通罗马”才是道理。幼儿园课程和教育实施者也许一直会处于游戏（玩）与教学（教）的两难之中，时间、地点和条件的变化都会影响包括幼儿教育价值观在内的所有的一切。因此，我们要以“与时俱进”的思路来思考和处理这个“两难”问题，以求得进步、求得发展，否则可能会走向反面。[②]

（二）生成课程与预设课程的关系

在较长一段时间，幼儿园的课程实施通常都采用忠实取向，即教师完全按照课程计划实施。随着课程理论研究的发展和国外较为成功的早期教育课程模式的引入，在课程计划的基础上，根据教育情境的变化调适课程，甚至在事先无计划的情况下，根据

① 严仲连.幼儿园课程实施适应取向的内涵、特点及影响因素[J].学前教育研究，2010(2).

② 朱家雄.俗话幼儿园课程[M].上海：华东师范大学出版社，2021：129-131.

幼儿的兴趣与需要随机生成课程、师幼共同创造课程的课程实施方式日益受到重视。这也引起了人们对预设与生成的关系的讨论。从讨论的结果来看，人们大体认同预设与生成是辩证统一体，对课程实施而言都是必不可少的。预设体现了课程的目的性和计划性，生成则表明了课程的灵活性和针对性。而且处理得当，两者会相得益彰，提升课程效果。①

要处理好教师预设的活动与幼儿生成的活动的关系，教师应该注意以下几点：第一，教师预设的活动应尽可能多地考虑幼儿的兴趣，在幼儿兴趣的基础上确定内容。第二，教师预设的活动计划必须是弹性计划，要留余地给幼儿，使之有生成活动的空间，让幼儿有机会开展自己生成的活动。在活动过程中，幼儿会生成许多教师没有预先计划的学习内容，并以极大的热情投入到这些活动中。教师要适当调整原有的计划，创造条件让幼儿开展活动，满足幼儿的需要。如在探索蚂蚁的过程中生成了研究与喂养蚂蚁的活动，在探索蚂蚁外形的过程中生成了研究蚂蚁眼睛的活动等。教师要创造条件让幼儿有可能从事自己喜爱的活动，满足他们的需要。第三，教师要创设环境，使幼儿的生成活动朝纵深方向发展。幼儿生成的活动，是幼儿的兴趣所在，这些活动如果没有得到教师的鼓励和支持，有可能很快就随情境的变化使幼儿无法探索，也可能只停留在原有的探索水平上。如果教师能及时发现幼儿生成的活动，并创造条件，让他们深入探讨关心的问题，那么，既可以满足幼儿的需要，又可以使他们得到发展。②

当前，在幼儿园课程实践中，随着自主游戏的推进，虽然教师对课程的预设与生成有了一定的理解与认同，且在进行着各方面的实践，但我们也必须意识到，对生成课程，学界还存在诸多疑问，实践中也有不少亟待解决的问题。调查表明，在观念上，幼儿园教师存在生成课程意识淡薄、观念模糊、对其价值认识不足等问题；在实践上，教师在生成课程实施中存在态度被动消极、发展课程能力不足和不会反思等问题。③这些问题具有普遍性，我们还需进行更多的研究来为问题的解决提供参考。

（三）被忽略的隐性课程

幼儿园隐性课程（潜在课程）对幼儿的情感、行为、意识和知识有潜移默化的影响，有利于幼儿品德的培养和教育目标的实现。④在我国的学前教育实践领域，绝大部分幼儿园已开发或者使用较为完备的显性课程体系，但对隐性课程还比较忽视，这在一

① 王春燕.幼儿园课程概论（第2版）[M].北京：高等教育出版社，2014：122.

② 吴荔红.幼儿园预设课程和生成课程的关系及其处理[J].教育评论，2003(4).

③ 夏如波.幼儿园生成课程实施策略的研究[D].上海：华东师范大学，2006.

④ 潘素华.加强幼儿品德教育的有效策略探讨[J].课程教育研究，2014(8).

定程度上制约了我国学前教育质量的整体提升。根据隐性课程的概念和特征，我们可以将学前教育中的隐性课程归为以下几个方面。需要注意的是，这几个方面只能大体勾勒出隐性课程的基本框架内容，它们之间是相互联系的，不能做机械的理解。

物质—空间类：它直观、易改变、可移植。如园所建筑——风格、方位、规模、新旧、装饰等；绿化/美化——内容、形式、特点等；活动室设置——大小、照明、色彩、装饰、器具、图书等。

组织—制度类：它较为隐蔽、不易改变。如教育内容与活动安排、教育评价、教育管理方式等。

文化—心理类：它是隐性课程的“硬核”，隐蔽性大，惰性大，最不易改变。如正规课程、教育语言、教师的期望与态度、行为心理、师生关系等。①

幼儿园隐性课程的开发，主要表现在创设适宜的幼儿园物质环境、精神环境以及制度环境三个方面。创设良好的幼儿园物质环境要遵循安全性、经济性、参与性、发展适宜性等原则；制度环境的创设主要表现在常规的建立和应用上，通过建立和应用良好的常规，逐步引导幼儿建立规则意识，学会自我管理；精神环境的创设则要求教师要具备正确的教育观和儿童观，同时在教师与幼儿、幼儿与幼儿以及教师与教师之间建立民主平等的、尊重有礼的交往合作关系。②

拓展阅读

游戏化课程和课程游戏化的区别是什么？

课程游戏化：本体是课程，游戏是课程的“工具”。课程游戏化是指把游戏作为课程内容、活动形式与实施工具，将游戏精神贯穿课程实施整个过程，在活动中通过多种感官获得经验，促进幼儿的学习与发展。课程游戏化的逻辑起点是教师事先规划和设计课程，利用游戏创设“学中玩”的情境，达成预设的课程目标，完成相应的教学目标。

游戏课程化：本体是游戏，游戏是课程的“生成源”。王振宇教授将“游戏课程化”界定为：从幼儿的游戏出发，及时把握幼儿学习的生长点，通过引导和建构新的游戏，促进幼儿学习与发展的过程。游戏课程化是一个通过游戏的力量促进幼儿学习与发展的游戏链，其出发点是幼儿的游戏，包括幼儿的自主

① 冯晓霞.幼儿园课程[M].北京：北京师范大学出版社，2001：11.
② 王春燕.幼儿园课程概论(第2版)[M].北京：高等教育出版社，2014：123-124.

游戏和工具性游戏。所谓生长点，是指围绕着五大领域的教育内容生发出来的教育活动。游戏课程化最后又回到游戏中去，这里的游戏同样包括自主游戏和工具性游戏。就发展的总趋势而言，这时的游戏不是初期游戏的简单重复，而是在更高层面上的发展和提升。①

目前，“课程游戏化”与“游戏课程化”这两个具有不同价值取向的命题都在幼儿园推进。“课程游戏化”与“游戏课程化”中的“游戏”有工具性和本体性之分，“课程游戏化”与“游戏课程化”中的“课程”有预设与生成之别，“课程游戏化”与“游戏课程化”中的幼儿有“学中玩”和“玩中学”之异，“课程游戏化”与“游戏课程化”的逻辑起点存在“课程”和“游戏”之不同。但“课程游戏化”与“游戏课程化”都聚焦到了“游戏是幼儿的基本活动”，其意图都是寓教于乐，谋求基于幼儿年龄发展特点实现游戏和课程的整合。②

本章小结

本章是本书的重点章节，阐述了与幼儿园课程实施相关的关键概念、课程实施的路径及相关影响因素和常见问题等。

1.阐述了不同学者对课程实施及幼儿园课程实施的界定，重点介绍了课程实施的三种基本取向，即忠实取向、相互适应取向和课程创生取向，同时辨析了三种取向的利弊及关系。

2.幼儿园课程实施的多样化途径整体上可分为园内课程实施和园外课程延伸。幼儿园园内课程实施途径一般分为生活活动、游戏活动和教学活动三种。园外课程延伸比较常见的是家园共育活动、社会实践活动等形式。

3.幼儿的学习方式和教师的教育行为是影响幼儿学习效果的两个最重要的因素。直接感知、实际操作和亲身体验是幼儿比较喜欢的学习方式，同时幼儿也喜欢在观察比较、操作体验及同伴合作中学习。常见的教学方式与策略有直接教学、间接教学和支架式教学。

4.课程实施会受多种因素的影响，既有积极方面的影响，对课程实施起促进作用，也有消极方面的影响，对课程实施起阻碍作用。在课程实施的过程中也会遇到诸多问题，需结合实践情况进行考量。

---

① 谷珵.王振宇：实现游戏课程化，把握学习生长点[J].教育家，2020(35).

② 黄小莲.“课程游戏化”还是“游戏课程化”——命题背后的价值取向[J].中国教育学刊，2019(12).

思考与实训

1.通过分析三所不同幼儿园的一日活动安排表，讨论生活活动、游戏活动、教学活动的安排情况，并且讨论其背后所隐含的课程价值观。

2.简述课程实施的三种取向，并谈谈三种取向的权衡关系。

3.请结合安吉游戏，谈谈游戏与教学的关系。

专题探讨

背景资料：安吉游戏在全国乃至世界范围的推广，带给了中国幼教界许多震撼，同时也震惊和风靡了欧美学前教育界，成了国际学前教育的样本。安吉游戏获得了中国基础教育国家级教学成果一等奖。在安吉游戏中，幼儿是游戏的主宰者，所有游戏没有教材，没有教师的介入与指导。游戏的材料全部就地取用，充分发挥了安吉竹乡的优势。竹梯、竹竿、竹筒、绳网、木箱、油桶等开放性材料，让幼儿自主、自发、自由地玩耍。这种游戏模式颠覆了中国传统幼儿教育模式，也让我们发现幼儿生成的游戏常常优于教师预设的游戏。

探讨：通过搜集相关资料，讨论并分享安吉游戏在幼儿园课程方面的经验。

第七章

幼儿园课程评价

学习目标

- 了解幼儿园课程评价的内涵、目的、基本要素与原则；
- 理解幼儿园课程方案评价；
- 掌握幼儿园课程实施过程评价；
- 掌握幼儿园课程效果评价。

学习重难点

- 重点：掌握幼儿学习与发展评价的指标体系与方法。
- 难点：掌握幼儿园课程实施过程中不同活动的评价标准。

案例破冰

幼儿园课程评价应如何开展？

在教学研讨会上，语言小组的徐老师对语言主题活动“数小鸟”进行了评价。本主题活动的目的是通过学习儿童歌曲来发展幼儿的语言表现力，使幼儿感受歌曲的美妙意境。以前的教学方法是组织幼儿进行集体学习，幼儿被动接受，在整个活动过程中，教师也难以观察每一位幼儿的表现。如何让教师关注到班上每一位幼儿的表现？语言小组的徐老师对这次主题活动的教学计划进行了调整。首先,组织幼儿在游戏的过程中找到小鸟,让每一位幼儿都进入到情境中,在歌曲的现场表演中体会歌曲的乐趣。根据小班幼儿学习与发展的特点,徐老师采取了场景表演法,引导幼儿从被动学习向主动学习转变,这也正是幼儿园课程评价的价值所在。

徐老师的做法是否正确?幼儿园课程评价有何价值?本章内容会给我们带来一定的启示,帮助我们解答上述问题。

第一节 幼儿园课程评价概述

一、幼儿园课程评价的内涵

评价是人们依据一定的标准对客观事物做出判断、衡量、评定的过程。在现实生活中，很多事物都可以作为人们评价的对象。比如，我们买了一件衣服或者是看了一部电影，我们会根据相应的判断标准对其做出价值判断和评估；又如，我们听了某位老师的一节课，我们也会对其进行讨论从而做出相应的评价。鉴于此，评价就是人们表达对某个事物或某件事情的看法和观点的一种手段。关于“课程评价”的概念，不同的专家学者有不同的看法。美国课程理论专家拉尔夫·泰勒在“八年研究”期间提出了“课程评价”的概念，在他看来，课程评价的过程实质上是一个确定课程与教学计划实际达到教育目标的程度的过程。英国课程专家凯利认为，课程评价是评估任何一种特定的教育活动的价值和效果的过程。美国课程论专家比彻姆认为，课程评价包含判断课程系统的效果和所规划的课程的效果的那些必要的过程。从三位学者对“课程评价”的概念可以看出，课程评价实质上就是对课程实施的质量检测。在我国，课程评价是一个价值判断的过程。价值判断要求在事实描述的基础上，体现评价者的价值观念和主观愿望。不同的评价主体因其自身的需要和观念的不同，对同一事物或活动会产生不同的价值判断。幼儿园课程评价亦是如此，是评价者根据幼儿园课程的构成要素，收集、分析相关信息，对幼儿园课程的价值性、适宜性及效益做出价值判断的过程。[①]

课程评价的方式是多样的，它既可以使用定量的评价方式，也可以使用定性的评价方式。课程评价的对象包括课程计划(方案)、课程实施、课程结果等多种课程要素，换句话说，课程评价的对象的范围是很广的，它既包括课程计划本身，也包括参与课程实施的教师、学生、学校，还包括课程活动的结果，即教师和学生的发展。基于这一概念，可以延伸出幼儿园课程评价的对象既包括幼儿园课程计划本身，也包括幼儿园课程实施的过程，还包括幼儿园课程实施的结果，即教师和幼儿的发展。

课程评价根据不同的标准可以划分出不同的类型：根据评价对象的不同，可以将

① 王春燕.幼儿园课程概论(第2版)[M].北京：高等教育出版社，2014：128.

课程评价划分为学生评价、教师评价、学校评价等;根据评价主体的不同,可以把课程评价划分为自我评价和他人评价;根据评价的目的不同,可以把课程评价分为诊断性评价、形成性评价和总结性评价;根据评价的参照标准或评价反馈策略的不同,可以把课程评价划分为绝对评价、相对评价和个体内差异评价;根据评价手段的不同,可以把课程评价划分为量性评价和质性评价。根据课程评价的取向不同,课程评价主要有三类:一是目标取向的课程评价。这种观点的主要代表人物是被称为“现代评价理论之父”的泰勒及其学生布鲁姆等人,他们认为课程评价是将课程计划和预定课程目标相对照的过程。在这里,预定目标是评价的唯一标准,评价追求科学性与客观性,因而,这种取向的评价的基本方法就是量化研究方法,并常常将预定目标以行为目标的方式来陈述。二是过程取向的课程评价。这种评价试图将教师和学生在课程开发、实施以及教学过程中的全部情况都纳入评价的范围之内,强调评价者与具体情境的交互作用,主张不论是否与预定目标相符,与教育价值相关的结果都应当受到评价。三是主体取向的课程评价。这种观点认为课程评价是评价者与被评价者、教师与学生共同建构意义的过程。幼儿园课程评价也是如此,也可以根据不同的评价维度对其进行分类。

对幼儿园课程进行评价,不仅可以让教师了解幼儿需要什么,同时也使教师更加明确应该为幼儿的发展提供什么;对幼儿园课程进行评价,不仅有利于幼儿教师自身专业发展,还有利于幼儿教育的高质量发展。因此,幼儿园课程评价在幼儿园课程的整个系统中占据重要地位,是幼儿园课程开发过程中必不可少的重要环节。在我国幼儿园课程发展的当下,幼儿园课程评价正在走进幼儿园课程的整个体系当中。比如,幼儿教师的年终教学总结、公开优质示范课比赛、课程观摩等活动,都有幼儿园课程评价的影子,因为这些活动都在遵循一定的标准对其做出相应的评价和价值判断。但是也存在课程评价零散的情况,幼儿园课程评价是一个庞大的系统,由于教师这方面能力欠缺等因素,对幼儿园课程的评价还只是停留在表面,没有透过现象找到其本质所在,虽然在平时的工作实践中收集了大量的素材,却不知如何分析,忽视了评价的作用。

实践证明,幼儿园课程评价是幼儿园课程走向高质量发展过程中必不可少的关键环节,只有科学、系统地对幼儿园课程进行评价,才能使其成为幼儿园课程的有效反馈机制,成为深化幼儿园课程改革、促进幼儿园高质量发展的重要抓手。幼儿园课程评价不仅仅是幼儿园课程实施的终点,更是起点,它始终贯穿在幼儿园课程实施的所有过程之中。

人物介绍

拉尔夫·泰勒(Ralph W. Tyler)是美国著名教育学家、课程理论专家、评价理论专家。他是现代课程理论的重要奠基者,是科学化课程开发理论的集大成者。由于对教育评价理论、课程理论的卓越贡献,泰勒被誉为"当代教育评价之父""现代课程理论之父"。他在1949年出版的《课程与教学的基本原理》被誉为"现代课程理论的圣经"。"泰勒原理"被公认为课程开发原理最完美、最简洁、最清楚的阐述,达到了科学化课程开发理论发展的新的历史阶段。

二、幼儿园课程评价的目的

幼儿园课程评价的目的是要解决"是什么""为什么"和"怎么做"的问题。人们在评价某个事物之前,总会设想或者规定实施的活动需要达到什么样的效果;假如没有达到,那么应该怎么解决这个问题。幼儿园课程评价在这一过程中起着支配作用。之前,幼儿园课程评价往往注重的是区分评价对象的优劣程度,重视评价的鉴别或选拔功能。[①]而今,幼儿园课程的发展性评价已经成为主流的评价方式,其更加强调发挥评价本身的诊断和教育功能。幼儿园课程评价的根本目的在于通过对课程的诊断,"了解课程的适宜性、有效性,为修正、调整和完善课程乃至推广课程提供科学依据,从而提高学前教育的质量,促进幼儿的全面发展"[②]。幼儿园课程评价始终贯穿在整个幼儿园课程体系当中,在每一个环节都发挥着重要作用且目的不同。

(一)课程方案形成前课程评价的目的

其一,需求评估。需求评估也就是说在开发某一类型的幼儿园课程时,要首先评估幼儿的整体发展水平以及社会对学前教育发展的要求。需求评估是制定课程方案的重要依据,可以增强课程方案的科学性和规范性,使课程方案对幼儿的发展更加具有针对性和适宜性,因此必须严格"把关"。例如,教师在写新学期的课程方案前,通过对幼儿进行测评发现,幼儿的大肌肉动作发展相对较好,而小肌肉动作发展相对滞后,

① 虞永平,彭俊英.对我国幼儿园课程评价现状的分析和建议[J].人民教育,2003(11).

② 王春燕.幼儿园课程概论(第2版)[M].北京:高等教育出版社,2014:129.

那么教师在拟定新学期的课程方案时就要多安排一些有利于发展幼儿小肌肉动作的活动或者玩具等。在拟定课程方案前进行课程评价，为幼儿教师开展相关活动提供了依据，也使得活动更加符合幼儿的需要，从而促进幼儿的良好发展。

其二，比较和选择课程。在自主开发幼儿园课程的大背景之下，幼儿园课程呈现出"百家争鸣，百花齐放"的局面。众多幼儿园课程种类，可谓是"乱花渐欲迷人眼"，所有的课程都有其特色，但是否适合每个地方的幼儿园和孩子们，这可能要打一个大大的问号。应该怎样寻找适合本地、本园发展的幼儿园课程？这需要课程评价来做"先行者"，通过课程评价对课程方案进行分析和评估。"通过评价可以比较其在目标设置、内容组织、教学实施以及实际效果等方面的优势，从整体上判断其价值，再结合需要评估，对课程作出选择。"①不管是幼儿园自己开发的课程，还是引入别人开发的课程，只有通过课程评价，幼儿园才能找到适合自己的发展道路，也唯有如此才能让幼儿获得更好的发展 。如果没有幼儿园课程评价作为课程使用前的评估保障，那么必定会造成"水土不服、人云亦云"的局面。

（二）课程方案实施阶段中课程评价的目的

一个好的课程需要通过评价不断地调整与完善，以达到不断接近教育目的的最佳教育效果。②尽管在课程方案形成前已经经过了初步的课程评价，但是评价时，教师始终是按照静态的指标，如按照《幼儿园工作规程》《幼儿园教育指导纲要（实行）》《3-6岁儿童学习与发展指南》等对幼儿园课程进行评价，初步拟定符合幼儿发展的课程方案，但是在实施的过程中效果常常不理想，这主要是因为课程方案还没有经过实践的检验，忽略了现实生活情境。通过在课程方案实施过程当中去评估课程方案对幼儿的发展是否有益，找到影响因素和存在的问题，为下一步的课程整改提供依据与凭借。诊断和修正课程是课程评价的基本目的，因此必须将课程评价落实于课程方案的实践当中。比如，某所幼儿园利用本土资源为幼儿开发了一套课程，刚刚开始的时候孩子们都很喜欢，但是随着时间的推移，孩子们的兴趣逐渐转移到别的事物上，这就需要教师反思孩子们为什么不感兴趣了，找到其中的问题，然后解决问题并优化课程方案。

此外，在课程方案实施过程中，教师也可以观察幼儿在活动中的表现，记录下他们的"哇"时刻，通过诊断，对幼儿园课程内容进行去粗取精，从而达到优化幼儿园课程的目的。

---

① 彭俊英.对构建幼儿园课程评价方案的粗浅思考[J].学前教育研究，2003(7-8).

② 李季湄.幼儿教育学基础[M].北京：北京师范大学出版社，1999：199.

(三)课程方案实施结束后课程评价的目的

在课程方案实施后进行评价主要有两个目的:一是有助于了解课程目标的达成情况。课程方案实施结束后,教师可以将幼儿的反应与课程活动预先设定的目标进行对比,通过对比来获得反馈情况。二是有助于教师判断课程取得的成效。“一项课程或教学计划在实施后究竟收到哪些成效,可以通过评价全面衡量,作出判断。这种判断不同于上述对目标达成程度的了解,而是对效果的全面把握,包括对那些预定目标之外的效果的把握。”[①]当然,这些效果可能是积极的,也可能是消极的。

实际上,现在关于上述课程评价的目的在很大程度上还是基于幼儿园课程本身的实践得到的认识。幼儿园课程评价不仅需要在幼儿园内部运行,还可以运用其参与课程管理,从这个角度上看,幼儿园课程评价也可以帮助各级学前教育主管部门有效地管理课程。

三、幼儿园课程评价的基本要素

幼儿园课程评价的基本要素主要是指组成幼儿园课程评价的各个部分。在幼儿园课程的众多要素之中,它只属于其中之一。课程评价这个自身系统,主要由四个基本要素构成,即课程评价的主体、课程评价的客体、课程评价的标准、课程评价的方法。[②]这些要素是幼儿园课程评价的有机组成部分,在幼儿课程评价的整个过程中发挥着不同的作用。

(一)幼儿园课程评价的主体

幼儿园课程评价的主体主要是指课程评价的实施者和参与者。教育行政管理部门的工作人员、幼儿园园长、家长、幼儿、教师等都可以成为评价的主体,不同的评价主体对课程有不同的看法和视角。比如,幼儿园园长对幼儿园课程进行评价是为了了解幼儿园课程的实施情况,从整体上把握幼儿园的教育质量。园长对幼儿园课程的评价尤为重要。“园长在幼儿园课程评价中起着领导作用、组织的作用……是幼儿园课程评价主体的重要决策者。”[③]园长对课程的评价直接影响到教师实施幼儿园课程的行为。教师作为课程评价的主体之一,其课程评价的目的主要是找出课程的不足与优点和了解幼儿发展的整体水平,以优化课程及促进幼儿的发展。教师作为课程的实施者,其

---

① 彭俊英.对构建幼儿园课程评价方案的粗浅思考[J].学前教育研究,2003(7-8).

② 王春燕.幼儿园课程概论(第2版)[M].北京:高等教育出版社,2014:135.

③ 虞永平,张辉娟,钱雨,等.幼儿园课程评价[M].南京:江苏教育出版社,2006:45-46.

对课程的看法是影响课程实施效果的主要因素，教师可以通过课程评价来反观自身在课程实施中出现的问题，从而促进自身的专业发展。

作为幼儿园课程评价主体的幼儿和家长，在课程评价中发挥着不可替代的作用。幼儿评价教育的内在准则是他们自身的兴趣和需要①，他们通过自己的行为反应和发展变化来“发表”对课程的看法②。教师可以通过观察幼儿在活动中的表现来调整自己的教学方式。此外，家长作为幼儿园教育的重要合作伙伴，他们对幼儿园课程的评价反映了家长对幼儿园课程质量的期待。家长不可能参与到幼儿园课程评价的全程当中，因此不能对其做出全面的评价，主要是通过对子女的学习状况进行了解之后对教育做出相应的判断。③尽管如此，家长已经成为幼儿选择课程的重要影响因素，因为家长对幼儿园课程的评价影响到幼儿园的生存和长足发展，因此，不可小觑家长在幼儿园课程评价中的作用。

（二）幼儿园课程评价的客体

评价客体是被评价的对象，幼儿园课程评价客体的内容和范围相当广泛，大致可以划分为课程方案评价、实施过程评价和课程效果评价。④

1. 课程方案评价

课程方案评价是课程实施的开端，主要是指有关的教育主管部门抑或是幼儿园在选择和比较课程时，对备选课程方案理念、课程结构、课程资源等要素的科学性、合理性、可操作性等特点进行分析和判断，以便决定是否采用或推广。⑤鉴于当前我国幼儿园师资队伍的整体力量和水平，对幼儿园课程进行开发还是比较困难的，让每所幼儿园都拥有自己的园本课程更是难上加难，那么针对此情况可以找到的解决路径必定是引进外来的课程方案。这个课程方案的选择尤其需要小心慎重，并且在使用之前一定要进行课程方案的评估，看该课程方案的理念与《3-6岁儿童学习与发展指南》《幼儿园教育指导纲要（试行）》的理念和要求是否相符合。课程方案是否合理和丰富，不仅关系到幼儿自身的发展，还关系到幼儿园的教育质量，因此在进行课程方案选择时，必须预先对其进行评价，以免造成不良后果。

2. 实施过程评价

课程实施处于整个课程系统的中间位置，也是整个课程体系运作的中心环节。具

① 虞永平，张辉娟，钱雨，等．幼儿园课程评价[M]．南京：江苏教育出版社，2006：47.
② 冯晓霞．幼儿园课程[M]．北京：北京师范大学出版社，2001：115.
③ 虞永平，张辉娟，钱雨，等．幼儿园课程评价[M]．南京：江苏教育出版社，2006：45.
④ 冯晓霞．幼儿园课程[M]．北京：北京师范大学出版社，2001：114.
⑤ 王春燕．幼儿园课程概论（第2版）[M]．北京：高等教育出版社，2014：136.

体而言，实施过程评价包括：了解幼儿在课程实施过程当中的反应（主动性、参与程度、情绪等）、教师的态度和行为（对儿童的控制程度、管理方式、教育机智和技巧等）、师生互动的质量、学习环境（条件的利用方式等）。[①]对课程实施的过程进行评价有助于评价者动态地了解课程与幼儿的契合性，也可以及时诊断课程中存在的问题，从而及时调整课程以适应幼儿的发展。通过对课程实施的过程进行评价，教师也可以进行反思，以优化课程目标、课程内容及教育教学方式，最大限度地找到适宜幼儿发展的部分，让幼儿受益其中。

3.课程效果评价

课程效果评价是在课程实施结束后进行的评价，是一种终结性评价。其是对课程实施结束后在幼儿和教师身上所发生的发展变化做出的评价和分析，是衡量课程方案和教师教育教学行为适宜性的最终环节，[②]是检验和评价学前教育质量的必要手段。课程效果有隐性与显性、长效与短效、预期与非预期之分。[③]对幼儿园课程实施效果的评价是一项极其复杂的工作，课程效果主要依赖于幼儿及幼儿教师两大主体体现出来，同时也是基于这两大主体进行评价。

对幼儿进行评价时，不只是评价他们掌握与课程有关的具体知识的情况，更重要的是评价他们在学习活动过程中的态度、方法、行为方式等。[④]例如，在“飞机为什么会飞”的科学探索活动当中，不只单单评价幼儿是否知道“飞机为什么会飞”这一现象背后的科学知识，还要评价幼儿在探索过程中采用了哪些方法、使用了哪些材料以及幼儿在活动过程当中所表现出来的耐力、兴趣、专注等品质，因为这些品质对于幼儿日后的发展极其重要。

对教师进行评价主要是评价教师在教学活动中的行为，主要着眼于评价教师从设计、准备直到实施的每一个阶段所进行的各项教育教学工作，包括工作的态度和技巧。[⑤]这个过程主要关注教师是否在教学活动中提供了适宜的学习经验，这些经验是否来自幼儿的生活；教师是否能兼顾不同发展水平的幼儿，活动是否符合幼儿的需要和兴趣；在师幼互动过程中，教师是否营造了一种轻松的互动氛围等；在活动开展过程中，教师是否为幼儿提供了丰富的活动材料以及教学目标的达成情况等。

---

① 冯晓霞.幼儿园课程[M].北京：北京师范大学出版社，2001：114.
② 王春燕.幼儿园课程概论（第2版）[M].北京：高等教育出版社，2014：137.
③ 朱家雄.幼儿园课程[M].上海：华东师范大学出版社，2003：157.
④ 李季湄.幼儿教育学基础[M].北京：北京师范大学出版社，1999：201.
⑤ 李季湄.幼儿教育学基础[M].北京：北京师范大学出版社，1999：201.

（三）幼儿园课程评价的标准

任何事物只要涉及评价，就需要评价的“标尺”。每一种幼儿园课程评价体系都包括指标体系和评价标准。指标体系是幼儿园课程评价的范围，即从哪些方面去评价课程。评价标准是根据评价指标体系拟定的每一个指标应达到的水平。[①]可见，幼儿园课程评价标准“是衡量幼儿教育之价值的现实的操作性尺度”[②]。当然，不同的办园理念和课程理念会衍生出不同的评价标准。从国家层面来看，国家会根据当下的状况来制定一套课程标准，它主要反映的是国家幼教课程政策的基本精神，它在课程评价的过程当中往往身居“高位”，充当“领导者”的角色。评价者往往会在“领导者”的吩咐下根据实际情况制定比较详细具体的评价标准，这些标准通常以问题的形式表现出来。

例如，全美幼教协会编制的《幼儿园课程整体评价标准（价值标准）》，主要由“课程是否能促进儿童与伙伴和成人之间的相互作用和学习，并有利于儿童对知识的建构”“课程是否能促进儿童在社会性、情感、身体和认知方面的发展，有助于儿童掌握民主社会的价值观”等20个问题组成。又比如，我国学者蔡秋桃在《幼儿园课程整体评价标准》中将幼儿园课程划分为课程目标、物质环境、交互作用的环境、活动、作息时间表、幼儿进步等六个维度对其进行评价。[③]

以上两种课程评价标准都表现为概括性问题。概括性问题作为评价标准的长处是：效度高；由于提出的问题针对性强，在帮助教育工作者改进工作中有较大的作用；容易制定。它的缺点有：评价过程中一般误差较大，因而信度低；不易进行定量处理，因而也不容易获得综合性的结论。[④]

拓展阅读

幼儿园课程整体评价标准（价值标准）（节选）

1.课程是否能促进儿童与伙伴和成人之间的相互作用和学习，并有利于儿童对知识的建构？

2.课程是否能促进儿童在社会性、情感、身体和认知方面的发展，有助于儿童掌握民主社会的价值观？

3.课程在帮助儿童学习知识和掌握技能的同时，是否能够使儿童形成对学

---

① 王春燕.幼儿园课程概论（第2版）[M].北京：高等教育出版社，2014：138.

② 虞永平，张辉娟，钱雨，等.幼儿园课程评价[M].南京：江苏教育出版社，2006：36.

③ 冯晓霞.幼儿园课程[M].北京：北京师范大学出版社，2001：124-127.

④ 彭俊英.对幼儿园课程评价方案的粗浅思考[J].学前教育研究，2003(7-8).

习的积极态度?

4.课程对儿童来说是有意义的吗?是否与儿童的生活有关?是否注重与儿童个人经验的联系并强化这种联系,或者说能使他们从课程中获得直接的经验?

5.对儿童的期望和要求是否合理、切实可行,抑或在以后学习或掌握这些内容会更容易、更有效?

6.儿童和教师对课程都感兴趣吗?

7.课程是否对多元文化和语言尊重与敏感?课程是否期望、允许和欣赏个别差异的存在?是否有利于形成与家庭的良好关系?

8.课程是否以儿童现在的知识和能力为基础并促进他们的发展?

9.课程是否在有意义的背景中,帮助儿童形成对概念的理解?

10.课程是否注重促进各学科之间的联系和综合?

…………

幼儿园课程整体评价标准(节选)

(一)课程目标方面

1.课程目标是否符合幼儿园的教育目标?

2.单元的设定及目标是否适宜?

3.单元目标是否具体可行并能进行评量?是否有明确具体的评价标准?评价方式是否适宜?

(二)物质环境方面

1.活动区的规划是否合理,不致产生相互干扰的现象?活动空间是否合适?

2.开放架上是否有各种材料可供幼儿随时使用?

3.是否有幼儿个人可用的材料,而不必强迫他与其他幼儿共用?

4.材料的放置是否井然有序,而能鼓励幼儿自动拿取?

5.活动区的布置是否能将噪声减至最低程度?如在积木区铺上一块地毯,以减低噪声。

6.材料的布置与收拾整理是否容易进行?是否让幼儿参与收拾整理?

7.是否小心地计划室外活动区的学习机会?

…………

(四)幼儿园课程评价的方法

幼儿园课程评价从确定评价目的到得出评价结论是一个完整的过程,这个过程的每个阶段都有不同的评价方法,因此,幼儿园课程评价存在一个方法群或方法体系。幼儿园课程评价的实质是对幼儿园课程运作过程的研究,课程评价的方法与一般的学前教育科研方法是相通的,大致可分为定性评价和定量评价两大类。

1.定性评价

定性评价来自社会学和人类学的传统,强调对现象的描述、解释和归纳,具有人文主义的价值判断倾向。[①]定性评价并不采用数学的方法,而是对评价对象平时的表现、现实的状态进行观察,据此对评价对象做出定性结论的价值判断,如评出等级、写评语等。定性评价强调观察、分析、归纳与描述。

在幼儿教育评价领域,定性评价更加关注幼儿在质的方面的发展,关注教育结果与教育目标之间的一致性,强调对幼儿的优缺点进行系统的调查,并对个体独特性做出“质”的分析与解释,是具有实质性内容的一种评价机制。定性评价可以关注更广泛的教育目标及学习结果,强调关注现场和专业判断,对幼儿的种种表现试图做出具有教育学、心理学意义的解释与推论。如果说定量评价关注“量”而走向具体并且侧重定量描述,那么定性评价则关注“质”而走向抽象并且侧重定性描述。因而,定性评价更具有现代人本思想和发展性评价的理念。但是,定性评价有时使评价结果模糊、笼统、弹性较大,难以精确把握。

2.定量评价

定量评价来自自然科学和心理学的实验传统,强调实证的求知方法,以评价结果为焦点,力求精确的测量资料,强调评价的可靠性和推断性,具有科学主义的价值判断倾向。[②]定量评价是采用数学的方法,收集和处理数据资料,对评价对象做出定量结果的价值判断,如运用教育测量与统计的方法、模糊数学的方法等,对评价对象的特性用数值进行描述和判断。

定量评价强调数量计算,以教育测量为基础。它具有客观化、标准化、精确化、量化、简便化等鲜明的特征。它在一定程度上满足了以选拔、甄别为主要目的的教育需求。但定量评价往往只关注可测量的品质与行为,处处、事事都要求量化,强调共性、

① 王春燕.幼儿园课程概论(第2版)[M].北京:高等教育出版社,2014:141.
② 王春燕.幼儿园课程概论(第2版)[M].北京:高等教育出版社,2014:141.

稳定性和统一性，过分依赖测验形式。有些内容勉强量化后，只会流于形式，并不能对评价结果做出恰如其分的反映。因而，它忽略了那些难以量化的重要品质与行为，忽视了个性发展与多元标准，把丰富的个性心理发展和行为表现简单化为抽象的分数表征与数量计算。

显然，这两种类型的评价各有利弊。幼儿园课程是一个非常复杂的系统，单独依赖定性或定量的方法都无法完成对课程的正确评价。只有将二者有机结合，使质与量互补、交叉验证，才有可能大大增强评价的有效性与准确性。[①]明确了评价目的，制定了评价标准和工具，掌握了评价方法，才能对幼儿园课程做出科学的评价。

四、幼儿园课程评价的基本原则

（一）课程评价的目的在于促进幼儿发展与课程完善

课程评价的目的是指引和支配整个课程评价过程的导向。其根本任务是通过对幼儿园课程的价值、适宜性与有效性做出判断，从而发现问题、分析原因、找到对策，实现课程的不断改进与完善。幼儿园课程是实现幼儿教育目的的中介，对课程的改进与完善是高效达成幼儿教育目的、促进幼儿身心发展的关键。这就要求课程评价主体以正确的理念来看待对幼儿学习与发展的评价：第一，评价内容应具有全面性，需从健康、语言、科学、社会、艺术等领域综合地评价儿童；第二，评价应自然伴随幼儿学习与发展的过程，避免给幼儿带来心理压力；第三，对幼儿进行评价的信息的来源应多样化，既考虑幼儿在各种活动中的动态发展，又考虑对幼儿的各种静态作品进行分析；第四，尊重幼儿的个性，切勿采取“一刀切”的评价态度；第五，正确理解与使用评价结果，评价目的在于依据评价结果诊断幼儿需要，促进幼儿发展，而不是将评价结果用作幼儿间的横向比较。

（二）课程评价需以教师自评为主、多方协同参与评价

教师作为课程的实施者，是在课程中与幼儿发生直接联系的主体，因此，课程评价强调以教师自评为主能更有效地发现课程的问题与不足，以调整和完善课程。

教师进行课程评价的过程是教师运用专业知识审视课程实践，发现、分析、研究、

① 王春燕．幼儿园课程概论（第2版）[M]．北京：高等教育出版社，2014：141.

解决问题的过程，这不仅是教师实现自我成长的重要途径，也是教师及时调整自身观念与行为，从而促进幼儿身心发展的路径。因此，幼儿园课程评价应以教师自评为主，管理者在课程评价中发挥导向作用的同时，应为教师提供自由的空间和专业技术的支持，给予教师群体充分的话语权，充分调动教师发现和解决课程问题与教学问题的主动性与创造性。

此外，幼儿与家长也是课程评价的主体。幼儿作为课程的直接体验者，他们在课程中表现出的行为反应与变化能为课程评价提供有效信息。家长是教育的重要资源，让家长进行课程评价，不仅能反映幼儿园课程对家长需求的满足状况，进一步加强家长对幼儿园课程的认知，也能极大地丰富教育资源，促进幼儿园与家长、社会的沟通和交流，争取到更多的社会支持。

（三）课程评价应真实、客观地贯穿课程系统运行的全过程

评价作为一种反馈矫正的程序，应该贯穿课程发展的每一个阶段，这样才能使课程的发展成为一个不断完善的过程。在课程系统运行的不同阶段，课程评价都有着不同的目的与作用。在课程方案形成之前，通过课程评价能够了解幼儿发展的需求以及社会发展的需求，为课程方案的制定提供现实依据。在课程方案实施阶段，课程评价的目的是诊断与调整课程，以提高教育质量。在课程方案实施结束后，课程评价的目的主要是了解课程实施效果与课程目标之间的差距，判断课程的成效。在实践中，幼儿园窄化课程评价过程是一个普遍现象，评价主体往往更注重对课程实施效果的测量和评价，尤其重视对幼儿学习结果、教师教学效果的测量和评价。这种只重视结果而忽略过程的课程评价理念，不利于搜集反映课程成效的全面信息，也就无法从根源上实现调整与完善课程的目的。

（四）课程评价方法应定性与定量相结合

幼儿园课程评价主体可以采用量化的方法获取准确、客观的数据，以此做出科学的分析和判断，而质化的方法有助于评价主体在自然的情境中深入了解课程实践，挖掘课程实践更细致、深层的意义和价值。

由于幼儿园课程评价内容的多样化，单独采取任何一种评价方法都很难解释或回答所有问题。为了更加全面、科学地进行课程评价，我们需要采取量化评价和质性评价相结合的方法，这也是目前进行课程评价的现实所趋。

（五）课程评价结果应得到切实、恰当的使用

首先，课程评价结果应切实地使用，即要让评价结果发挥其实用价值，能向各类对象提供实用的信息。对于教育行政人员来说，评价结果是其宏观把控各地区幼儿园课程质量，以此切实制定课程相关政策的依据。对于园长来说，评价结果是其整体把握本园的教育质量和课程实施状况的依据。对于教师而言，评价结果是其了解幼儿发展水平状况，把握课程适宜性和有效性的依据。因此，幼儿园课程评价结果信息应在实践中得到充分的利用，而不是为了评价而评价，否则除了产生一堆应付检查的“废纸”外，评价结果的信息只会被束之高阁。

其次，课程评价结果应恰当地使用，即评价结果是为诊断、改善课程服务的。对评价结果应该进行科学、合理的分析，以发现课程的问题与局限。涉及评价幼儿与评价教师的结果部分，不应该用于横向鉴定幼儿发展的优劣和进行教师绩效考核，否则不仅会打击幼儿与教师参与评价工作的积极性，也违背了课程评价的真正意图。

拓展阅读

以“三全”评价优化课程①

全时段——一日活动的评价时机

有评有析，全时段解读，个别化助推。评价是教师专业的价值辨析，也是幼儿心理意义的建构过程。全时段有评有析的助推，即教师从评价中循证，发现个别化教育的内容、时机，制定、推进个别化指导方案。例如，教师从“看、思、引”三个角度对案例进行仔细分析，并根据幼儿自评结果给予引导和支持，从而做出相对合理的评估，为后续的助推方案提供科学依据。

自评互评，全时段参与，体验中反思。体验既是一种活动，也是活动的结果。作为一种活动，体验是主体亲历某件事并在此过程中对事物产生真切感受，从而形成某种态度和认识的过程。作为活动结果，体验是主体在亲身参与实践的过程中，对其中隐含的道理和意义形成的独特感受和领悟。通过评价反思体验，从趣味赞美、归因肯定、思辨评价三个角度开展小、中、大班幼儿的自评与互评，已达成自信、赋能、应对挑战等课程目标。

---

① 张孟勰，朱瑶．以“三全”评价优化课程[N]．中国教育报，2021-10-24．

全系统——课程评价的实践路径

在“三全”常态化课程评价实践与探索过程中，应做到内部评价与外部评价并举、正式评价与非正式评价统一，尝试多种评价路径，形成完整的园本课程评价体系。

内外兼顾，全过程展开，系统化推进。建构园本课程评价的全局体系，有利于幼儿评价反馈、反思的即时性获取，对幼儿学习归因、自我激励、克服困难等都有明显作用。根据评价的主动性，可分为外部评价和内部评价。

“正”“非”有度，全局化推演，自然中激励。根据评价形式，可分为正式评价和非正式评价。将评价的言行渗透在师幼互动中、环境创设中、主题教学中，在评价中引领幼儿学会用抱抱表示关爱，用大拇指表示赞美，用点头表示肯定和鼓励等。

全方位——课程评价的导向力

质量导向，全方位覆盖，多维度引领。在实践探索中，课程评价的导向力以课程质量为抓手，从结构质量、过程质量、发展质量、互动质量四个角度切入，牢牢抓住情感课程内容、教师专业素养、情景式体验等维度提升评价质量。

目标导向，全方位介入，结构性支持。评价目标、评价体系是评价的基础与关键，为了科学、客观、全面地对幼儿学习与发展作出价值判断，教师要结合幼儿学习与发展的真实情况确立评价指标。因此，需要结合领域核心经验，关注幼儿情绪能力和情感品质，依据幼儿与自我、环境、他人的互动，以及幼儿在与这三方互动过程中的表现，将课程内容划分为自我认知、人际交往、发展探究、表达表现四个维度，构建园本课程评价目标体系。

内容导向，全方位衔接，行进中优化。让评价看得见、听得到、摸得着，尝试根据幼儿学习与发展的动态变化全方位衔接、调整评价内容。

结构导向的综合性评价融环境、资源、文化、互动为一体，过程导向的叙事性评价渗透在教与学的过程中，结果导向的量化评价把幼儿发展状况作为评估的核心，快乐导向的趣味性评价能激发幼儿学习的热情。

幼儿园课程需要漫长的优化历程，需要幼教工作者持续、动态的实践。而全时段的评价伴随、全系统的评价支持、全方位的评价推动，是幼儿发展、课程优化的重要途径。

第二节 幼儿园课程方案评价

幼儿园课程方案是幼儿园依据一定的价值取向，根据本园的实际状况和课程资源条件，对课程的各要素进行选择、决策而编制成的一份书面计划，用以指导幼儿园教学。①幼儿园课程方案是用于指导幼儿园课程实施的文本，它是对课程内容、资源及时间、空间等要素的一种规律性安排，是幼儿园课程实施进程的书面表达形式。②完整的幼儿园课程方案一般包括课程理念、课程目标、课程内容、课程组织与实施、课程评价。③本节将逐一对课程理念、课程目标、课程内容、课程评价方案等方面的评价进行阐述。因课程组织与实施较为复杂，则在下一节进行论述。

一、幼儿园课程理念评价

幼儿园课程理念是课程文本中蕴含的主导价值观的体现，它包括课程设计的基本理论、核心思想和相应的探究方法。④幼儿园课程理念是幼儿园课程的灵魂，体现了幼儿园管理者、教师等实践工作者对幼儿园教育活动的价值取向、教育内容、实践模式、教育评价等方面的认识，反映了幼儿园的教育观、学习观、教师观、儿童观。一般情况下，可以参照以下四个方面对幼儿园课程理念进行评价。

（一）幼儿园课程理念的正确性

课程理念作为课程文本中蕴含的价值观的体现，其正确性至关重要。评价幼儿园课程质量，首先需要对幼儿园课程理念的正确性进行衡量。正确的课程理念是幼儿园课程方案高质量实施的基础，是促进幼儿全面发展的基础。如果幼儿园选择了错误的、不科学的课程理念，可能会导致课程方案的目标、内容、实施、评价等均走向错误的方向，甚至可能会妨碍幼儿的健康成长。如何对课程理念的正确性进行评价？需要看该课程理念是否符合国家相关的法律、法规及相关的指导性文件精神，是否符合当下的儿童发展观、学习观等。当然，在选择课程理念时，需要结合幼儿园的实际情况进行

---

① 高敬.幼儿园课程[M].杭州：浙江教育出版社，2010：110.

② 虞永平，张辉娟，钱雨，等.幼儿园课程评价（第二版）[M].南京：江苏教育出版社，2009：41.

③ 王春燕，秦元东.幼儿园课程概论[M].北京：高等教育出版社，2019：123.

④ 虞永平，张辉娟，钱雨，等.幼儿园课程评价（第二版）[M].南京：江苏教育出版社，2009：42.

本土化,切勿简单照搬。例如,某课程理念在国际上颇受认可,但进入某所幼儿园可能会受到文化、环境等相关因素的影响并不适合该幼儿园,进行简单照搬可能会导致“水土不服”,从而使正确的课程理念变成“错误的课程理念”。因此,幼儿园的管理者、教师等实践工作者需要秉持终身学习的观念,不断吸收科学、先进的理念,熟练运用国家下发的各项指导文件作为评价的指标,熟悉幼儿园及幼儿的具体情况,对课程理念的正确性进行综合评估。

(二)幼儿园课程理念的清晰性

一个完善的幼儿园课程方案应使用简明扼要、通俗易懂的语言进行表述,注重行文的逻辑性、系统性和概括性,使“读者”及相关实践工作者能够比较清楚地理解其所蕴含的课程理念。这样有助于课程理念正确、快速地落实于实践之中,提高幼儿园课程方案实施的效率与质量,促进幼儿园课程理念的传播。可见,在评价幼儿园课程理念时,需要注意课程理念的清晰性。如何清晰明了地呈现课程理念?首先,课程方案的制定者需要了解理念产生的背景及其内核与外延,对所选择的理念有足够的理解是其能够清晰表达的基础。其次,课程方案制定者在制定方案时应融合多元视角。比如,邀请专家学者或与之相关的实践工作者共同审阅、商议,使课程方案文本脉络更加清晰、结构更为合理、共识度更高等,从而让运用者能够清晰地理解该方案并付诸实施。

(三)幼儿园课程理念的一致性

随着信息技术的发展,幼儿园课程理念大都吸收了多种理论,呈现出多元化的状态。各种理论有长有短或相互博弈,课程开发者需要吸纳百家之长并将之融会贯通,最终呈现出理论基础一致的课程理念。形成这种理想的课程理念的前提是课程开发者需要将所采纳的理论进行多方位的渗透,然后将理论本土化,磨合出一套完善的课程理念。如果课程开发者未能打造出具有一致性的课程理念,各种理论相互冲突、矛盾,生拼硬凑在一起,可能会导致整个课程方案体系不协调甚至断裂。因此,课程理念的评价要素之一是课程理念的一致性。此外,还需要注意显性课程理念与隐性课程理念是否一致。显性课程理念是在课程文本中通过文字表述出来的,隐性课程理念则渗透在幼儿园的各方面。[①]例如:幼儿园课程方案中提出开展幼儿自主活动时,倡导“放手游戏”,要求教师“管住手、管住嘴”,但在实际的活动之中,教师仍然对幼儿进行高控管理。这就是理念上的不一致。因此,评价幼儿园课程理念时要对其一致性进行评价。

---

① 虞永平,张辉娟,钱雨,等.幼儿园课程评价(第二版)[M].南京:江苏教育出版社,2009:45.

案例探讨

我到底应不应该介入?

王老师对教育幼儿已经得心应手,并有自己的一套模式。在G省全面推行自主游戏后,王老师所在幼儿园也开始试行。自主游戏倡导将“游戏还给孩子”,老师“管住手、管住嘴”。今天,王老师所带的班级在开展户外自主游戏。有几名幼儿对斜坡游戏特别感兴趣,一名幼儿坐进箩筐里,另一名幼儿就推箩筐滑下斜坡,但由于斜坡有一定的摩擦力,幼儿玩起来并不顺畅。王老师看到后就说:“你们可以加点水,把斜坡上的泥土弄湿润就可以滑下来了。”幼儿听了王老师的话,就按王老师说的开展游戏了。课后,张老师对王老师说:“王老师,你这样是不对的,放手游戏,你应该让幼儿自己玩,你要相信他们,他们自己可以想出办法。”王老师说:“可我只是为了提升他们的游戏水平呀。”这种现象说明了什么问题?作为教研组的老师,我们应该怎样帮助王老师?

(四)幼儿园课程理念的贯通性

在课程方案之中,课程理念关系并影响着课程方案的制定、落地、评价的方方面面。课程理念的贯通性,在于其是否能够融会贯通于课程方案中的各个环节,是否能够协调落实于课程方案的实践之中。但幼儿园在实际践行过程中,受到各种客观因素的影响,可能会出现理想与现实不符的状况。比如:课程开发者打造出了理想的课程理念,但在实践时却空有其表,难以实施;有的课程理念虽然表述非常完美,却未完整体现在课程方案的其他环节,出现头重脚轻的状况。这两种情况均有可能造成整个方案不成体系,甚至存在着影响幼儿正常发展的潜在风险。因此,在评价课程理念时,需要评估其是否融会贯通于整个课程方案之中。

二、幼儿园课程目标评价

课程目标是通过课程实施要达成的预期效果,主要是指通过学习该课程期望幼儿所达到的水平或状态。课程目标是课程内容选择的依据,也是课程评价建构指标的依据。[①]因此,课程目标具有重要的价值及地位,是课程方案的核心。一般情况下,可以参照以下五个方面对幼儿园课程目标进行评价。

① 王春燕,秦元东.幼儿园课程概论[M].北京:高等教育出版社,2019:123.

(一)幼儿园课程目标的适宜性

制定课程目标,需要结合国家下发的相关指导性文件及学前教育的相关法律、法规,充分考虑幼儿的学习与发展需要以及幼儿园的实际情况,进而思考幼儿获得教育支持后可能会达到的发展水平。这种可能会达到的发展水平就是幼儿的最近发展区,寻找幼儿的最近发展区并不容易,需要教育者秉持科学的教育理念,把握科学的教育规律,深刻了解幼儿的发展规律等,最终制定出最适合幼儿园及幼儿发展的课程目标。因此,课程目标的适宜性是评价课程目标的标准之一。

(二)幼儿园课程目标的全面性

制定课程目标要结合促进幼儿身心全面发展的各项指标,既不能厚此薄彼,更不能有所缺失。《幼儿园工作规程(2016年)》及《幼儿园教育指导纲要(试行)》等文件中均指出要实施全面发展的教育,并相对划分出健康、语言、社会、科学、艺术等领域。《幼儿园教育指导纲要(试行)》对这五大领域的目标相对进行了划分,《3-6岁儿童学习与发展指南》根据这五大领域对幼儿的发展目标进行了更为细致的划分。在评价课程目标的全面性时,可以充分将这些文件利用起来作为评价的参考指标。

(三)幼儿园课程目标的结构性

一个完整的课程目标结构应该包括总目标、各年龄段目标、单元目标和具体活动目标。缺少其中任何一个目标都是不完整的。[①]目标不完整,可能会导致教育实践工作者在进行相应环节的工作时,由于缺乏目标指引导致工作开展得不顺畅甚至无法正确开展。因此,在评价幼儿园课程目标时需要衡量其结构是否完整。

(四)幼儿园课程各级目标间的连续性

幼儿园各级课程目标既不可缺少,也不可断层,各级目标应相互联系、融会互通。一般而言,制定课程目标时,首先会制定一个总的课程目标,再由这个总的课程目标逐级分化,形成层次分明的课程目标体系。各层次的课程目标需要方向一致,融会贯通,环环相扣,逻辑缜密,共同为促进幼儿全面发展服务。因此,评价课程目标时需要注意其逻辑是否连贯。

(五)幼儿园课程目标与课程理念的衔接性

课程理念通过课程目标而得以实际运用,从理想转化为可操作的现实。课程目标是在课程理念的基础之上制定的,一般做法是:课程方案制定者通过选取适宜的理念

---

① 虞永平,张辉娟,钱雨,等.幼儿园课程评价(第二版)[M].南京:江苏教育出版社,2009:51.

作为理论基础进而制定课程目标。因此,课程理念与课程目标彼此相互成就。有的幼儿园倡导“以儿童为主体,以游戏为核心”的课程理念,但在制定课程目标的时候仍然以教师为主导,以间接经验为主要内容,以这样的课程目标开展教学活动如何能实现“以儿童为主体,以游戏为核心”的课程理念呢?因此,在评价幼儿园课程目标时,需要注意目标与理念是否很好地衔接在一起。

三、幼儿园课程内容评价

活动是幼儿园课程内容的主要载体,[①]课程内容主要通过活动去影响幼儿并达到促进他们发展的目的。一般情况下,可以参照以下四个方面对幼儿园课程内容进行评价。

(一)幼儿园课程内容与目标的一致性

幼儿园课程内容与目标的一致性是指课程内容的选择应根据目标而确定,同时体现课程理念的核心价值,课程目标与课程内容之间应相互贯通、前后一致。如果课程目标与课程内容不一致,就有可能会导致课程目标成为空谈,也可能会使课程内容由于缺乏正确的方向而无法有效实施。课程内容与课程目标一致并不是机械的对应关系,而是在理念的引领下根据实际情境灵活地调整。

(二)幼儿园课程内容的适宜性

幼儿园课程内容应适合幼儿的发展,与幼儿的生活世界紧密相连。因此,生活化、经验化就成为衡量幼儿园课程内容适宜性的重要标准。[②]课程内容的选择还需要处于幼儿的最近发展区内,适合幼儿一般的年龄特征与学习方式,适合不同背景下幼儿学习发展的需要。此外,课程内容的容量也应适宜。[③]总而言之,课程内容要适合幼儿的年龄、背景、身心发展规律及贴近幼儿的生活。这就要求课程方案的制定者、幼儿园的管理者及实践工作者均需足够了解幼儿园及园所里的幼儿。

(三)幼儿园课程内容的均衡性

学前儿童所学习的课程内容应是全面并且均衡的,以达到促进幼儿全面和谐发展的目的。《幼儿园工作规程(2016年)》第三条明确指出,遵循幼儿身心发展特点和规律,实施德、智、体、美等方面全面发展的教育,促进幼儿身心和谐发展。《幼儿园教育指

① 冯晓霞.幼儿园课程[M].北京:北京师范大学出版社,2001:49.

② 虞永平,张辉娟,钱雨,等.幼儿园课程评价(第二版)[M].南京:江苏教育出版社,2009:53.

③ 王春燕,秦元东.幼儿园课程概论[M].北京:高等教育出版社,2019:125.

导纲要(试行)》中也明确要求幼儿园的教育内容是全面的、启蒙性的,可以相对划分为健康、语言、社会、科学、艺术等五个领域,也可作其他不同的划分。各领域的内容相互渗透,从不同的角度促进幼儿情感、态度、能力、知识、技能等方面的发展。幼儿园课程内容的评价应考虑均衡性,避免出现厚此薄彼、顾此失彼等不均衡的现象。

案例探讨

我们的"特色课"

H幼儿园以绘画课开展得好而出名,于是H幼儿园在课程内容方面以绘画课为主,几乎每天都会为幼儿开展室内的绘画课。有一天,新来的许老师给教研组提出建议,说:"我们的绘画课是不是占比太大了?幼儿的户外活动时间不太够了。"张老师反驳说:"我们的特色课就是绘画呀,何况现在是冬天,外面那么冷,我们能基本满足幼儿的户外活动时间就行了。"许老师产生了疑惑:学校所学的知识不是告诉我们课程内容需要均衡吗?我们应该怎样帮助许老师解决疑惑呢?又应该给H幼儿园提出什么建议呢?

(四)幼儿园课程内容的整合性

幼儿园课程内容的整合性需要注意两个方面:一是幼儿园课程内容与幼儿的生活、已有经验、兴趣和学习需要密切相关,帮助幼儿建立知识与现实、个体经验之间的关联;二是幼儿园课程内容的组织方式是系统的,不同模块、不同活动的内容之间存在有机联系。[①]幼儿园课程内容的整合性,有助于促进幼儿经验的整体性发展。

四、幼儿园课程评价方案的评价

幼儿园课程评价方案的评价应在明确评价目的、评价主体、评价内容、评价标准与工具、评价程序与方法、评价结果运用的基础上,从以下几个方面进行。

(一)幼儿园课程评价方案的有无

幼儿园课程评价是幼儿园课程管理中的重要环节与工作内容,也是幼儿园课程方案中必须给予规划和描述的重要部分。没有课程评价方案的课程也就失去了课程反

① 王春燕,秦元东.幼儿园课程概论[M].北京:高等教育出版社,2019:125.

思和课程调控的能力。虽然目前幼儿园在普遍重视园本课程管理的背景下,基本强调了课程评价板块在整体课程方案中的重要性,但仍然存在部分幼儿园课程设计者缺乏对课程评价的意识,导致课程方案中的课程评价依然呈缺失状态。所以,在评价幼儿园课程方案的质量时,其有无评价方案是一项重要指标。

(二)幼儿园课程评价导向的正确性

幼儿园课程评价的导向对课程评价各要素都具有指引作用,评价方案必须具备科学、正确的评价导向,才能使课程评价发挥正向功能,达到反馈调节、改进完善课程的效果。课程评价导向的正确性可以从评价目的、评价取向、评价结果等方面来进行判断。首先,课程评价的目的是否旨在促进幼儿身心健康和谐发展、教师教育教学能力的提升、幼儿园课程设计与实施的持续改进与完善?其次,课程评价的取向是否强调过程性评价?最后,课程评价的结果是否被课程相关人员切实获取使用、是否被评价主体恰当运用?如果这些答案都是肯定的,那么课程评价的导向就可以说是正确的。

(三)幼儿园课程评价主体的多元化

幼儿园课程评价从评价主体来看包括内部人员评价与外部人员评价。内部人员评价是指课程实施者和编制者所实施的评价。外部人员评价则是课程实施者和编制者以外的人员对课程的鉴定与评价。内外部评价应相辅相成、取长补短。但由于内部评价者深知课程内在包含的精神及技术层面的操作方法,因此幼儿园课程评价应建立以内部人员评价为主,尤其是承担课程实施的教师的自评为主,其他多元主体共同参与的课程评价体系,这样才有助于课程评价的整体性与客观性。而实践中,更多的情况是外部人员或管理者自上而下对课程质量的鉴定性评价,忽视了由内向外、自下而上的评价取向,这样往往造成评价主体的单一性与评价结果的片面性。

(四)幼儿园课程评价方法的科学性

评价方法作为课程评价方案的一个重要技术要素,其科学性是获得有效评价结果的重要保证。首先,应考虑评价方法与评价内容间的适宜性。评价方法大致包括量化方法和质性方法两种,不同的评价内容适合采用不同的评价方法。总体而言,由于幼儿园课程评价内容的复杂性和广泛性,应该将量化方法和质性方法结合起来,以增强评价结果的准确性。其次,评价方法的科学性还涉及诸多因素,如抽样方法的选择是否合理;评价使用的工具是否适用;评价指标体系是否与评价内容相匹配;评价主体是否经过必要培训;搜集资料的过程是否严谨、现场是否自然;数据分析技术与研究问题是否相适宜;等等。这些因素都会在不同程度上影响课程评价的信度与效度。

（五）幼儿园课程评价方案的可操作性

课程评价方案最终是为指导课程评价工作服务的，课程评价方案是否具有操作性是能否有效顺利开展课程评价工作的关键性要素。一个不具备操作性的课程评价方案最终只是“走过场”，或者因为无法实施而半途而废。评价方案是否具有操作性包含着多种因素：开展评价前是否与被评价者沟通并获取同意；评价的时间与工作量是否成正比；评价的频率与周期是否合理；评价人员是否获得技术、工具与培训的支持；自编评价工具的信度与效度是否达标；评价指标或标准是否具体、可测；评价工作所需的经费是否得到足够的支持；等等。[①]

① 王春燕，秦元东.幼儿园课程概论[M].北京：高等教育出版社，2019：127.

第三节 幼儿园课程实施过程评价

案例探讨

不会扣纽扣的政融

观察实录一：

有一天在区角活动时，孩子们像往常一样自由选择自己喜欢的区角。函函拉着政融的手说："我们去布艺操作区玩，好吗？"政融摇摇头说："我不会扣扣子，我才不去呢！我要去盖大楼。"函函说："走吧，我教你！"政融使劲地摇摇头走开了。

观察实录二：

在盖大楼时，政融一会儿抱积木，一会儿帮小朋友搭最高的楼顶，忙得不亦乐乎。我发现政融满脸的汗，就说："政融，把外衣脱掉吧，看你忙得满脸是汗。"过了一会儿，我看到政融还在埋头忙着什么，走过去一看，政融解不开衣服上的纽扣。

观察实录三：

晨检时，政融的妈妈拖着政融的手，一边说话一边往教室这边拉，我忙迎上去问："今天怎么了？怎么让妈妈拉着走呢？"政融的妈妈说："老师，政融不想穿这件上衣，说不会解扣子，中午睡觉时脱不下衣服。我告诉他老师会帮你脱的，他还是说不穿，中午请你帮政融把衣服脱了吧。"看到政融妈妈祈求的目光，我努力地点点头。

孩子因为不会解扣子而不敢穿外套，解扣子这一技能应该是在幼儿园生活活动中习得的，那么，幼儿园生活活动在幼儿的成长与发展过程中扮演着什么样的角色呢？

一、生活活动评价

（一）生活活动评价的内涵

就其本质而言，评价是一种价值判断的活动，是对客体满足主体需要程度的判断。[①]从中可以看出，评价指的是一种关乎价值的活动，是客体对主体有无价值、有什么价值、有多大价值进行判断的过程。对幼儿园生活活动进行评价，就是对幼儿园生活活动的价值进行判断。

幼儿园一日生活是指对幼儿园每天所进行的各项活动进行有序、合理的安排，使幼儿生活有规律、有节奏、有劳有逸，并使幼儿的生活和学习保持正常、稳定的节奏。[②]幼儿园一日生活的主要内容包括教学活动、游戏活动、生活活动、户外活动，以及过渡环节等。幼儿园生活活动是幼儿园一日生活的重要组成部分，但同时又有别于幼儿园一日生活。生活活动占据了幼儿园一日生活的大部分时间，有琐碎性、基础性、重复性、情感性等特点。

广义的幼儿园生活活动是指幼儿从入园到离园所经历的所有活动的总和，是幼儿从早到晚在园的所有经历。从广义上讲，它主要包括四个方面的活动：生活活动、游戏活动、集体教学活动和户外活动。这就把幼儿园生活活动与一日生活混为一谈了。狭义的幼儿园生活活动则是指来园、盥洗、喝水、进餐、如厕、睡眠、散步、日常劳动、离园等常规性活动，它们是幼儿一日活动的重要组成部分，贯穿一日生活的始终。[③]《上海市学前教育课程指南》对生活活动进行了全面和细致的阐述，指出幼儿园一日活动主要包括生活活动、运动、学习活动、游戏活动四个方面，生活活动是一日活动之一，具体指生活自理、交往礼仪、自我保护、环境卫生、生活规则等方面的活动，旨在培养幼儿健康的生活习惯、交往行为，让幼儿在真实的生活情境中自主、自觉地发展各种生活自理能力，遵守公共生活规则。[④]

总之，幼儿园生活活动是指除幼儿园一日生活中的游戏活动、集体活动、户外活动等以外的，包括入园、如厕、盥洗、饮水、进餐、睡眠、离园等所有满足幼儿生活需要的常规性活动的总和。幼儿园生活活动评价，是以幼儿园生活活动为评价对象，依据一定的评价标准，对幼儿园生活活动的开展情况进行评估的一种动态过程。

（二）幼儿园生活活动评价的意义

1.有利于管理者了解幼儿园生活活动的开展水平

一切评价都以改进为目的，对幼儿园生活活动进行评价，也是为了更好地开展幼儿园生活活动。教育管理者要更好地指导幼儿园生活活动的开展，就必须先对目前的生活活动现状进行考量，全面掌握幼儿园生活活动开展的优点及不足之处，从而有针

① 陈玉琨.教育评价学[M].北京：人民教育出版社，1999：7.
② 唐淑，虞永平.幼儿园班级管理[M].南京：南京师范大学出版社，1997：181.
③ 李奕.幼儿园生活活动的实践研究[J].当代教育论坛，2011(9).
④ 上海市教育委员会.上海市学前教育课程指南（试行稿）[M].上海：上海教育出版社，2014.

对性地指导生活活动的开展。对生活活动进行评价，有利于管理者做到心中有数、对症下药，科学引导生活活动的开展。

2. 有利于提高幼儿园教师生活活动的组织能力

我国著名教育家陶行知提出“生活即教育”的思想，强调了生活对于教育的重要意义。尤其是在学前教育这个特殊的教育阶段，在生活活动中融入教育思想是符合幼儿身心发展的。幼儿教育本身就具有“保教并重”的特点，生活活动占据幼儿园一日生活的大部分时间，尤其对于刚入园的、生活自理能力较弱的小班幼儿，生活活动的时间更长，生活活动的有效组织是其他活动开展的基本保障。由此看来，幼儿园生活活动的开展水平，一定程度上决定了幼儿园的教学进度及水平。幼儿园教师组织生活活动的能力非常重要，只有不断对其组织的生活活动进行评价反思，才能使其提高生活活动组织能力。

3. 有利于家长了解幼儿园生活活动的开展情况

盥洗、喝水、进餐、如厕、睡眠等常规性活动都属于幼儿园生活活动，家长对幼儿在园的吃、喝、拉、撒、睡都十分关注。然而，幼儿进入幼儿园后，家长主要依靠教师发送在班级群里的照片和视频来了解孩子的在园生活及表现，很多家长对孩子一日生活环节不太了解，只是关心孩子在幼儿园吃得好不好、睡得好不好、有没有哭闹等，这些都属于评价幼儿园生活活动开展质量的指标。家长可以通过幼儿园生活活动的评价结果了解孩子的在园生活，减少不必要的担心，放心地将孩子送到幼儿园。

4. 有利于幼儿在生活活动中获得更高质量的发展

幼儿园的一切活动都以促进幼儿身心和谐发展为最终目的。对幼儿园生活活动进行评价，直接目的是提高生活活动的开展水平，而最终目的是更好地促进幼儿的发展。将学习融入幼儿真实的生活情境中，符合幼儿以具体形象思维为主的思维特点，也符合生活活动在一日生活中时间占比最大的现实情况。对幼儿园生活活动进行评价，不断提高这类活动的质量，可以让幼儿在生活活动中获得更有效的发展。

（三）幼儿园生活活动评价指标体系

表7-1是比较常用的评价幼儿园生活活动的指标体系，评价的维度与《3-6岁儿童学习与发展指南》当中的维度大致相同。这一指标体系关注生活活动中教师的指导，从教师的指导水平出发来评价幼儿园生活活动的开展情况。

表7-1　幼儿园生活活动评价标准①

评价班级：　　　　　　　　评价人：　　　　　　　　评价时间：

评价项目	评价标准	记录与分析
盥洗	1.指导幼儿认真洗手，用自己的毛巾擦手 2.允许幼儿按需要大小便，关心、帮助个别幼儿的大小便 3.指导幼儿养成便后擦屁股、冲厕、洗手的习惯，并整理好衣裤	
喝水	1.指导幼儿按照标识取放水杯，主动喝水 2.保证幼儿喝充足的水，提醒个别幼儿饮水	
进食	1.创设温馨的进餐环境，保持幼儿心情愉悦 2.做好餐前准备工作，指导幼儿主动做好值日生工作 3.有目的地组织丰富、有趣的餐前活动 4.指导幼儿先洗手再吃饭 5.掌握每位幼儿的进餐量和特点 6.鼓励幼儿根据需要主动要求添饭或自己添饭 7.指导幼儿自主做好餐后整理，认真漱口、放餐具、擦桌子 8.组织幼儿餐后散步或室内自由活动	
午睡	1.创设良好的睡眠环境，拉好窗帘，保持适宜的温度 2.指导或帮助幼儿独立脱衣服，整齐放在指定地方 3.随时关注幼儿睡眠情况，防止幼儿感冒 4.合理灵活处理好抽风等紧急事件 5.指导或帮助幼儿穿衣、整理床铺，引导同伴间相互帮助	
整体	1.在有趣游戏中，让幼儿在生活活动中学会自我管理 2.了解每个孩子的需求，以爱心、耐心满足个体需求 3.放手让幼儿自己做，同时培养幼儿自信、关爱、责任感等品质	

二、游戏活动评价

（一）游戏活动评价的内涵

迄今为止，“游戏”还没有一个标准而通用的定义。由于游戏容易观察，不同的研究者能够从各个不同的角度给游戏下定义，却无法全面地涵盖所有的方面，所以游戏

① 幼儿园生活活动评价标准[EB/OL].[2020-01-02].http://www.yejs.com.cn/jygy/article/id/56020.htm.

像和我们一起玩游戏的精灵,躲避着最精确的定义。闲暇无事之为“游”,凡能使人或自己开心、娱乐的事情皆为“戏”。游戏最重要的五个关键词是:自主、愉悦、虚构、过程、有序。

幼儿园应以游戏为基本活动。幼儿园游戏活动就是将处于自然状态下的幼儿自发的游戏置于幼儿园的整体环境中。幼儿园游戏作为幼儿园教育活动的一项重要内容,它与在自然状态下的幼儿游戏必然有所区别,它是在教师精心创设的环境中进行的,游戏的过程中隐含着教育目的和教师的作用,带有较明显的教育性。幼儿园游戏活动是在整个教育目标的宏观关照下,在幼儿园中由教师组织开展的,它已成为幼儿园教育方案中的基本活动。[①]幼儿园游戏活动也和幼儿园游戏略有不同,是幼儿园游戏更为动态和具体的表现,从幼儿游戏到幼儿园游戏,再到幼儿园游戏活动,是将自然状态下的游戏纳入了有计划、有目的地对幼儿身心施加影响、促进幼儿发展的教育大背景中。[②]

区域游戏活动质量评价是指对区域游戏活动的环境创设、游戏活动的开展过程等满足幼儿身心发展的需要以及满足幼儿身心发展需要的程度进行的价值判断。[③]区域游戏活动质量评价工作需要在全面搜集有关区域游戏活动质量的信息资料的基础上,形成对应的评价指标,再依据评价指标、指标权重和评价标准来展开,其中指标就是衡量游戏活动质量的准则。

(二)幼儿园游戏活动评价的意义

1.有利于提高幼儿园游戏活动的质量

游戏活动是幼儿园的基本活动,游戏活动的质量很大程度上决定着幼儿园教育的质量,对幼儿园游戏活动进行评价极为重要。评价幼儿园的游戏活动,可以了解幼儿园游戏活动的开展情况,分析当前的优点与不足之处,去粗取精,不断完善幼儿园游戏活动。

2.有利于提高幼儿园教师的游戏活动组织能力

幼儿园游戏活动离不开教师的组织与引导,教师的游戏组织能力是影响幼儿园游戏活动质量的重要因素之一。在幼儿园游戏活动的评价过程中,教师能不断发现自身的不足之处,不断发现问题、解决问题,教师的游戏组织能力、引导能力在这个循环往复的过程中不断提高。

---

① 刘占兰,等.中国幼儿园教育质量评价——十一省市幼儿园教育质量调查[M].北京:教育科学出版社,2011:169.
② 庞丽娟.中国教育改革30年(学前教育卷)[M].北京:北京师范大学出版社,2009:142-143.
③ 鄢超云.学前教育评价[M].北京:高等教育出版社,2010:10.

3.有利于幼儿在游戏活动中获得更好的发展

游戏活动是幼儿获取经验、获得发展的主要活动形式，幼儿不仅可以从自主自发的游戏活动中获得发展，也可以在教师有目的、有计划组织的游戏活动中获得更系统、更具教育意味的经验。幼儿园游戏活动的质量通过游戏活动评价得以保障，幼儿在高质量的游戏活动中获得更高质量的发展。

（三）幼儿园游戏活动评价指标体系

《中国托幼机构教育质量评价量表（试用版）》是专门用于托幼机构教育质量评价的工具。该评价量表是由李克建和胡碧颖等代表的研究团队，通过对托幼机构教育质量进行长期研究后形成的用于观察和评价中国托幼机构教育质量的有效评价工具。在196名幼教实践专家的评定结果中，90.5%的幼教实践专家认为《中国托幼机构教育质量评价量表（试用版）》有很强的适用性，这表明《中国托幼机构教育质量评价量表（试用版）》有较高的信度，可以在实践中使用。其子量表五“游戏与活动评分系统操作标准”中，主要对角色/戏剧游戏、建构游戏、精细操作活动、语言、数学、自然/科学、音乐/律动、美术、沙/水、音响设备和电脑等十个项目编制了详细的评价操作标准（见表7-2）。①

表7-2　《中国托幼机构教育质量评价量表（试用版）》

——子量表五：游戏与活动评分系统操作标准（部分）

1.角色/戏剧游戏

等级 子项目	不适宜 1	2	最低要求 3	4	良好 5	6	优秀 7
1.1 材料与空间*	1.1.1 a.没有为幼儿提供角色/戏剧游戏的玩具材料和家具设备		1.1.3 a.有至少可供3位幼儿使用的角色/戏剧游戏材料 b.至少可以进行娃娃家主题的游戏（如有不同性别的服饰、家具和玩具娃娃等）		1.1.5 a.有至少可供5~6位幼儿使用的角色/戏剧游戏材料 b.玩具材料和家具设备至少可以构成两个受班级幼儿欢迎的主题（如娃娃家和工作） c.有明确规划的角色/戏剧游戏空间，玩具材料储存和维护状态良好		1.1.7 a.角色/戏剧游戏区角空间充裕、材料丰富，至少可以构成3个以上主题 b.有反映多元文化的角色/戏剧游戏材料 c.除班级以外，还有角色/戏剧游戏材料或空间可供使用（如专门的角色游戏室，或户外角色游戏屋及玩具材料） d.角色/戏剧游戏材料依多种主题而轮换

① 周草.幼儿园游戏活动质量的调查研究——以H市的九所特级园为例[D].金华：浙江师范大学，2015.

续表

等级 子项目	不适宜 1	2	最低要求 3	4	良好 5	6	优秀 7
1.2 机会与时间*	1.2.1 a. 幼儿没有任何机会玩角色/戏剧游戏		1.2.3 a.幼儿每周至少有一次机会可以玩角色/戏剧游戏		1.2.5 a. 幼儿每周至少有3次机会（每次30分钟以上）可以玩角色/戏剧游戏		1.2.7 a. 幼儿每天有较多时间（累计60分钟以上）可以玩角色/戏剧游戏
1.3 游戏设计与指导*（允许不适用）	1.3.1 a. 所提供的角色/戏剧游戏活动不适合幼儿的年龄、心理和文化特点 b. 教师的指导方式明显不当		1.3.3 a. 所提供的角色/戏剧游戏活动符合幼儿的年龄、心理和文化特点 b. 教师的指导方式基本适宜		1.3.5 a. 角色/戏剧游戏活动与近期开展的课程主题相关联 b. 游戏过程中，教师通过角色参与、启发式提问或建议、提供新的玩具材料等方式，对幼儿的角色/戏剧游戏给予适宜的指导与支持		1.3.7 a. 所提供的角色/戏剧游戏与其他区角游戏相关联，有利于幼儿已有经验的综合运用和全面发展 b. 游戏过程中，教师与幼儿有较多个别化的积极互动，鼓励幼儿的合作性与创造性，通过多样适宜的方式为有需要的幼儿提供指导和帮助

2. 建构游戏

等级 子项目	不适宜 1	2	最低要求 3	4	良好 5	6	优秀 7
2.1 材料与空间	2.1.1 a. 几乎没有积木可以提供给幼儿玩		2.1.3 a. 有足够的积木和配件，至少可供3~4位幼儿同时建构不同的东西 b. 有一定的空间(可以是临时的)来玩建构游戏		2.1.5 a. 有两种以上类型的积木和一些配件，至少可供5~6位幼儿同时建构不同的东西 b. 有适宜的专门建构区角，且设置在不易被干扰的空间 c. 积木和配件分类存放，储存和维护状况良好		2.1.7 a. 有3种以上类型的积木和多种配件，至少可供7~8位幼儿同时使用 b. 储存积木和配件的开放式柜架或容器上贴有适宜标识，便于幼儿独立取放 c. 除班级以外，还有一些建构游戏的材料或空间可供使用（如可以放在室外玩的积木，或专门的建构游戏室） d. 定期更新或轮换部分积木或配件，以维持幼儿的兴趣

续表

等级 子项目	不适宜 1	2	最低要求 3	4	良好 5	6	优秀 7
2.2 机会与时间*	2.2.1 a. 幼儿没有机会玩建构游戏		2.2.3 a. 幼儿每周至少有一次机会可以玩建构游戏		2.2.5 a. 幼儿每周至少有3次机会(每次30分钟以上)可以玩建构游戏		2.2.7 a. 幼儿每天有较多时间(累计60分钟以上)可以玩建构游戏
2.3 游戏设计与指导*(允许不适用)	2.3.1 a. 所提供的建构游戏活动不适合幼儿的年龄和能力 b. 教师的指导方式明显不当		2.3.3 a. 所提供的建构游戏材料和活动适合幼儿的年龄和能力 b. 教师的指导方式基本适宜		2.3.5 a. 建构游戏活动与近期开展的课程主题或其他区角的游戏相互关联 b. 游戏过程中，教师通过提供图示或图片、新材料或配件，提出启发式问题或建议，提供新的玩具材料等方式，对幼儿的建构游戏给予适宜的指导与支持		2.3.7 a. 游戏过程中，教师与幼儿有较多个别化的积极互动，鼓励幼儿的独立性、合作性与创造性，通过多样适宜的方式为有需要的幼儿提供指导和帮助

三、集体教学活动评价

集体教学是幼儿园教学活动的主要组织形式之一，对幼儿园集体教学活动的评价也是对幼儿园教学质量评价的重要组成部分。

(一)集体教学活动评价的内涵

《幼儿教育词典》中将“集体教学”定义为：是教学组织形式之一。也叫“班级教学”，与“个别教学”相对。根据固定的时间表向同年龄、同程度(或相近)的班级集体授课。[①]《幼儿教育辞典》中定义“集体教学”是一种以学生年龄、学习程序分为固定人数的班，教师以班为单位，按各门学科教学大纲规定的内容，选择适当的教学内容，组织

① 李沐明.幼儿教育词典[M].哈尔滨：黑龙江科学技术出版社，1987：92.

教材并选择适当的教学方法，按固定的时间表进行连续教学的教学组织形式。[①]，集体教学活动与其他活动的区别在于它的目的性、计划性和组织性更加严密。

很多学者也明确界定了“集体教学活动”这一概念。学者朱家雄认为，集体教学是指幼儿教师在班级内开展的有计划、有目的地按照教育目标进行的活动；集体教学活动是幼儿与教师进行的双边互动活动，从各个方面促进幼儿的发展；集体教学活动具有内容广泛、手段游戏化、活动综合性的特点。[②]这一界定主要强调集体教学活动的特点。学者李季湄、肖湘宁则指出，幼儿园集体教学活动一般是由教师按照一定的教学目标，依据一定的原则，选择教学内容，设计教学过程，面对全班幼儿实施教学过程的活动。[③]这一界定强调集体教学的对象为全班幼儿。学者冯晓霞综合了前两者的观点，认为集体教学活动过程一般是在教师的组织和直接指导下，全班幼儿在同一时间内做基本相同的事情。[④]

综上所述，幼儿园集体教学是教师根据学前教育的目标，有目的、有计划地面向全班幼儿进行集中教学的活动，包括健康、语言、社会、科学、艺术五大领域的集体教学活动。集体教学活动评价是指幼儿教师根据学前教育的目标，有目的、有计划地对全班幼儿进行的集中教学活动，包括健康、语言、社会、科学、艺术这五大领域的集体教学活动的质量进行评估的过程。

（二）幼儿园集体教学活动评价的意义

1.有利于管理者掌握幼儿园集体教学活动的开展情况

管理者只有先了解幼儿园集体教学活动的开展情况，才能在此基础上更好地指导幼儿园的集体教学活动。对幼儿园集体教学活动进行评价，管理者可根据评价的过程及结果有的放矢地进行指导，提高集体教学活动的质量。

2.有利于提高幼儿园集体教学活动的质量

对幼儿园集体教学活动进行评价，不是为了评价而评价，而是为了改进而评价。科学地评价幼儿园集体教学活动，分析其优缺点，继续发扬其好的地方，不断改进其不足之处，让幼儿园集体教学活动的质量呈螺旋式上升的态势。

3.有利于提高幼儿教师的集体教学能力

幼儿教师必须具备专业的知识及能力，而这些专业知识和能力不是在入职前就能

---

① 王忠民.幼儿教育辞典[M].北京：中国大百科全书出版社，2004：216.

② 朱家雄.幼儿园教育活动设计与实施[M].北京：高等教育出版社，2008：6.

③ 李季湄，肖湘宁.幼儿园教育[M].北京：北京师范大学出版社，1997：186.

④ 冯晓霞.幼儿园课程[M].北京：北京师范大学出版社，2001：79.

完全准备充足的，职前准备的更多的是理论层面的知识，许多专业技能是教师在入职后的教学工作中不断打磨的。集体教学活动的组织能力就是幼儿教师的一种重要的专业能力，教师在一个个集体教学活动的实施和评价中不断提升这一能力。

4.有利于幼儿在集体教学活动中获得高效发展

幼儿园的一切活动都旨在促进幼儿的发展，集体教学活动的评价也不例外。不断追求高质量的集体教学活动也是为了更高效地促进幼儿的身心发展，科学地评价集体教学活动才能科学地促进幼儿的发展。

（三）幼儿园集体教学活动评价指标体系

我国学者吴扬利用德尔菲法建构的集体教学活动的指标体系包括教学目标、教学内容、教学方法、教学组织形式、教学反馈与评价、人力支持、物理支持、幼儿表现、目标达成、课堂文化、情感氛围等11个维度①，并利用其对幼儿园集体教学活动进行全面评价（见表7-3）。

表7-3 融合幼儿班集体教学活动评价标准

评价标准			
三级指标	权重	标准内容	评定等级
教学目标	6.01%	S1.教学目标考虑到促进特殊幼儿的发展	1 2 3 4 5
		S2.教学目标设定清晰明确，便于操作和检测	1 2 3 4 5
		S3.教学目标具有差异性和层次性，以适应不同幼儿的发展需求	1 2 3 4 5
		S4.教学目标的制定与特殊幼儿的IEP有联系	1 2 3 4 5
教学内容	5.68%	S5.考虑到特殊幼儿的实际发展水平，选择或调整教学内容	1 2 3 4 5
		S6.教学内容基于幼儿的兴趣、经验和感知特点，富有趣味性	1 2 3 4 5
		S7.教学内容面向全体幼儿，特殊幼儿有参与的机会	1 2 3 4 5
教学方法	7.49%	S8.教师能合理选择并运用多种教学方法	1 2 3 4 5
		S9.教师能考虑特殊幼儿的特殊性，在教学语言、教师站位、教具展示等方面作出相应调整	1 2 3 4 5
		S10.教师密切关注特殊幼儿的行为并作出适宜反应	1 2 3 4 5
教学组织形式	6.78%	S11.教师能合理选择并运用多种教学组织形式	1 2 3 4 5
		S12.有教师或教学助手能适时给予特殊幼儿个别辅导	1 2 3 4 5

① 吴扬.融合幼儿班集体教学活动评价指标体系构建——基于德尔菲法的调查研究[J].中国特殊教育，2018(10).

续表

评价标准			
三级指标	权重	标准内容	评定等级
教学反馈与评价	3.30%	S13.教师能依据教学目标与内容对特殊幼儿进行个别化的反馈与指导	1 2 3 4 5
		S14.教师能关注幼儿的学习过程及表现	1 2 3 4 5
		S15.教师能对幼儿在活动中的表现传递激励性的评价、启发与指导等反馈信息	1 2 3 4 5
人力支持	31.6%	S16.教师能与资源教师、教学助手、家长、其他专业人员等协作,为特殊幼儿参加活动提供支持	1 2 3 4 5
		S17.同伴愿意与特殊幼儿合作学习并适时提供一定帮助	1 2 3 4 5
物理支持	10.8%	S18.根据需求对教学环境进行支持性改变	1 2 3 4 5
		S19.教师能在教学中提供合适的教具、学具	1 2 3 4 5
幼儿表现	8.85%	S20.幼儿可以根据自身特点多样化参与活动	1 2 3 4 5
		S21.幼儿在活动中体验、学习、进步,特殊幼儿也有与他人互动和展示的机会	1 2 3 4 5
目标达成	4.37%	S22.活动基本达成教学目标	1 2 3 4 5
		S23.幼儿通过活动,某方面能力有所提升	1 2 3 4 5
课堂文化	6.96%	S24.教师能够接纳、尊重和欣赏每位幼儿	1 2 3 4 5
		S25.教师与幼儿之间可以平等对话,共同学习	1 2 3 4 5
情感氛围	8.16%	S26.特殊幼儿与教师、同伴之间关系亲密,彼此交流	1 2 3 4 5
		S27.氛围轻松愉快、公平和睦	1 2 3 4 5

四、园外拓展活动评价

幼儿园园外拓展活动是一种综合的幼儿园课程实施方式,它将课程空间和资源拓展到幼儿园外,扩大至广泛的社会生活或自然环境之中,大大增强了幼儿园课程实施的开放性,同时也对幼儿园与相关社会机构、家庭的协同提出了更高的要求。

案例探讨

园外拓展活动"跳蚤市场我做主、元旦迎新乐融融"①

H幼儿园在广大家长和幼儿的强烈呼吁下，组织开展了以"跳蚤市场我做主、元旦迎新乐融融"为主题的活动。在幼儿园内实施完售卖活动后，卖东西赚来的钱应该如何花呢？

老师："小朋友们，你们觉得我们赚来的钱应该怎么用呢？"

幼儿："我们觉得可以用来帮助需要关心的人。"

于是，老师在听取小朋友们的想法后，开始建议与引导他们在爸爸妈妈的带领下给身边需要关心的人献爱心。就这样，一颗"爱与关怀"的小种子就在小朋友们稚嫩的心田里发芽啦！老师与家长们纷纷带领孩子们去给幼儿园附近的清洁工、消防员、建筑工人等一线工作者们献上爱心。

这是一次园内迎元旦主题活动，但是在活动中老师倾听幼儿的想法，采用家园合作的方式将活动向园外拓展。那么，在这次活动中，应该如何看待老师组织活动的出发点？如何评价活动实施中选择的地点？又该如何看待幼儿在活动中的成长与发展呢？

（一）园外拓展活动评价的内涵

幼儿园园外拓展活动是指教师在充分挖掘、利用社会资源与自然资源的基础上，有目的、有计划地组织幼儿走出园门、亲近大自然、了解社会生活、在生活情境中学习，通过一系列直接感知、亲身体验、自主活动、游戏探索、志愿服务、设计制作和实际操作等方式培养幼儿综合素质的实践性教育活动。园外拓展活动是幼儿园教育中一个非常重要的组成部分，通过开展有效的园外拓展活动，既可以增长幼儿的见识，又可以让幼儿获取更多真实的社会生活体验及自然感受。幼儿园园外拓展活动评价就是依据一定的评价标准，对幼儿园园外拓展活动的开展情况进行质量评估的动态过程。

（二）幼儿园园外拓展活动评价的意义

1.有利于提高幼儿园园外拓展活动的质量

幼儿园园外拓展活动评价，有助于了解幼儿园园外拓展活动的质量状况，包括活

---

① 涂冰玉.花溪幼儿园元旦迎新跳蚤市场献爱心活动[EB/OL].[2022-01-25].https://mp.weixin.qq.com/s/3-b9mLVX98ZxFNnMkM8Nug.

动地点及所挖掘教育资源与幼儿之间的适宜性、活动准备的充分性、活动的安全性、活动流程的完整性及活动目标的达成效果等，从而反思与完善活动方案，为幼儿园园外拓展活动的调整提供依据。

2.有利于提高教师园外拓展活动的实施水平

幼儿园园外拓展活动评价，有利于促使教师反思与提升自身的园外拓展活动实施水平，包括教师活动方案的制定能力、活动观察评价能力、活动中支持幼儿学习的互动能力等，促进教师的自我成长。

3.有利于了解幼儿在园外拓展活动中的发展状况

幼儿园园外拓展活动评价，有助于了解幼儿在活动中的发展状况，包括不同幼儿的活动参与度、活动情感体验以及在活动中的认知、社会交往、道德品质等方面的发展水平，从而发现幼儿在活动中存在的问题与需求，也可以为园外拓展活动方案的制定、为教师进行幼儿的个别化教育、为和谐的家园沟通提供依据。

（三）幼儿园园外拓展活动的评价要点

幼儿园园外拓展活动类型多样，如参观社会机构、参与社会实践劳动、参加公益活动、感受自然环境等。那么，不同类型的园外拓展活动，可以从哪些角度进行评价呢？我们认为，园外拓展活动评价需要把握以下要点。

1.活动资源的开发与利用

幼儿园园外拓展活动是教师在充分挖掘与利用社会或自然资源的基础上，得以开展实施的活动，因此，涉及对教育资源开发与利用的评价。首先，考虑活动资源的丰富性。一般来说，家长资源、社区资源、本土资源都是园外拓展活动可以充分利用的资源。其次，考虑活动资源的教育性。看所选择的活动地点、挖掘的活动素材等，是否有益于促进幼儿的成长与发展。最后，考虑活动资源的适宜性。看所开发利用的活动资源，是否与幼儿身心发展的阶段特点相匹配，是否与幼儿的文化背景或成长经验相适宜。这些都是衡量园外拓展活动对教育资源开发与利用是否科学、有效的重要因素。

2.安全防范

安全防范是幼儿园各类活动都必须关注并确保的底线。园外拓展活动与班级内的教育活动相比，表现出更强的不可控性、复杂性、突发性等特点，因此对园外拓展活动的安全防范评价也提出了更高的要求。它包括活动安全应急预案的有无与可控性、户外场地的安全、设施设备与材料用具的安全、食品的安全、活动管理与组织的安全、安全保护人员的配备、幼儿园园外活动过程中的安全监护等。

3. 活动的筹备与组织

幼儿园园外拓展活动开展之前要做好周密的策划与精心的准备,这是保障幼儿园园外拓展活动有序开展的前提条件。在筹备方面,主要涉及活动方案的制定、活动的物质材料准备、幼儿活动的经验准备等。在组织方面,主要涉及活动时间与活动形式的安排等。确定合理的时间与组织方式需要综合考虑诸多因素,如幼儿的年龄与能力、各类园外拓展活动所需的空间设施与资源状况、班级幼儿的人数等。因此,园外拓展活动筹备与组织的合理性必须因时、因地制宜地加以考察和判断。

4. 幼儿的状态与行为表现

在园外拓展活动的评价中,幼儿的状态与行为表现是重要的观测角度。它包括幼儿在活动中的情感体验(兴趣程度、情绪状态、情感表达等)、幼儿在活动中的自身发展(认知、社会交往、道德品质等)、幼儿在活动中的参与度等。

5. 教师指导与师幼互动

园外拓展活动中的教师指导与师幼互动同样是重要的观测角度。它包括:能否及时抓住活动中幼儿的生长点引发幼儿思考,推动幼儿学习;活动过程中的师幼关系与交往方式如何;能否在活动中的不同情境下对幼儿的情绪情感、语言、行为和认知给予积极的回应;等等。

6. 园外活动与课程的整合性

在课程实施的视野下审视园外拓展活动,需要关注园外拓展活动与课程的关联性。它包括:园外拓展活动是否有助于贯彻落实课程理念、课程目标;园外拓展活动与生活活动、教学活动之间的关联性如何,是否能相互转化、相互融合;等等。

第四节 幼儿园课程效果评价

一、幼儿学习与发展评价的理念

教育评价是幼儿园教育工作的重要组成部分,学者们对幼儿学习与发展评价的认识逐渐向关注幼儿的“发展”转变,主要强调发挥评价的改进功能以促进幼儿的学习与发展。幼儿学习与发展评价应该遵循“发展性”原则,以促进幼儿的学习与发展为评价的着眼点,关注幼儿在真实情景中各方面的发展,既着眼于整体发展,又关注幼儿在不同领域中的过程、态度及个性发展,展开全面系统、螺旋上升的评价。正如CIPP评价模式强调“改进”,重视发现评价对象与预期评价目标的差距后的及时调整,教师可以在周期评价结束后,根据获得的幼儿学习与发展信息调整下一个阶段幼儿的活动安排,从而促进幼儿更好地发展。

二、幼儿学习与发展评价的指标体系

《3-6岁儿童学习与发展指南》围绕健康、语言、社会、科学和艺术五大领域所建构的三级内容结构体系,为我们评价幼儿学习与发展指明了方向,为我们进一步建构幼儿学习与发展评价的指标体系提供了参考。

(一)健康

健康是指幼儿在身体、心理和社会适应方面的良好状态。幼儿阶段是幼儿身体发育和机能发展速度较快的时期,也是形成安全感及乐观态度的重要阶段。发育良好的身体、愉快的情绪、强健的体质、协调的动作、良好的生活习惯和基本生活能力是幼儿身心健康的重要标志,也是其他领域学习与发展的基础。

表7-4 基于《3-6岁儿童学习与发展指南》的幼儿学习与发展评价指标体系(健康领域)

一级指标	二级指标	三级指标
健康	身心状况	具有健康的体态
		情绪安定愉快
		具有一定的适应能力

续表

一级指标	二级指标	三级指标
健康	动作发展	具有一定的平衡能力，动作协调、灵敏
		具有一定的力量和耐力
		手的动作灵活协调
	生活习惯与生活能力	具有良好的生活与卫生习惯
		具有基本的生活自理能力
		具备基本的安全知识和自我保护能力

（二）语言

语言是交流和思维的工具，幼儿的语言能力主要通过交流和运用培养发展。该领域的学习与发展贯穿于各个领域，对其他领域的学习与发展也有着重要的影响。成人应为幼儿创设自由、宽松的语言交流环境，提供丰富、适宜的读物，扩展幼儿的生活经验，使幼儿积累相应的社会经验，并通过多种活动增强幼儿的理解和表达能力。

表7-5　基于《3-6岁儿童学习与发展指南》的幼儿学习与发展评价指标体系（语言领域）

一级指标	二级指标	三级指标
语言	倾听与表达	认真听并能听懂常用语言
		愿意讲话并能清楚地表达
		具有文明的语言习惯
	阅读与书写准备	喜欢听故事，看图书
		具有初步的阅读理解能力
		具有书面表达的愿望和初步技能

（三）社会

幼儿社会领域的学习与发展是幼儿社会性不断完善并奠定健全人格基础的过程，人际交往和社会适应是幼儿社会领域的主要内容和基本发展途径，良好的社会性发展对幼儿身心健康及其他领域的发展都有着重要的影响。幼儿的社会性主要通过日常生活和游戏潜移默化地发展，因此，家庭、幼儿园和社会应形成教育合力，为幼儿创设温暖、关爱、平等的集体生活氛围，帮助幼儿建立良好的亲子关系、师生关系和同伴关系，让幼儿学会遵守规则，形成基本的认同感和归属感。

表7-6　基于《3-6岁儿童学习与发展指南》的幼儿学习与发展评价指标体系（社会领域）

一级指标	二级指标	三级指标
社会	人际交往	愿意与人交往
		能与同伴友好相处
		具有自尊、自信、自主的表现
		关心尊重他人
	社会适应	喜欢并适应群体生活
		遵守基本的行为规范
		具有初步的归属感

（四）科学

幼儿科学领域的学习与发展是在探究具体事物和解决实际问题中，尝试发现事物间的异同和联系的过程，其核心在于激发幼儿的探究兴趣，让幼儿体验探究过程，发展幼儿初步的探究能力。成人要善于利用生活机会，发现并保护幼儿的好奇心，同时积极地引导幼儿发现问题、分析问题和解决问题，帮助幼儿不断积累经验，使其形成受益终身的学习态度和能力。

表7-7　基于《3-6岁儿童学习与发展指南》的幼儿学习与发展评价指标体系（科学领域）

一级指标	二级指标	三级指标
科学	科学探究	亲近自然，喜欢探究
		具有初步的探究能力
		在探究中认识周围事物和现象
	数学认知	初步感知生活中数学的有用和有趣
		感知和理解数、量及数量关系
		感知形状与空间关系

（五）艺术

艺术是人类感受美、表现美和创造美的重要形式，也是表达自己对周围世界的认识和情绪态度的独特方式。幼儿艺术领域的学习与发展关键在于成人要创造条件和机会，使幼儿能够在大自然和社会文化生活中萌发关于美的感受和体验，鼓励幼儿想象与创造的萌芽，并让幼儿尝试用自己的方式去表现和创造美。

表7-8　基于《3-6岁儿童学习与发展指南》的幼儿学习与发展评价指标体系（艺术领域）

一级指标	二级指标	三级指标
艺术	感受与欣赏	喜欢自然界与生活中美的事物
		喜欢欣赏多种多样的艺术形式和作品
	表现与创造	喜欢进行艺术活动并大胆表现
		具有初步的艺术表现与创造能力

三、幼儿学习与发展评价的原则与方法

基于课程效果评价的目的，幼儿学习与发展评价应遵循的原则有：评价应有利于课程的改进与完善，其目的是促进幼儿发展；评价内容全面完整，与幼儿的身心发展规律与文化背景相适应；评价方式多样化，注重客观、真实和自然；评价主体多元化，全方位考察幼儿学习与发展的表现；合理理解与使用评价结果，最终指向幼儿的发展和课程的完善；等等。在长期的幼儿学习与发展实践中，研究者们总结出了一系列评价方法，比较常见的有标准化测验、观察法、问卷法、作品取样系统与档案袋评价等。[①]

（一）幼儿学习与发展评价的原则

1. 评价应有利于课程的改进与完善，其目的是促进幼儿发展

幼儿学习与发展评价是为了给幼儿后继学习和终身发展奠定良好的素质基础，幼儿学习与发展评价要求幼儿园课程的目标、内容与之匹配，并对幼儿各个领域的发展目标从整体上进行要求，在理解幼儿学习方式和特点的基础上承认和尊重每位幼儿的差异，重视幼儿学习品质的培养。评价还应有助于识别幼儿的需要与兴趣所在，分析幼儿的进步与不足，发现课程中的问题，从而提出改进的建议，调整教育内容与方法，不断改进和完善课程，提高教育质量，这样的评价才能够促进幼儿的学习与发展。

2. 评价内容全面完整，与幼儿的身心发展规律与文化背景相适应

幼儿学习与发展是整体的，评价的内容也应该是全面的，科学的幼儿学习与发展评价必须在遵循幼儿身心发展规律的基础上，尽可能考虑到不同幼儿的文化背景与能

① 王春燕，秦元东．幼儿园课程概论[M]．北京：高等教育出版社，2019：138-145.

力，收集每个幼儿学习成长的信息，并根据信息对幼儿学习与发展进行全面评价，不仅要从健康领域、语言领域、社会领域、科学领域和艺术领域综合、全面地评价幼儿，也要在具体领域的评价中综合反映该领域幼儿的学习与发展情况。

3.评价方式多样化，注重客观、真实和自然

幼儿学习与发展评价不仅要实现科学、有效，还应该注重客观、真实和自然。评价者需要在教育教学过程中采用自然的方法，基于多渠道、多方面获取幼儿信息对幼儿进行评价，以便能够了解他们的优点与短板。评价通常以教师自评为主，不只通过单一的方式进行，为保证幼儿学习与发展评价的科学性，通常会同时采用多种方式相互印证。在评价的过程中，要注重其操作化、形象化和游戏化，不能够违背幼儿发展规律进行纸笔测验。

4.评价主体多元化，全方位考察幼儿学习与发展的表现

为保证评价的客观性，各主体都要参与到幼儿学习与发展评价工作中，评价通常采用标准化测验或问卷获取教师、家长等主体对幼儿相关方面的评价。教师作为评价主体时，需要通过适当的途径让家长参与进来，尽可能全面地获取幼儿在家庭或其他情境中的表现；还可以通过自评或同伴互评，让幼儿成为评价主体，获得更为全面、丰富的评价素材。不同的评价主体要注意收集不同情境下幼儿的表现，既要考察幼儿在日常活动、游戏活动中的发展水平，也要考虑幼儿在家庭情境、集体情境中的相应表现，全面、客观、准确地评价幼儿的当下发展水平。

5.合理理解与使用评价结果，最终指向幼儿的发展和课程的完善

评价者应该清楚认识到评价结果展现的只是幼儿暂时的发展程度，幼儿发展是动态性的、不稳定的。对评价结果的合理理解与使用需要评价者从幼儿角度出发对评价结果进行全面分析，发现幼儿学习与发展中的优势与不足，并为幼儿园课程的改进提供方向。评价者需要将收集到的幼儿各方面的观察材料及时与家长交流沟通，与家长沟通时应考虑家园合作的合适方式，注意不要打击家长参与的热情。同时，充分调动和发挥教师、园长和其他有关教研人员改进课程的主动性，达到优化课程、帮助幼儿有效学习与发展的目的，并为改善和提高教育质量提供有用的帮助。

（二）幼儿学习与发展评价的方法

1.标准化测验

标准化测验是指采用标准化的测试工具，按照严格的程序进行实测，观测和记录幼儿的行为反应。对幼儿学习和发展进行测量的方法主要分为常模参照测验和标准参照测验。常模参照测验主要是通过确定个体发展水平在常模组中的相对位置,来获得个体发展的百分等级,从而转化为标准分。《韦克斯勒学龄前儿童智力量表》《CDCC中国儿童发展量表(3~6岁)》属于这个类型。标准参照测验一般用来评价个体在具体行为或教学目标完成方面的表现。《早期筛查量表(修订版)》属于这个类型。

标准化测验具有有效性、可靠性、高效性和经济性等特点,但是其对主试的要求较高,一线教师往往难以胜任,且标准化测验的结果无法有效地反映幼儿学习与发展的过程,也不能够完全代表幼儿在其他情境中的表现,因此,标准化测验通常与其他评价方法一同使用。

2. 观察法

观察法是指观察者有目的、有计划地对幼儿的行为进行考察、记录和分析的方法,主要包括教师的日常观察和基于标准化工具的观察。教师的日常观察是指教师在与幼儿的日常接触中,对其进行的随时的、有意识的观察和记录,并对记录的信息进行分析,作为幼儿学习与发展评价的信息素材。在日常观察的过程中,教师可以自编观察表格,综合采用文字、图片、视频、符号等多种方式记录观察结果。也有研究者研制出标准化的观察工具,可以对自然情景中的幼儿进行观察评价。与教师自编的观察工具相比,标准化工具具有更好的信度和效度,评价的结果也更加可靠。

3. 问卷法

结构化或半结构化的问卷能够向不同的主体大量地获取有关的评价信息,全面地了解幼儿的发展水平。评价者通过向教师发放问卷,全面了解幼儿在园的日常表现,而家庭或其他情境中幼儿的表现,则需要向不同主体进行了解。

4. 作品取样系统与档案袋评价

作品取样系统与档案袋评价是对幼儿学习与发展进行个性化评价的重要方法,可以通过幼儿的作品反映和记录幼儿每天的学习与生活,将作品记录与评价相互关联时,教师有机会了解幼儿是如何发展的。运用幼儿作品对其发展进行评价是十分必要的,在编制档案袋时,教师和幼儿可以共同对过去及未来的活动进行规划和讨论,确保各领域作品都能代表幼儿在该领域所取得的进步。在此基础上,教师应该运用适宜的评价标准体系,对幼儿每年多次进行总结性报告,分析和评价幼儿各领域的学习与发展情况,并持续追踪,时刻记录,与家长分享和交流,促进与家长的深度沟通和合作。

学习研究

幼儿如何参与课程评价?

在20世纪中期以前，幼儿一直作为幼儿园课程评价中的客体、数据而存在。一直到1989年联合国大会通过第一部保障儿童权利且具有法律约束力的国际性约定《儿童权利公约》,课程评价中幼儿作为评价主体缺位的情况得以改善。[①]目前,我国十分重视将幼儿作为课程评价的主体之一,《幼儿园教育指导纲要(试行)》中明确指出:“管理人员、教师、幼儿及其家长均是幼儿园教育评价工作的参与者。”

幼儿参与课程评价具有重要的价值,既有利于其自身发展,又能提高评价的有效性。第一,有利于幼儿学会接受并主动承担责任,形成主体意识和责任意识,进而培养公民意识;第二,幼儿在课程评价中获得主体地位,这将激发他们参与课程的积极性和创造性,促使他们更出色地完成任务;第三,幼儿的参与也能提高课程评价的有效性。幼儿园课程评价有效性的提高有赖于所有相关人员的参与,而幼儿作为幼儿园课程实践的直接参与者和感受者,对课程的具体运作情况更具有发言权。[②]此外,幼儿参与课程评价,还有利于促进幼儿与幼儿、幼儿与教师之间的交流与理解。

值得思考的是,幼儿参与课程评价是必要的,而我们如何使幼儿参与到课程评价之中呢?以什么样的方式让幼儿参与课程评价最为合适呢?幼儿参与课程评价后的有效性又如何检测呢?请你收集幼儿园关于幼儿参与课程评价的案例,分析哪些幼儿参与课程评价的方式是最为可取的,哪些方式是明显不足的。在此基础上吸纳百家之长,设计一份幼儿参与课程评价的方案。

本章小结

本章作为本书的重点章节,主要对幼儿园课程评价进行概述,主要阐述了幼儿园课程方案评价、实施过程评价及效果评价等。核心内容如下:

1.不同学者对幼儿园课程评价有不同的看法,弄清幼儿课程评价的基本内涵、目的、基本要素及原则,才能对幼儿园课程做出相应的价值判断。

① 罗宇宸,杜东旭,陈世联.从缺席走向参与:重构幼儿与幼儿园课程评价的关系[J].基础教育研究,2015(11).
② 唐锋,周小虎.幼儿参与课程评价:缘由、问题与对策[J].教育导刊(下半月),2015(1).

2.幼儿园课程方案评价包括幼儿园课程理念评价、幼儿园课程目标评价、幼儿园课程内容评价和幼儿园课程评价方案的评价。教师在对幼儿园课程进行评价时,应有清晰的思路和方向。

3.幼儿园课程实施过程评价主要包括生活活动评价、游戏活动评价、集体教学活动评价及园外拓展活动评价。四种形式的灵活应用有利于优化幼儿园课程实施过程评价。

4.课程评价的目的是让课程本身得到优化,从而促进幼儿更好地发展。在对幼儿园课程效果进行评价时,应注重幼儿学习与发展评价的理念、指标体系及原则与方法。

思考与实训

1.试述课程评价基本要素中的主体与客体,以及它们之间的关系。

2.简述幼儿园课程方案评价的几大内容,谈一谈这几大内容的具体评价标准,以及它们之间的关系。

3.收集幼儿园生活活动、游戏活动、集体教学活动或园外拓展活动的实际案例,结合评价指标对案例进行分析。

专题探讨

背景资料:随着安吉游戏在全国范围内的推广,各幼儿园也开始在园内倡导开展自主游戏活动、把游戏还给幼儿、教师要对幼儿进行放手等理念。新的课程模式在执行过程中给园所、教师等带来了新的挑战,在课程评价上也有巨大的改变。从原来的课程预设到课程生成,意味着评价更为困难。

探讨:请收集几所幼儿园自主游戏活动开展的案例,探讨在进行课程评价时,幼儿园或教师应该做出哪些改变。

第八章

我国幼儿园课程的现实状况与实践反思

学习目标

- 了解我国幼儿园课程的三级模式和园本课程现状；
- 理解本土与本土化的区别与联系；
- 了解课程游戏化与游戏课程化的异同。

学习重难点

- 重点：了解我国幼儿园课程的现实状况与实践取向。
- 难点：理解本土与本土化、课程游戏化和游戏课程化的异同。

案例破冰

学科拼盘式的园本课程

X幼儿园是一所企业办园性质的大型幼儿园，园所硬件条件良好，教师队伍较为年轻，没有专职负责教育教学的行政管理人员。X幼儿园的园本课程涵盖主题教育活动、阅读活动、音乐活动、数学活动、美术活动、科学活动、英语活动等。X幼儿园的“园本课程”是将以上内容进行拼盘，没有明确的办园目标和教育理念，仅为了迎合家长的需要设置各类课程，课程内容之间脱节、缺乏联系。教师每周需把以上内容全部安排在幼儿在园时间内完成，且基本上采取集体教学形式进行，区域活动形同虚设。课程内容的拼盘导致主题活动开展不深入，教师没有充分的时间挖掘和拓展主题内容，内容没有考虑幼儿的兴趣，基本上都是教师进行预设并开展。

X幼儿园的园本课程内容安排是否合理？园本课程应该如何建设？本章将会带我们走进上述内容，帮助我们解答上述问题。

第一节 我国幼儿园课程的现实状况

一、幼儿园课程的三级模式

随着我国政治、经济、文化等领域的发展，基于我国基础教育课程管理多样化的现实需求，国家、地方、学校三级课程管理模式呼之欲出，这也是我国基础教育分级管理逐步实现的结果。

（一）我国幼儿园法定国家课程

1999年6月，《中共中央 国务院关于深化教育改革 全面推进素质教育的决定》发布，第一次提出我国将实施三级课程管理。2001年，《国务院关于基础教育改革与发展的决定》和《基础教育课程改革纲要（试行）》发布，这两个国家法规性文件中都明确提出我国实行国家—地方—学校三级课程管理，增强地方和学校课程管理的话语权，使课程能适应地方、学校和儿童的差异。三级课程管理政策的颁布与实施，表明我国基础教育课程管理体制迈出实质性的改革步伐。同年，《幼儿园教育指导纲要（试行）》的颁布，正是顺应国家课程管理体制改革的表现，标志着我国幼儿园课程改革迈进了一个新的阶段。

《幼儿园教育指导纲要（试行）》作为新时期我国幼儿园课程改革的国家指导性文件，没有统一规定课程内容。围绕健康、语言、社会、科学、艺术五大领域内容，阐述了课程目标、内容与要求、指导要点，强调课程的实施要注意各领域之间的渗透与整合。《幼儿园教育指导纲要（试行）》为幼儿教育工作者提供了有价值的教育参考，规范了幼儿园的保育和教育工作。在《幼儿园教育指导纲要（试行）》的指导下，我国幼儿园课程改革如火如荼地进行，课程改革实验也取得了阶段性成果。

（二）以国家政策文件为依据创生地方课程

我国是一个地域辽阔、人口和民族众多的国家，地理环境、政治经济发展水平及风俗习惯的不同，使我国各地域学前教育发展水平参差不齐。因各个地区的办园条件、课程资源、教师专业水平、儿童发展情况等方面存在差异，教育部明确要求："贯彻实施《纲要》，要坚持因地制宜、实事求是的原则，认真制订本地贯彻《纲要》的实施方案。应从具体情况出发，切忌搞‘一刀切’……对不同地区、不同类型、不同条件的幼儿园，分别提出不同的要求。”

2010年发布的《国务院关于当前发展学前教育的若干意见》中提出：“各地根据国家基本标准和社会对幼儿保教的不同需求，制定各种类型幼儿园的办园标准，实行分类管理、分类指导。”为了更好地落实科学保教的理念，以国家政策为指导，基于因地制宜和实事求是的原则，各省对幼儿园课程革新路径展开探索。比如，为做实做细国家政策要求，回应全省学前教育的实践需求，贵州省教育厅组织学前教育专家和实践工作者在深入学习和领会国家教育方针、学前教育政策法规、学前儿童教育学、心理学、卫生学等基础上，充分地借鉴国内外教育评估研究成果，对《贵州省省级示范幼儿园评估指标》进行反复研究和多次修订，形成了以促进幼儿园整体发展为主旨，多领域、多层次、多侧面的评估指标体系，切实指导幼儿园课程质量和课程内涵的提升。[①]江苏省从2014年起进行了以课程游戏化为主题的幼儿园课程改革实验，目标是引导教师树立正确的儿童观、游戏观和课程观，在充分保证幼儿基本游戏活动时间的情况下，自觉地把游戏的理念和精神渗透到相应的教育活动之中，从而使课程能更适合幼儿的身心发展特点和规律，保障幼儿健康快乐地成长。[②]各地的实践探索推动了幼儿园课程实践的深刻变革，有效促进了幼儿园课程概念由学科到教育活动、课程目标由基本素质到学习品质、课程内容由教材到教育资源、课程形式由上课(教学)到活动组织、课程场域由课堂到日常生活、课程实施由教师主导到师幼互动等方面的深刻变革。[③]

(三)以园本实际为基点的幼儿园课程

进入21世纪，在基础教育课程改革的背景下，我国开始关注园本课程的开发，特别是2003年幼儿园园本教研制度建设项目推进之后，我国学前教育课程模式呈现出多元化。幼儿园课程以《幼儿园教育指导纲要(试行)》等国家性指导文件为依据时，还应该以“本地”“本园”等实际情况为基点，契合地域文化和实际现状建设园本课程。园本课程从根本上打破了课程整齐划一的模式和格局，使幼儿园课程逐渐多元化和多样性，更加具有地方特点。基于国家意志和园本实际的取向，幼儿园统筹教师、家长和社区的力量，充分利用本地、本园等教育资源，形成了各具特色和个别化性质的园本课程体系与课程内容，使幼儿园课程更具适宜性。同一地域不同幼儿园由于地域、教师、幼儿、资源等方面的不同，以园本实际为基点的园本课程也存在一定差异。园本课程代

① 杨先好.优化评估指标 助力内涵发展——《贵州省省级示范幼儿园评估指标》的新视角[J].贵州教育，2021(20).
② 彭云.基于国家意志和园本实际的创生——对当前我国幼儿园课程实施取向的基本理解[J].基础教育参考，2021(1).
③ 田景正.改革开放40年我国学前教育课程改革的考察[J].教育科学研究，2019(5).

表着幼儿园课程的发展方向，是对幼儿园自身及周围教育资源的充分利用和挖掘，对幼儿教育具有重要的意义。

综上，幼儿园实施的课程基本由三部分构成：国家课程、地方课程和园本课程。由于幼儿园不属于义务教育阶段，没有编订统一的幼儿园教材，幼儿园课程建设以国家出台的相关政策文件为指导依据。省市地方规定的课程，以省编教材或者是由地方教育行政部门指定教材，作为地方普适性课程，各幼儿园根据本园实际情况选择使用并进行园本化的创生。与地方课程相比，园本课程是从幼儿园本身的实际情况出发，结合幼儿的兴趣，满足幼儿的个性发展，自主研发和建设的课程。

二、幼儿园园本课程现状

1973 年，菲吕马克和麦克米伦首次提出“校本课程开发”(School-based Curriculum Development)的概念。“园本课程”(Kindergarten-based Curriculum)这一概念是从“校本课程”(School-based Curriculum)借鉴而来的。因此，在了解园本课程之前，要先理解校本课程的概念。所谓校本课程，就是以学校为本位、为基础的课程，即学校从具体实际出发，以一定的教育思想为指导，充分利用并自主开发社区和学校的课程资源，构建符合本校学生个性特点、体现学校特色的课程。[①]我国的园本课程起源于20世纪90年代，自基础教育改革以来，校本课程的说法套用在幼儿园课程中出现了幼儿园园本课程，有关园本课程的研究逐渐成为幼教界关注的热点，园本课程也随之迅速发展。

(一)园本课程开发的初期探索

20世纪二三十年代，我国幼儿园课程处于照搬和照抄国外课程模式的阶段，非常混乱，呈现外国化、宗教化。当时国内的幼儿园主要有日式蒙养院，活动内容主要有游戏、手工、谈话和歌谣等；还有充满宗教色彩的教会幼儿园，课程内容大多涉及宗教知识，环境创设也渗透宗教文化。由于我国绝大部分幼儿园的课程与教材移植照搬国外的倾向十分严重，陈鹤琴先生发出了“今日抄袭日本，明日抄袭美国，抄来抄去，到底弄不出什么好的教育来”[②]的感慨。陶行知提出国内的幼儿园存在三大弊病：外国病、花钱病、富贵病。他倡导建设中国的、省钱的、平民的幼儿园，走出中国化的幼儿园道路。

在杜威的实用主义教育学影响下，1923 年，陈鹤琴创办南京鼓楼幼儿园，并和张

---

① 杨亚博．从民间美术教学看幼儿园园本课程开发——以西安市S幼儿园为例[D].西安：陕西师范大学，2011.
② 陈鹤琴．陈鹤琴全集(第二卷)[M].南京：江苏教育出版社，2008：75.

宗麟拟定开展幼稚园课程实验，[①]从做人、身体、智力和情绪四个方面归纳了幼稚园课程目的。1927年，陶行知在陈鹤琴和张宗麟的协助下，借鉴鼓楼幼稚园的经验，在燕子矶等乡村幼稚园试验适合乡村幼儿的幼稚园课程，创办了幼教史上唯一一个专门研究农村幼教的群众性组织——晓庄幼教研究会。[②]两所幼稚园的课程目的涵盖了幼儿德、智、体、美等方面的发展。[③]这些课程实验的最初目的虽不是开发园本课程，但也是中国化幼儿园的探索，为我国园本课程开发的理论与实践奠定了良好的基础。

（二）园本课程开发的发展阶段

20世纪80年代以来，随着幼儿园课程的改革，很多幼儿园都在积极探索适合本园的课程，开展课程园本化研究。20世纪90年代后，幼儿园课程改革打破课程权力的集中状况，地方和幼儿园获得一定程度的课程自主权，这使园本课程成为幼儿园课程改革的热潮。随着《幼儿园教育指导纲要（试行）》的颁布，幼儿园逐渐从课程实施的忠实取向者转变为课程开发者与实施者。2001年以来，中国园本课程的开发历经二十余年的发展，从国外课程经验的探讨到注重园本课程的实践与探索，有些幼儿园不仅有自己相对成熟的园本课程理论，还形成了较为丰富的园本课程实践经验。

国外的园本课程开发异彩纷呈，其中有不少优秀成果，并且很多课程已经得到世界范围的广泛应用。最具代表性的如蒙台梭利课程、项目方案课程以及瑞吉欧课程等，这些都是极具影响力的课程范式。[④]国内园本课程研究不管是在理论层面还是实证层面均呈现多样化、多元化的特点。对园本课程的研究不仅能突破幼儿园课程实践的困境，还能推动幼儿园课程理论的发展。园本课程理论与实践至今都是幼教界关注的热点，成为提升课程品质的重要途径。然而，当前我国幼儿园园本课程开发的过程中还存在一些问题，出现脱离园本实际，为特色而特色构建园本课程、盲目照搬国外课程模式、随意拼接课程、内容失衡等问题，需要进一步探索。

① 邱学青.中国化幼稚园课程的发展历程[J].西南师范大学学报(哲学社会科学版)，1997(2).

② 邱学青.中国化幼稚园课程的发展历程[J].西南师范大学学报(哲学社会科学版)，1997(2).

③ 杨兴国.鼓楼幼稚园与燕子矶幼稚园课程实践之比较[J].新课程(教研版)，2009(5).

④ 郝琴.延安市农村幼儿园园本课程建设调查研究[D].延安：延安大学，2012.

第二节 我国幼儿园课程的实践反思

一、园本与园本化

（一）幼儿园园本课程

我国幼儿园的三级课程管理体制给予幼儿园一定的课程权力，赋予幼儿园园本课程建设自主权，有利于幼儿园课程的多元化、个性化发展。

关于园本课程的定义，虞永平认为："园本课程是以法律法规及相关政策为指导，以幼儿园现实的环境和条件为背景，以幼儿现实的需要为出发点，以幼儿园教师为主体构建的课程。"[①]李云淑认为："园本课程是特定幼儿园通过园本课程开发的过程形成的适合该园特点的个性化课程体系。"[②]李季湄从管理概念出发，提出我国幼儿园课程的权利主体和开发主体都是幼儿园，即以幼儿园为"本位"，幼儿园课程本来就属于"园本课程"。[③]陈时见、严仲连认为，园本课程是一个以幼儿园为基地进行课程开发的开放民主的决策过程，园长、教师、课程专家、幼儿及家长和社区人士共同参与幼儿园课程计划的制订、实施和评价等活动。[④]对园本课程概念的界定，不同学者有不同的角度，有的侧重园本课程的开发过程，有的侧重园本课程的开发主题，有的侧重园本课程的开发结果。

幼儿园开发园本课程应以幼儿实际发展水平为基础，满足不同幼儿个性发展的需要。园本课程开发的实践受多种因素的影响，主要包括政府部门的统筹、园长的课程领导力、教师的专业素养、幼儿的兴趣需求、家长的支持和参与、社区资源等。关于园本课程开发，左瑞勇提出，可以从不同角度去理解其含义：一种是"课程的园本化"，即幼儿园根据自己的具体实际情况对国家或地方课程进行园本化的适应性改造；另一种是"园本课程的开发"，作为课程权力主体的幼儿园进行自己的课程开发。[⑤]李云淑认为，园本课程的开发应根据幼儿园具体情况来确定，没有条件的幼儿园可采用课程选

① 虞永平．园本课程建设之我见[J]．幼儿教育，2004(9)．

② 李云淑．关于园本课程、课程园本化、园本课程开发等概念的辨析[J]．上海教育科研，2008(11)．

③ 李季湄．"园本课程"小议[J]．幼儿教育，2002(9)．

④ 陈时见，严仲连．论幼儿园的园本课程开发[J]．学前教育研究，2001(2)．

⑤ 左瑞勇．园本课程开发：流行背后的追问与反思[J]．学前教育研究，2007(12)．

择的方式直接使用优质的课程资源，有条件的幼儿园可以对所选择的课程资源进行调适与整合，使课程园本化，在此基础上进行课程创新。①

（二）幼儿园课程园本化

课程园本化来源于园本课程，是一个动态的、逐步生成及不断完善的过程性的概念，是以幼儿园自身实际情况为基点实施课程的过程，灵活多样且没有固定的实施模式。②园本化即以园为本，根据国家及地方课程的要求，幼儿园根据自身实际对课程进行调整、改编、完善的过程，突出课程的"适宜性"。《幼儿园教育指导纲要（试行）》中指出："城乡各类幼儿园都应从实际出发，因地制宜地实施素质教育。"教师应根据本园实际，结合班级幼儿实际情况，制订切实可行的工作计划并灵活执行。这表明幼儿园需要对本园的课程进行园本化的开发和实施。虞永平认为，园本课程应该充分挖掘幼儿园和社区的课程资源，并与现实生活建立联系，关注特定幼儿园的幼儿及教师的发展状况。③课程园本化管理应立足园本课程内容，以促进幼儿的全面发展为最终目标。在课程园本化实施过程中，不仅应以幼儿的年龄特点、生活经验和发展水平为基础，还应考虑适应性和发展性。同时，园本化资源的开发和利用是完善园本课程的重要环节，合理利用幼儿园内部和外部资源，可以为园本化课程提供丰富的资源。经过实践的探索，幼儿园主题活动正是幼儿园课程园本化的具体体现。主题活动结合幼儿园的办园理念和教育目标，贴近幼儿生活实际，满足幼儿兴趣和发展需要。但主题活动的设计与实施对幼儿教师具有一定的挑战性，要求教师从传统的授课者转变为课程的开发者。

二、本土与本土化

（一）本土

关于"本土"，张传燧认为，"本土"是指本地的土生土长的东西（事物）。④本土的事物一般具有原创性，属于非外来的事物，并与本地的情形相符合。⑤还有学者指出，"本土"这一概念不仅有"土得掉渣"的韵味，即关注边缘和民间，也有土壤的意味，即文化

① 李云淑．对园本课程等概念的再思考——兼与幼教理论界学者商榷[J]．上海教育科研，2013(7)．

② 谢文欣．幼儿园课程园本化实施现状的调查与研究——以沈阳市S园为例[D]．沈阳：沈阳大学，2020．

③ 虞永平．园本课程建设之我见[J]．幼儿教育，2004(9)．

④ 张传燧．本土课程教学论建构：基础与条件[J]．湖南师范大学教育科学学报，2016(4)．

⑤ 张传燧．本土课程与教学论：内涵、体系及其特色[J]．湖南师范大学教育科学学报，2014(1)．

土壤和生命土壤。[①]也有学者在探讨“本土”时提出两个下位的概念，即“本土化”和“本土生长”。项贤明提出，所谓“本土化”，实际是一种自内的文化殖民的过程，是西方文化对非西方文化真正开始了浸淫。[②]在“本土文化”式微，“外来文化”强势的情况下，“本土化”反而给予了“本土文化”殖民色彩，从而造成“自内的文化殖民”。在对“自内的文化殖民”的思考基础上，针对“本土化”仍具“他者”导向的自内文化殖民色彩，为了更好地实现“本土化”的追求，有研究者提出了“本土生长”的概念。[③]若说“本土化”是我们主动吸收西方文化来发展本土文化的过程，那么“本土生长”则是“原汁原味”的本土文化发展的过程。从“本土化”到“本土生长”，实质是一种文化的自我觉醒。当我们强调二者存在区别的同时，也要看到二者的动态发展与统一。因为“本土”不仅是历史传统中的土壤，更是当下现实中的文化土壤和生命土壤，是传统与现代不断交织的动态生成。“本土”的内涵就是立足于“本土生长”的、对外来文化不断吸纳的传统性与现代性互相交织、动态生成的文化生命土壤。[④]它包含了“本土生长”和“本土化”，而“本土生长”是“本土化” 的基础和前提，提取外来文化养分的“本土化”则是为了反哺“本土生长”。

（二）本土化

“本土化”源于对外来文化冲击的注意与思考。[⑤]“所谓‘本土化’，也就是西方文化在非西方世界被吸收、认同进而转化为本地文化组成部分的过程”[⑥]；是使外来事物发生转变，使其在本国、本地继续生长，形成具有本国、本地特色的事物的过程。研究者们认为，“本土化”有以下四点要求：一是从本国的具体实际出发，充分结合自身的历史发展道路，才能不“舍本”；二是吸收外来先进文化，只有引入外来文化，才会有“化”的对象，才能“化”而有物；三是特色化，不仅要吸收外来的文化，还要“化”为己用，对其进行创新、改造，整合资源，形成自己的特色与优势；四是“走出去”，当外来文化在“化”为己用、形成自己的特色与优势后，需对其进行发扬与推广，推动其“走出去”，发扬本土文化的优势。[⑦]

---

① 于述胜.改革开放三十年中国的教育学话语与教育变革[J].教育学报，2008(5).

② 项贤明.教育：全球化、本土化与本土生长——从比较教育学的角度观照[J].北京师范大学学报(人文社会科学版)，2001(2).

③ 李旭，段丽红.“位育”视角下乡村幼儿园本土课程的内涵诠释、价值诉求及内容构建[J].民族教育研究，2019(5).

④ 李旭，段丽红.“位育”视角下乡村幼儿园本土课程的内涵诠释、价值诉求及内容构建[J].民族教育研究，2019(5).

⑤ 徐红.文化哲学视野中的教育本土化刍议[J].现代中小学教育，2007(1).

⑥ 项贤明.教育：全球化、本土化与本土生长——从比较教育学的角度观照[J].北京师范大学学报(人文社会科学版)，2001(2).

⑦ 李淑彦.我国西部地区中外合作办学优质教育资源本土化的个案研究[D].重庆：西南大学，2021.

在学前教育课程改革中，外来课程如何与本土课程相契合成为学者们关注的问题。多数学者一致认为，本土化是应对外来文化对我国本土文化冲击的有效途径之一。丁长康将我国课程本土化研究分为三个层次，即移植、借鉴和对话。他认为，幼儿教育工作者不能盲目地移植和借鉴外来课程，而应立足于本地土壤，从框架、方法、思路、路径等方面做深入研究，构建课程本土化研究的评价指标，从而凸显课程本土化研究的价值。[①]可以说，本土化为外来文化的强势入侵提供了有效的应对路径。本土化以包容的态度接纳外来文化，但此种包容并不是无边界、无限度地盲目照搬外来文化，而是为避免幼儿园课程在外来文化入侵中形成外国病、富贵病、商业病等问题对外来文化进行的筛选与提炼，不是全盘否定，而是根据具体实际对外来文化进行适宜改造。[②]不可否认的是，"本土化"带来的"自内的文化殖民"问题使幼儿园课程难以为幼儿提供本土文化生命土壤。拿来主义、外生性等问题无疑成为幼儿园本土课程发展的阻碍。本土文化课程资源流程式地选入幼儿园课程领域，零散、片面，缺乏一种植根式的渗入是当前我国本土课程资源运用存在的问题。因此，发展属于我们自己的本土课程理论与实践尤为关键，也是当下学者们研究的方向。每种民族文化都具有其独特的价值，在我国倡导增强文化自信、增强民族认同、传承优秀传统文化的时代背景下，要培养扎根于本土文化的人才，需要从幼儿教育着手。因此，为幼儿构建内生性的、贴近幼儿生活经验的本土课程就显得尤为重要。

经典案例

幼儿园本土课程

Z幼儿园以《幼儿园教育指导纲要(试行)》《3–6岁儿童学习与发展指南》等为指引，确立"主题引领成长，区域孕育个性，让孩子乐享童年"的课程理念。本土课程目标的制定以陈鹤琴先生"大自然、大社会都是活教材"教育思想为指导，坚信"没有屋顶也是教室"，站在幼儿的视角，以"寻访镇远、寻趣镇远、寻美镇远"为本土课程实施路径，让幼儿在真实的环境中体验、学习、感悟、传承古城传统文化，将古城"爱、包容、和谐"的精神文化根植于幼小的心灵。

Z幼儿园通过古城文化背景下的班本主题活动、"龙娃当家"大带小混龄游戏、社团项目活动等方式融入本土课程资源，呈现本土课程内容。无论是班本

① 丁长康.我国近十年课程研究的现状与反思——基于计量方法和专家访谈的分析[D].镇江：江苏大学，2016.
② 李旭，段丽红."位育"视角下乡村幼儿园本土课程的内涵诠释、价值诉求及内容构建[J].民族教育研究，2019(5).

主题活动目标、混龄游戏目标，还是社团项目活动目标，Z幼儿园都定位于认知、技能、情感三个维度，促进幼儿体、智、德、美的发展。同时，在班本主题活动、混龄游戏、社团项目活动中，可发现Z幼儿园把本土课程内容以一种平实的、细水长流的方式贯穿幼儿发展的始终，目的是通过各类游戏活动让幼儿能了解本土文化、热爱本土文化、丰富本土经验，并利用自己的能力去解决问题；促进幼儿主动参与，与同伴积极互动，在活动中愿意去思考、观察、探索，找到适合自己的学习方式；为每个幼儿提供充分、和谐、健康、快乐发展的教育机会与条件，使幼儿的心智、情感等各方面得到发展。

Z幼儿园本土课程内容体系构建至今经历了三个阶段，每个阶段都有不同的关注点。第一阶段确定以“美食”“美景”“美事”为核心的本土课程内容，分别以镇远当地特有的美食、独有的多处风景名胜区、丰富的民俗文化作为课程内容的来源。在第一阶段的探索与整理的基础上，第二阶段Z幼儿园打破“美食”“美景”“美事”独立主题的限制，将三个板块的本土课程资源进行融合，形成围绕本土课程资源来展开的课程。第三阶段在第二阶段的基础上以本土课程内容为依托，形成具有本土特色的班本主题活动。

Z幼儿园将本土文化课程资源引入“六一”儿童节目会演

三、课程游戏化与游戏课程化

游戏是幼儿主要的学习方式，课程是实现教育目标的重要手段，二者各有各的价值，这就要求教育者做到课程与游戏的融合，让幼儿园课程与游戏达成“你中有我，我中有你”。目前，出现了课程游戏化和游戏课程化两种趋势，二者都是践行“以游戏为基本活动”的重要手段，虽存在差异但目标一致，都是为了促进幼儿的学习与全面发展。

（一）课程游戏化

课程游戏化是对幼儿园课程实践中存在的问题的反思。这些问题有课程实践脱离“以游戏为基本活动”的教育价值取向；课程内容、教学形式、教学方法等方面出现小学化；等等。为解决幼儿园课程危机，幼儿教育者应探索课程变革的新路径，重返游戏精神，落实幼儿教育以游戏为基本活动的教育理念。《幼儿园教育指导纲要（试行）》《3-6岁儿童学习与发展指南》均强调幼儿园课程的游戏化，将游戏精神作为课程的价值诉求。国家政策文件中虽然对什么是“课程游戏化”没有清晰的界定，但有学者总结了“课程游戏化”的六大要求：明晰课程游戏化理念、改造课程游戏化方案、创建课程游戏化环境、构建游戏化活动区域、建设课程游戏化资源、提高课程游戏化能力。其目的在于将游戏精神渗透于课程实施的各项活动中，引导教师树立正确的儿童观、游戏观和课程观。[①]不仅课程内容要游戏化，课程实施也要具备游戏特征，在游戏中实现课程目标，构建“儿童在前、教师在后”的幼儿园课程体系，用游戏精神改造不符合幼儿发展的课程实施和管理方式，关注幼儿、关注经验、关注生活、关注游戏。[②]虞永平指出，课程游戏化即让幼儿园课程更加适合幼儿，更生动、丰富、有趣。[③]将游戏精神和理念渗透在幼儿园一日生活的各个环节中，真正地让幼儿在游戏中学习与发展。

1. 一日生活的游戏化

课程游戏化不只是针对幼儿园课程实施，也不仅是体现在教学活动的组织中，而是将游戏精神的实践理念贯穿在幼儿园一日生活的不同环节。[④]教师转变高控的教育理念和方式，在活动中给予幼儿充分自主的游戏条件和体验。同时，将课程与游戏相结合，将游戏精神融入一日生活中的各个环节，以此激发幼儿积极参与的兴趣。

经典案例

“妈妈，我喜欢幼儿园”（一日生活游戏化）[⑤]

妞妞是九月份刚入园的宝贝，妈妈在孩子入园之前和园长、老师沟通，表明了自己的各项担忧：孩子第一天上幼儿园，会不会哭闹持续很长一段时间？这样会不会让孩子的抵抗力下降？会不会因为不喜欢幼儿园而产生厌学情

---

① 虞永平. 幼儿园课程游戏化项目的基本要求[J]. 早期教育(教育教学版)，2018(4).

② 殷雅竹. 以游戏精神撬动学前教育课程改革[N]. 中国教育报，2015-11-22.

③ 虞永平. 课程游戏化的意义和实施路径[J]. 早期教育（教师版），2015(3).

④ 耿志涛. 课程游戏化：提高幼儿园教育质量[J]. 教育教学论坛，2020(48).

⑤ 幼儿园课程游戏化的经典案例推荐[EB/OL]. (2021-12-30). www.bjdcfy.com/qita/yeykcyxhal/2020-3/1316676.html?ivk.html.

绪？等等。园长和老师没有过多解释，只是告诉妈妈：让孩子试一试，看看情况如何。让妞妞妈妈意外的是，妞妞只有第一天哭了，从第二天开始就自己主动要求："妈妈，我要快点儿吃饭，快去幼儿园，我喜欢幼儿园。"妞妞妈妈带着惊讶和疑惑去问老师为何会这样，老师的回答很简单："我们让孩子从入园到离园的每一个环节，都充满快乐和自由。"原来，幼儿园为更好地解决幼儿的"入园焦虑"问题，进一步完善了"一日生活游戏化"的活动设计，让幼儿在快乐和相对自由的一日生活游戏中，掌握常规，获取游戏化教学带来的愉快体验。

游戏化教学需要渗透到幼儿一日生活的各个环节中，才能对幼儿起到潜移默化的影响。幼儿园从多方面培养幼儿的自理能力，发挥幼儿的自主性，让幼儿爱上幼儿园，让家长放心。

2. 区域活动的游戏化

一般而言，幼儿园会根据幼儿的兴趣设置阅读区、建构区、益智区、科学区、美工区等区域，每个区域提供与幼儿年龄特点和个性发展需求相符的游戏材料，幼儿自主选择区域进行游戏活动。班级区域活动一般与班级主题活动相结合，尊重幼儿的主体性，师幼共同商讨区域游戏规则，能激发幼儿自主自发的参与。幼儿在区域活动中，与同伴共建经验，感知学习。教师在区域游戏中主要扮演引导者、支持者和参与者的角色，观察幼儿在区域活动中的游戏情况，关注幼儿游戏行为的特征，并据此调整和优化区域环境与游戏材料，必要时提供适时的指导，促进幼儿富有个性地发展。

3. 教学活动游戏化

幼儿园教学活动游戏化是以游戏为手段，围绕教学内容，将游戏元素与教学活动的目标、过程、教法和学法等内容相融合，使教学活动富有趣味性和娱乐性，让幼儿在轻松有趣的氛围中参与活动，真正做到寓教于乐。教师基于幼儿的年龄特点，将游戏性因素与教育性因素相结合，满足幼儿的心理需要，创设游戏化教学情境，让幼儿在游戏过程中获得发展，其关键是通过游戏的教学形式让幼儿成为主动的学习者。游戏化教学对教师的专业技能提出了更高要求，教师需要整合游戏化教学的资源，具备组织游戏化教学的能力，这就要求教师通过理论的学习和实践经验的积累，不断提升自身的游戏化教学水平。

经典案例

做中学，玩中学[1]

在一间活动室内，老师好像正在和幼儿玩捉迷藏的游戏："森林王国的小动物们盖了一座新房子，房子长长的，有10个房间，每个房间里都藏着一个小动物，请你们认真观察，告诉其他小朋友它们分别在哪个房间里。要用完整清晰的语言，比如：小松鼠在哪里？在第二个房间里？""咦，老师怎么听到了不一样的答案呢？第二个房间里有两只小动物吗？""老师，小松鼠在左边第二个房间里，老虎在右边第二个房间里。""很好，接下来我们用手中的材料进行实际操作，根据老师的提示，把小动物们送到他们自己的房间里去吧。"

孩子们根据老师的提示，饶有兴趣地快速操作起来。操作完成后，大部分孩子都在轻松愉悦的氛围中掌握了"10以内的序数"。

由此可以看出，在游戏化教学中，教师的角色应定位于支持者、合作者和引导者。幼儿园教师是游戏化教学的重要实施者之一，只有摆正了自己的角色定位，才能在实施过程中把握正确方向。首先，教师应该是幼儿游戏化活动中所需材料和适宜环境的提供者和支持者；其次，教师应该是幼儿在各种游戏化探索中的合作者与引导者。

（二）游戏课程化

王振宇将"游戏课程化"界定为："从幼儿的游戏出发，及时把握幼儿学习的生长点，通过引导和建构新的游戏，促进幼儿学习与发展的过程。"[2]丁海东指出，游戏课程化的实质是将幼儿自由或自发状态下的游戏转化为幼儿园的课程。[3]从课程要素的角度出发，游戏的课程本质可以从作为课程目标的游戏、作为课程内容的游戏、作为学习方式的游戏和作为课程资源的游戏等方面来体现。[4]满足课程要素的游戏也是游戏课程化的基本条件。游戏课程化，即通过游戏的方式促进幼儿的学习与发展，其出发点是幼儿的游戏。游戏是幼儿喜爱的学习方式，幼儿在游戏中是积极主动的、投入的。游戏是"最能表现与肯定幼儿的主动性、独立性与创造性的主体性活动"，[5]游戏课程化

---

① 幼儿园课程游戏化的经典案例推荐[EB/OL].(2021-12-30). www.bjdcfy.com/qita/yeykcyxhal/2020-3/1316676.html?ivk.html.

② 王振宇.论游戏课程化[J].幼儿教育(教育科学)，2018(4).

③ 丁海东.游戏的教育价值及其在幼儿园课程中的实现路径[J].学前教育研究，2006(12).

④ 郭元祥，杨洋，张越.论游戏课程化的游戏观：游戏的课程本质、边界与层次[J].教育理论与实践，2020(4).

⑤ 刘焱.儿童游戏通论[M].北京：北京师范大学出版社，2008:418-419.

背后反映的是以幼儿的游戏为前提，教师抓住课程契机，生成新的课程，引导幼儿深度学习。①

国内游戏课程化最典型的案例是浙江省安吉县的“安吉游戏”。以自主游戏为核心的安吉游戏最大限度地把游戏权利还给幼儿，打破游戏空间和时间的规则，幼儿可以自主选择游戏材料、游戏伙伴，游戏材料也以低结构材料为主，幼儿自主决定游戏玩法。教师作为观察者和引导者最小限度介入幼儿的游戏，教师遵循“闭上嘴、管住手、睁大眼、竖起耳”的十二字准则，认真观察幼儿的游戏行为，不随意干预幼儿的游戏，做到真正意义上的“放手”。

“把游戏权利还给孩子”不仅是安吉游戏的口号，也是教师保障幼儿游戏权利的行动指南。安吉游戏是幼儿园课程与游戏二者关系的探索，它落实了“以游戏为基本活动”的教育理念，也让教育者真正地理解了游戏就是孩子的学习方式。安吉游戏这场课程革命，让教育者实现从理念到行为的转变，关注孩子在游戏中的学习与发展。安吉游戏的“五步反思”也是其游戏课程化的重要内容。“五步反思”包括：第一步，游戏结束后，幼儿通过绘画的方式表征自己的游戏故事；第二步，幼儿将自己的游戏故事通过口头语言表达出来，教师扮演忠实的倾听者和记录者，将幼儿的游戏故事记录下来；第三步，教师将记录的游戏故事用口头语言表达出来，幼儿倾听教师的表达；第四步，幼儿将自己的游戏故事展示出来，并反复观看；第五步，教师采用多种形式组织幼儿进行游戏回顾。这五步反思旨在通过帮助幼儿自主回顾、梳理和反思自己的游戏过程，实现经验的自主发展。游戏分享既是幼儿自由表达自己游戏的过程，也是倾听他人游戏经历和借鉴他人游戏经验的过程。同时，教师通过对幼儿游戏行为的观察、记录和分析，在判断幼儿游戏水平和兴趣的基础上生成课程。

（三）课程游戏化和游戏课程化的异同

1.课程游戏化和游戏课程化之异

课程游戏化和游戏课程化的逻辑起点不同。课程游戏化是教师预设在前，将课程内容通过游戏的形式开展。教师预设活动的过程、教师教的行为具有“预构性”，而且教师主导的“预构性”的行为对幼儿的学习活动具有计划和定向作用。②课程也并非全是游戏的形式，而是注重将游戏精神贯彻到课程中，落实“幼儿园以游戏为基本活动”的教育理念。游戏课程化是幼儿的游戏在前，基于幼儿的游戏生成课程。幼儿在游戏中发现问题，解决问题，建构经验。游戏课程化将游戏作为课程资源和课程条件，教师可以通过对游戏的观察，收集有关幼儿行为的描述性资料或信息，了解幼儿在运动、客

① 王振宇.论游戏课程化[J].幼儿教育(教育科学)，2018(4).

② 刘焱.儿童游戏通论[M].北京：北京师范大学出版社，2008.

体、符号和社会性游戏等方面的发展情况。[1]教师观察幼儿在游戏中的兴趣和需要，以幼儿的游戏体验为抓手，生成课程内容，适时地对幼儿加以引导、支持和帮助，这也是教师引发幼儿高水平游戏的关键。

2.课程游戏化和游戏课程化之同

课程游戏化是将游戏的自主性、趣味性带入课程；游戏课程化，容易将课程的功利性、严肃性带入游戏。[2]无论是游戏作为课程的手段，还是课程作为游戏的生长点，都是以幼儿为中心，遵循幼儿的身心发展规律促进幼儿的全面发展。幼儿园课程是活动，而游戏是幼儿最为喜爱的活动方式，将课程与游戏融合是教育改革的必然趋势。课程游戏化和游戏课程化都在谋求游戏与课程的整合，要实现两者的整合、寓教于乐，教师是关键。[3]教师一要注重课程知识渗透的潜移默化性；二要注重运用生成策略，将创造性游戏有机融入课程；三要将幼儿已有的生活经验与教学内容相结合；四是加强课程体系建设，明确课程游戏化的方向及内容。[4]

经典案例

幼儿园户外自主游戏

S幼儿园从2021年开始自主游戏的探索。探索前期，S幼儿园教师通过培训、教研等途径学习“安吉游戏”的理念及自主游戏如何开展。S幼儿园教师重视“安吉游戏”的十二字箴言“闭上嘴、管住手、睁大眼、竖起耳”，并践行在自主游戏中，避免教师在自主游戏中的高控行为，让幼儿在游戏中自主选择游戏材料、游戏内容、游戏伙伴。经过一段时间的探索，2021年9月，S幼儿园教师聚焦游戏中的重复性行为开展多形式的教研活动，如体验式、案例式、讨论式，从观察幼儿在游戏中的重复性行为来解读幼儿游戏行为，并给予支持。同时，参照“安吉游戏”的五步反思法开展幼儿游戏故事“一对一记录”活动。游戏故事“一对一记录”活动作为S幼儿园教研的重点，教师将记录的经验和故事进行分享，并鼓励保育老师也加入游戏故事“一对一记录”活动中。在记录活动中，教

① 詹姆斯·约翰森，詹姆斯·克里斯蒂，弗朗西斯·华德．游戏、儿童发展与早期教育[M]，马柯，译．南京：南京师范大学出版社，2013．
② 华爱华．幼儿游戏理论[M]，上海：上海教育出版社，2015．
③ 黄小莲．和而不同：课程游戏化与游戏课程化辨析[J]．上海教育科研，2020(1)．
④ 郭冬艳．幼儿园课程游戏化的实施策略[J]．人民教育，2018(17)．

师能从幼儿绘画表征的故事内容看懂幼儿的游戏，走进幼儿的内心世界。

幼儿绘画的游戏故事

正如上图，S幼儿园中一班的D老师通过游戏故事“一对一记录”发现，班级幼儿从一开始只会画单一的人物或物品到游戏人物、游戏环境、游戏内容情节不断丰富，而且幼儿表述的游戏故事内容越来越丰富。

幼儿户外游戏及游戏故事

上图为W幼儿在户外游戏中一直蹲在垫子下，通过游戏“一对一记录”，老师才知道W幼儿是在与怪兽进行斗争，W幼儿绘画的游戏故事正是表征他与怪兽斗争的过程。

学习研究

在我国幼儿园课程改革逐步深入的过程中，“安吉游戏”课程模式受到广泛关注，成为国内幼儿园课程实践与改革的本土参考案例。“安吉游戏”将游戏与课程结合，由游戏创生课程。请你收集“安吉游戏”案例，并结合“安吉游戏”课程模式的精神内涵和实际案例说一说：如果你是一名大班教师，你会如何组织本班幼儿开展自主游戏？

本章小结

1. 本章围绕国家、地方、幼儿园三个层面对幼儿园三级课程管理进行概述，国家课程、地方课程和园本课程的发展，与一个国家当时所处的社会历史文化背景、经济发展水平息息相关，与儿童的身心年龄特点与发展情况、办园条件、家长和社区资源密切相关。

2. 幼儿园课程的多元化和个性化是我国幼儿园课程不断深入改革的结果，正确理解“园本课程”的内涵、厘清“本土”与“本土化”的区别与联系对课程建设有着极大影响。

3. 正确理解“课程游戏化”与“游戏课程化”的内涵，就有可能避免很多课程实践中的问题。“课程游戏化”与“游戏课程化”都体现了“游戏是幼儿的基本活动”的理念，尊重幼儿以游戏为主的学习方式，实现游戏和课程的融合。

思考与实训

1. 试述本土与本土化的关系。

2. 简述课程游戏化与游戏课程化的内涵，以及它们之间的关系。

3. 收集幼儿园课程游戏化与游戏课程化的实际案例，并对案例进行分析。

专题探讨

背景资料：自主游戏是幼儿喜爱的游戏方式，幼儿根据自己的意愿自主选择游戏内容、游戏方式和游戏伙伴。但部分教师仍然担心一个问题，在自主游戏中给予幼儿自主选择的权利，安全问题如何保证。也因担心游戏中的安全问题，教师仍存在游戏干预和高控行为，多次介入幼儿的游戏。但教师过多的介入不仅影响幼儿的自由发挥，破坏幼儿的游戏进程，还会影响幼儿在游戏中的体验和兴趣，在一定程度上降低了幼儿的游戏质量。教师要真正做到放手，避免无效介入，使幼儿在自主游戏中获得高质量的游戏体验，发挥自主游戏的价值，自主游戏中的安全管理策略就需要教师深入思考。

探讨：在自主游戏中，如何保证幼儿的安全及提升幼儿的自我保护能力？

参考书目

一、专著、教材类

[1] 陈玉琨.教育评价学[M].北京:人民教育出版社,1999.

[2] 冯晓霞.幼儿园课程[M].北京:北京师范大学出版社,2001.

[3] 简楚瑛.学前教育课程模式[M].上海:华东师范大学出版社,2005.

[4] 李季湄,肖湘宁.幼儿园教育[M].北京:北京师范大学出版社,1997.

[5] 李季湄.幼儿教育学基础[M].北京:北京师范大学出版社,1999.

[6] 刘焱.儿童游戏通论[M].福州:福建人民出版社,2015.

[7] 刘焱.幼儿园游戏教学论[M].北京: 中国社会出版社,1999.

[8] 刘焱.幼儿园游戏与指导[M].北京:高等教育出版社.2012.

[9] 庞丽娟.中国教育改革30年(学前教育卷)[M].北京:北京师范大学出版社,2009.

[10] 裘指挥.幼儿园课程与活动设计[M].天津:南开大学出版社,2017.

[11] 施良方.课程理论——课程的基础、原理与问题[M].北京:教育科学出版社,1996.

[12] 唐淑,虞永平.幼儿园班级管理[M].南京:南京师范大学出版社,1997.

[13] 王春燕,秦元东.幼儿园课程概论[M].北京:高等教育出版社,2019.

[14] 王春燕.幼儿园课程概论[M].北京:高等教育出版社,2014.

[15] 王坚红.学前教育评价——理论•方法•实践[M].北京:人民教育出版社,1994.

[16] 鄢超云.学前教育评价[M].北京:高等教育出版社,2010.

[17] 虞永平,张辉娟,钱雨,等.幼儿园课程评价[M].南京:江苏教育出版社,2006.

[18] 朱家雄.幼儿园教育活动设计与实施[M].北京:高等教育出版社,2008.

[19] 朱家雄.幼儿园课程[M].上海:华东师范大学出版社,2003.

[20] 朱家雄.俗话幼儿园课程[M].上海:华东师范大学出版社,2021.

[21] 张华.课程与教学论[M].上海:上海教育出版社,2000.

[22] 钟启泉,张华.课程与教学论[M].沈阳:辽宁大学出版社,2007.

二、期刊类

[1] 曹能秀.课程实施过程中幼儿教师应处理好的四种关系.[J]学前教育研究,1998(1).

[2] 黄小莲."课程游戏化"还是"游戏课程化"——命题背后的价值取向[J].中国教育学刊,2019(12).

[3] 黄爽,祁继.OECD国家实施幼小衔接的经验与启示[J].人民教育,2019(23).

[4] 梁爱民,陈艳.维果斯基社会文化理论混沌学思想阐释[J].山东大学学报(哲学社会科学版),2013(5).

[5] 邱学青.幼儿园自主性游戏指导策略的研究[J].幼儿教育,2004(11).

[6] 彭俊英.对构建幼儿园课程评价方案的粗浅思考[J].学前教育研究,2003(7-8).

[7] 王岚,茅晓燕,华冬梅,等.关注主题活动下幼儿经验发展的连续性和整体性[J].学前教育,2020(2).

[8] 王春燕,白小绵,杨瑒.幼儿园过渡环节安排与组织的适宜性——基于H市三所幼儿园半日生活视频的分析[J].学前教育研究,2018(3).

[9] 向海英.学前课程创生的内涵与特质[J].当代教育科学,2010(9).

[10] 严仲连.幼儿园课程实施适应取向的内涵、特点及影响因素[J].学前教育研究,2010(2).

[11] 袁爱玲.尊重幼儿学习特点 让教学更有效[J].中国教育信息化,2015(6).

[12] 虞永平,彭俊英.对我国幼儿园课程评价现状的分析和建议[J].人民教育,2003(11).

[13] 虞永平.文化引领幼儿园课程的未来[J].教育导刊,2008(12).

[14] 姚慧.幼儿园课程能力建设的内涵与路径探索——基于《3-6岁儿童学习与发展指南》对幼儿园课程的要求[J].上海教育科研,2015(7).

[15] 袁玖根,邢若南,张翌鸣.学习理论研究的主要取向及其教育启示——基于行为主义和建构主义学习理论的比较 [J].教育学术月刊,2012(11).